LOCUS

LOCUS

LOCUS

LOCUS

catch

catch your eyes ； catch your heart ； catch your mind……

catch 27
地圖上的藍眼睛
杜蘊慈／著　黃惠玲／攝影
責任編輯：韓秀玫　美術編輯：何萍萍
法律顧問：全理法律事務所董安丹律師
出版者：大塊文化出版股份有限公司
台北市105南京東路四段25號11樓
讀者服務專線：0800-006689
TEL：(02) 87123898　FAX：(02) 87123897
郵撥帳號：18955675　戶名：大塊文化出版股份有限公司
e-mail：locus@locuspublishing.com　www.locuspublishing.com
行政院新聞局局版北市業字第706號

總經銷：大和書報圖書股份有限公司
地址：台北縣五股工業區五工五路2號
TEL：(02) 8990-2588 (代表號)　FAX：(02) 2290-1658
初版一刷：2000年8月
二版一刷：2006年10月
三版 一刷:2016年 10月
定價：新台幣380元
ISBN 957-0316-04-7　Printed in Taiwan

地圖上的
藍眼睛

Where Khan's Falcon Flies

兩個台灣女子的絲路之旅

杜蘊慈◎著・黃惠玲◎攝影

楔子

時間是一九九八年八月中旬，我們離開臺灣兩個多月了。扛著二十多公斤的背包，搭火車穿越戈壁、在蒙古高原、貝加爾湖、西伯利亞鐵路上穿越亞歐大陸、在芬蘭灣旁眺望彼得大帝凝視過的歐洲；白樺林後的金環兀自閃耀著榮光，韃靼鐵騎的蹄音在韃靼斯坦已不再響起，俄羅斯的母親河伏爾加的河岸上也沒有了渾厚低沉的船夫號子。現在是回到亞洲的時候了。

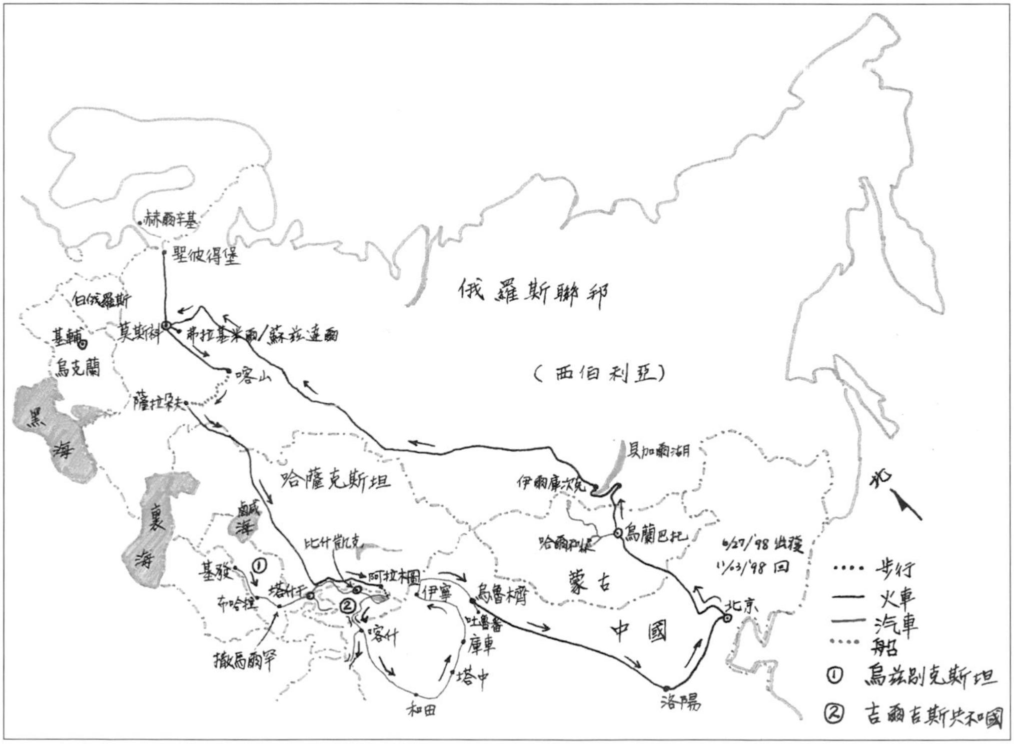

第一章　千年咒語

我躺在低矮的單人床上，視線從油漆略有剝落的天花板，到褪了色的壁紙，再轉到打開的俄式雙層玻璃窗上。伏爾加河上吹來的涼風撩起泛了色的舊窗簾，我看見了在殘夏午後陽光中略顯灰白的一片俄羅斯長空。

我想自己聽見了五層樓下窸窣的行道樹，五十米外路口有尖銳的汽車喇叭；千里外莫斯科政壇的動盪離這個伏爾加河下游的小城還很遠，街上閒逛的、叫賣的人聲鼎沸。急促的俄語聽不清，也聽不懂，唯一熟悉的是對街的手風琴又彈起了「喀秋莎」①。姑娘喀秋莎站在高高的河岸上，招著手，風帶去了她的思念，到遙遠的地方。我現在就在一個遙遠的地方，我想。

惠玲帶著「僞裝」在購物袋裡的相機出門拍照去了。等她回來，一齊去看看對街那個賣藝的手風琴，給他兩個盧布吧，可以買上一大塊結實的俄國黑麵包；從這一個月在俄羅斯的經驗來看，街上熙來攘往的同胞們未必肯理他。我跟惠玲在這旅館住了四天，連公共浴室也沒有，但我們不必擔心今天的晚飯；我們擔心的是明天往中亞哈薩克斯坦共和國的火車票。

1 女性名字「葉卡捷琳娜」的暱稱。這是一首著名的民歌。

時間是一九九八年八月中旬，我們離開臺灣兩個多月了。兩個月裡扛著二十多公斤的背包，搭火車穿越戈壁、在蒙古高原上奔馳千里、在貝加爾湖上航行、在西伯利亞鐵路上穿越亞歐大陸、在芬蘭灣旁眺望彼得大帝凝視過的歐洲；白樺林後的金環兀自閃耀著榮光，韃靼鐵騎的蹄音在韃靼斯坦已不再響起，俄羅斯的母親河伏爾加的河岸上也沒有了渾厚低沉的船夫號子。現在是回到亞洲的時候了。走上古老的的絲綢之路，穿越中亞的沙漠、草原及山脈，像千年前的駱駝隊商一樣，我們將往盡集所有絢麗繁華的異國古城前進。

然而我們被困在薩拉朵夫，一個位於伏爾加下游的城市。這次旅行一路上當然並不像緞子一樣平滑，但憑著運氣與膽量，大小波折也都過去了，現在卻看不出有什麼轉機。計畫中要搭乘的國際列車「哈薩克斯坦」從莫斯科開出，薩拉朵夫是列車在俄羅斯境內最後一個大站，從這裡到阿拉木圖也要兩天兩夜，車票卻是在列車進站前三小時才開始出售！問了旅館櫃檯及火車站人員，誰也說不上車票到底好不好買；在阿拉木圖已經有一隊人馬等著我們一起上天山北脈；我們的俄羅斯旅遊簽證有效期只剩三天！明天買不到票，就得火速回莫斯科，再從莫斯科改搭飛機去阿拉木圖。多兜這一圈，是一筆很大的額外開銷，也不一定順利；但逾期居留在哪個國家都是大麻煩，何況在語言不通、朝令夕改的前蘇聯！

明天中午，往阿拉木圖與往莫斯科的兩班火車將同時進站，一往南，一往北。到時能上哪一班？看運氣吧，至少到目前爲止我們的運氣都還不錯！

雖然，這個來回橫斷亞歐大陸兩次的旅行計畫靠的不全是運氣。

「什麼時候我一定要坐一趟西伯利亞鐵路。」父親經常這樣說。那是十年前，出國旅行以及前往大陸探親才開放不久，美國、西歐、日本、東南亞讓人看花了眼；蘇聯的開放改革看來風險大卻也頗有希望，不失其強權地位；外蒙古還在蘇聯羽翼之下，沒有人提到這個六十年前就已宣布獨立的國家；俄屬中亞還是蘇聯的後院，除了相關地理及歷史學者，沒人能在地圖上指出它到底在哪兒。我還是個高三學生，生活就是在大學聯考與青春期的情緒起落中掙扎。當學生的我很盡本份地背熟了地理課本：杭愛山。鄂爾渾河。庫倫南邊是土拉河。色楞格是蒙古地區第一大河，向北注入貝加爾湖。貝加爾湖，亞洲最大的淡水湖。西伯利亞有針葉林。烏拉山是歐亞界山。新西伯利亞是西伯利亞工業中心。葉尼塞河。鄂畢河。窩瓦河②是蘇聯也是歐洲最長河。錫爾河及阿姆河是中亞命脈，注入鹹海。

至於旅行，總有一天我會背上背包出門旅行。這個令人目眩神迷的世界都將是我的。我最不需要的就是空無一物的西伯利亞：冰天雪地，煤礦，鋼鐵，流放。我一直無法欣賞杜斯妥也夫斯基。陰鬱的俄羅斯不可捉摸，連他們的R③都是左右相反的！再說，雖然我從小愛坐火車，雖然西伯利亞鐵路是世上最長的鐵路，它不也就只是一條鐵路嗎？買張票跳上車從頭到尾坐上幾天幾夜又有什麼難處？又有什麼特別吸引人的？

---

2 這是舊譯名。在這本書裡採用的是目前通用譯名「伏爾加河」。

3 其實俄文的**Я**，與英文的R一點關係也沒有。

接著上大學、畢業、開始工作。有了點可以自由支配的收入，再加上工作性質的緣故，我真的背上背包出門旅行了。但也不過是一年七天的休假，加上拼拼湊湊的國定假日，還有上司的通融。除此之外，上班下班，上班下班，天天就是兩點一線。

對於忙碌而固定的日常生活，我找到一個暫時逃避的方法。我喜歡看地圖，中文的，英文的，找出那些遙遠的土地。曾經嚮往的地方我去過了，的確很美，但現在我要的是與外界隔絕至少數十年、而且在數十年前也沒有多少外人進入的地方。北美、西歐，再一百年還是一樣 。這幾年裡蘇聯一夕解體，增加了好幾個新國家；管制沒有了，橫斷歐亞大陸的旅行終於能夠實現。我的視線跟著食指在地圖上走，淡藍色細線是河流，黑色細線是鐵路。地名有的熟悉：Lake Baikal、Irkutsk、Moscow、St. Petersburg；有的似曾相識：Novosibirsk、River Yenisey、River Volga、Syr Darya、Amu Darya；有的陌生：Ulaanbataar、Kazakstan、Almaty；有的喚起對古老歷史的回憶：Tian Shan、Fergana、Lake Issyk Kul、Samarkand。

「Sa-mar-kand」，輕輕唸著：「撒—馬—爾—罕—」；我想到一位戴著面紗的黑髮姑娘鬢邊有朵玫瑰，月光下的庭院裡流泉琤琤，還有一隻夜鶯。也許這是前世的記憶，或是小時候讀過的一本書，西域的故事。

這所有地名，全都成了咒語，而我就是被蠱惑的那個人。歷史一向是我的愛好，現在又特別把重心放在歐亞北方草原與絲路歷史上。每次逛書店，尤其在書價低廉的中國大陸逛書店，總是不擇精粗買下並生吞活剝所有相關書籍。這些地方到底是什麼模樣？什麼人住在那片土地上？他們過著什麼日子？他們擔心什麼、期盼什麼？崇山峻嶺仍是終年積雪、飛鳥絕跡嗎？大河仍點點滴滴不舍晝夜奔向終點嗎？波浪仍拍打著湖岸嗎？羌笛羯鼓是否仍在絲路古城裡響起？左迴右轉無已時的胡旋舞女是否仍取悅著遠方來客？汗血寶馬是否仍馳騁在異國草原上？歷史上的探險家、朝聖者、商人、士兵、帝國主義者與革命份子，在這一整片北方大地上的足跡是多少深淺？流下的血與淚，早已被黃沙吸乾了吧？生活愈制式，我的想像愈豐富；工作愈忙，我愈渴望未知的遠方。我開始了解當年父親爲什麼總是說起西伯利亞鐵路了。

這時惠玲剛結束在東非小島模里西斯的工作，成爲我的新同事。她隨和、善於自我解嘲、愛好球類運動，與我完全相反。但我倆在工作上合作愉快，友誼也與日俱增。某個照例忙碌的辦公室上午，我們抓住幾分鐘喘口氣。我問她：「我們去很遠的地方旅行如何？三年後。」

「多遠？」

「西伯利亞鐵路。俄羅斯。絲路。」

「好！」

第二章　三年計劃

然而接下來的兩年裡我們並沒有熱切而實際地著手計畫，甚至對這個想像中的旅行有點避而不談，似乎是迷信好事多磨，談得愈多，阻礙愈大。或者我們只是逃避，夸夸其談自己的野心，只是對謹小慎微的真實生活一種諷刺而已。

偶爾我們其中甲對乙說：「昨天買到一本西伯利亞鐵路。」

偶爾乙對甲說：「這次出差買到一本中亞。」

嚴酷的現實條件擺在眼前：這麼長的旅行路線不是一年七天的休假能夠打發的，眞要去，就要辭職！彷彿是許多圈選著「去」或「不去」的小紙片被陸續丟進一個彌封的罐子裡，也許三年時間一到，打開罐子數數就知道自己最後的決定。今天加班累得像條狗，去；工作環境其實不錯，捨不得辭，不去；等過了三十歲大概就懶得跑了，去；回來後能幹什麼，不去；千金散盡還復來，去；沒房沒車就花這一大筆錢旅行，不去。我們深埋起這種渴望，隨著年齡增長與環境變化，感覺著生活中的安逸、壓力、惰性與不安。我可以列出一百個要去的理由，也可以列出一百個不去的理由，全都一樣理直氣壯。我們很了解，其實這個沒完沒了的拉鋸戰兩邊都是恐懼，一邊是害怕漂泊無依、害怕失去安定的恐懼，另一邊是害怕庸碌無爲、害怕失去熱情的恐懼。這兩種截然不同的心理，簡而言之，很像是家貓與野貓、或是其他任何圈養動物與野生動物的差異。我由衷敬佩那第一個走出陰暗洞穴、拾起草原上野火的老祖先。

若是任由這兩邊勢均力敵拉鋸下去，我這輩子就只能在書房坐穩了繼續看地圖，或是等到退休了再拄著拐杖參加個觀光團。一九九七年，理智天平的某一邊終於加上了砝碼。不是受了上司的氣，不是有了感情問題要「散心」，而是——感謝我們的政府——看了整整幾個月空難、山崩、凌虐撕票、強姦殺人的新聞，我恍然大悟自己一直以爲的安逸其實一捏就碎。任何心懷不軌的、甚至是無心傷害他人的人，都能隨意闖入我的生活，把我的人生攪得天翻地覆，甚至就此畫上句點。

那陣子受了啓發的同胞不在少數，只是反應不同。有人在鐵門鐵窗上再加幾道鎖，有人考慮移民，有人不敢讓孩子離開自己視線範圍，有人多買保險，女性不敢夜歸，只搭公車。在這樣人人自危的氣氛裡，我終於知道，若我的飛機下一分鐘就要摔成碎片，一份好工作有什麼用？賺到了第一個一百萬有什麼用？有房有車又如何？我最大的遺憾是此生沒有親眼看一看那片遙遠的土地！

終於我眞正翻開幾年來收集的導遊書，並開始試著學俄語。目標放在一年後，一九九八年。

在這一年裡，惠玲換了工作，大陸待了幾個月又回到臺北，在一家頗有規模的公司似乎頗有發展，對於我們的旅行一直猶豫不決。而我既然已經著手準備，到時就算只有自己一個也要去。這次要感謝製造業的性別歧視，惠玲開始懷疑自己在這一行的升遷機會，想探索自己的極限：能吃多少苦？能走多長的路？有什麼還未發現的潛能？我們戲稱這是「前中年危機」或是「後青春期危機」。但是她仍堅持需要一定長度的工作經歷，至少要到六月才能走，而我從三月正式著手，爲我們的旅行做研究及實際計畫。

現代通訊科技對我們的前期作業幫助很大，至少效率提高很多。運用網際網路，能夠查閱各種學術性及實用性資料、尤其是在臺灣書市付之闕如的中亞資料；能夠以電子郵件與當地旅行業者直接連絡，與其他旅行者交換意見，直接向國外訂購相關書籍。有人指控比爾蓋茲及微軟壟斷，但是因爲我的旅行，我還是感激他！

首先必須決定路線與時間分配。原始構想大致是一個環形路線，以伏爾加河連結歐亞草原與中亞絲路：伊爾庫次克／貝加爾湖－西伯利亞鐵路－莫斯科／歐俄－中亞－新疆，終點是西安。這次旅行是由不同的交通路線串起不同的國家。其中每一段都需要分別研究及安排。此外要考慮各銜接點的當地活動，以及發展其他路線的可行性。考慮的要點一是經費，二是季節；在這樣一個跨越數個不同氣候與地型區的計畫裡，季節尤其重要。

由於受到日益膨脹的野心驅使，也因爲擔心以後不再有機會，我們曾考慮兩種變換路線的假設，一是由歐俄前往東歐，或是高加索及土耳其，再回頭進入中亞；二是由中亞進入新疆後，沿中巴公路進入巴基斯坦北部，並在喀喇崑崙山脈做徒步旅行。但是除了錢的問題，這兩種假使的可行性還受制於季節。首先，預定出發的季節（六月）在西伯利亞鐵路上可說是恰逢其時；其次，在中亞的沙漠及山脈中旅行，五／六月及八／九月最合適。按照我們的出發時間，若想先往東歐再回中亞，就必須在歐洲等到下年五月才能行動，因此只能按原始構想，不去東歐或土耳其，八月中進入中亞，十月初進入新疆。十月初到新疆並不算晚，但無論在新疆或巴基斯坦，十月中就已經大雪封山了，因此這個假設也取消了。原始構想路線保持不變。接著必須決定各段的時間分配及當地活動路線安排。

西伯利亞鐵路網有三條線①：主線從弗拉迪沃斯托克（海參崴）到莫斯科，蒙古線從北京經外蒙到莫斯科，滿州線（這是英文原名直譯）從北京經中國東北地區到莫斯科，三條線都經過西伯利亞。爲了讓旅程多點變化，我們決定不走主線，而是從北京出發。外蒙是我們一直嚮往的，但是滿洲線上的赤塔與烏蘭烏德光是名字唸起來就具有魔力，因此我們一直無法決定，去伊爾庫次克該走蒙古線或是滿洲線；可以確定的是從伊爾庫次克往西到莫斯科不再中途停留，因爲我們不想打斷這段火車行程，只想好好地坐上幾天幾夜！但是西伯利亞鐵路從頭坐到尾也「只」要七天七夜。既然決定六月出發，八月中到中亞，這中間將近兩個月要全部花在俄羅斯嗎？我們終於在目的地裡加上了外蒙古，選擇了從北京出發的蒙古線。七月中旬外蒙有三天「那達慕」賽會，正好趕上熱鬧。

1 這不包括往中亞的支線與貝加爾湖北邊的貝加爾—阿穆爾支線。

這樣排下來，到了莫斯科之後還有幾乎一個月的時間必須安排。放棄了烏克蘭及波羅的海，我們選擇了觀光客較少的伏爾加流域。伏爾加河注入中亞的裡海，我們往下游走，與前往中亞是同一方向。中亞分為五個獨立國家：哈薩克斯坦、烏茲別克斯坦、吉爾吉斯斯坦、塔吉克斯坦及土庫曼斯坦，而我們在中亞只有一個半月的時間。首先排除了土庫曼，因為它的位置最西，距離回中國的路最遠；其次是塔吉克，雖然帕米爾高原很美，但季節嫌晚，而且內戰談談打打，情勢不明。剩下的哈薩克、烏茲別克與吉爾吉斯如何安排順序？這次旅行的原則之一是盡量不搭飛機，倒不是擔心安全，而是陸路旅行比較有意思。從歐俄搭火車到中亞，只有哈薩克與烏茲別克兩個選擇，而我們已決定從吉爾吉斯經陸路進入新疆。由於在哈薩克與吉爾吉斯的主要活動都是高海拔徒步旅行，於是決定八月中先到哈薩克，九月下旬到吉爾吉斯，把烏茲別克的絲路古城放在中間做為調劑，而且九月起烏茲別克的沙漠氣溫也開始下降了。證諸後來我們體力消耗的程度，這樣的安排合情合理，但是當我們在八月及九月兩次跨越相同的吉哈邊境時，還是覺得滑稽！

定案之後的中亞及新疆路線與古絲路幾乎完全相同。打破中國國界限制，連結中亞與新疆絲路，這是此行的目標之一。但是研究活動路線及必要手續時，發現了一個最大的難題，其嚴重程度足以中斷這次陸上絲路旅行！要取道中國與吉爾吉斯邊境海拔三千七百公尺的吐爾卡特山口，所有第三國遊客都要申請許可證。吉爾吉斯的登山公司從未辦理甚至聽說過臺灣遊客的申請案例，向當地中國大使館詢問也不見下文，於是該公司建議我與他們在新疆的合作夥伴Mr. Guo Jin Wei連絡。當時我看著這個名字驚訝得兩手發顫！一支中英合作探險隊於一九九三年以兩個月成功橫越塔克拉瑪干沙漠，這是歷史上首次壯舉，而探險隊的中方隊長就是Guo Jin Wei，郭錦衛！之前幾個星期爲了手續問題睡不安枕，這一刻突然覺得幸運星照耀著我！

隨著預定出發日期的迫近，我們不得不硬起頭皮面對也許是最困難的一關：如何啓齒告訴家人，自己要辭去工作，去做一個半年二萬里的旅行。

我決定各個擊破。

「爸，我要搭西伯利亞鐵路，到蒙古。您去不去？」這個說法好像有點避重就輕。

「哦。走不開。」頓了一頓，「你不是想出去唸書嗎？還花這個錢、這些時間？」

母親的意見比較多。

「媽，我要搭西伯利亞鐵路去俄國，再到中亞跟新疆。」

「中亞！那可都是回教國家！規矩大得很！你哪來的主意！」

如果當場告訴她，是因爲小時候她買給我的那本《西域的故事》，一定被轟出門去。

父母的容忍，我始終感到驚訝。二老並未堅決反對，母親時不時嘗試說服，希望我能接受道理。道理道理，去與不去，也許將來都懊悔，懊悔當年放棄的另一條路，如果這就是人生，任性的我寧願選擇現在最義無反顧的方向。爸媽也許一直無法接受頑劣女兒的決定，卻還是盡其所能協助我，希望我一路平安。

惠玲在家裡卻有一場仗要打！身爲七個手足裡的么女，惠玲上有年逾花甲的雙親以及五位兄姊，之前她已向二位姊姊透露消息並得到支持。出發前兩個星期，她回家宣布了自己已經離職的消息，以及箭在弦上的旅行計畫，全家人像炸開了一樣！父母當然反對，五位成家立業的兄姐壁壘分明地劃開了贊成與反對兩個陣營，反對的一方簡直大有與她斷絕關係之勢，直到出發前一晚，仍不斷來電游說。她背負的壓力比我大得多，不遜於當初下決心去旅行時的內心掙扎。我佩服她，也因爲自己能夠安然過關而有一絲罪惡感。

行前計畫與準備工作時間緊湊。我開始整理沿途地區、尤其是中亞與新疆的歷史地理背景資料，蠅頭小字的筆記寫了好幾大張紙；周末上街添購裝備，以醫藥及山區裝備爲重心。由於行李空間及重量有限，必須在包羅萬象的明細表上做取捨。也許令人不解的是，我們並未加強體能訓練；惠玲一向好動，對於自己的體力有信心；我不是運動型的人，但是耐力與韌性不錯。此行最大的體能挑戰是天山北脈裡海拔四千一百公尺的北阿克蘇山口，比我們曾到過的最高海拔高了一千五百公尺。但我相信這個簡單的山區路線不是問題，而且到時我們已旅行二個月，體力應有所長進。出發前我並未告訴家人甚至惠玲北阿克蘇山口的確實高度②。

出發前一個星期裡，就是忙著檢查、打包、第N次淘汰帶不了的裝備、發現漏了什麼又出門買……連我家的狗「牛子」都感受到了緊張氣氛，跟著跑進跑出。

以往每次出遠門，一定先將存摺、證明文件及保險要保書交給家人。但是這一次非比尋常，萬一旅行中什麼不幸事件眞的發生了，接下來的事——就算是後事吧，如何處理？也許需要預立遺囑，給家人一點安慰？左思右想，自己又沒什麼遺產，就是幾本書、幾張雷射唱片，一定是妹妹接收；幾萬元存款，算是牛子的撫養費用吧！還是照老習慣，我只把文件及路線資料留在桌上。

六月十四日，按計畫先飛往北京，一早爸媽開車送我們去機場。

接近機場時，幾個月來一直保持冷靜的父親發話了：「你們這樣根本不行！背著大包到處跑那是洋人才幹得了！也不每天慢跑什麼的準備準備！到那種地方發生了事怎麼辦？」

我們自知理虧，縮在後座不敢吭聲。

2 最好別這樣！參加活動的所有人都應該清楚行程。要注意的是緯度也會影響人體對高度的適應力。

媽說話了：「好了！臨上飛機還說這個讓人心神不寧！這幾個月你上哪兒啦？你今天才知道她們要去呀？」

爸大概是出門時看到我們背起二十多公斤搖搖晃晃才著急了。其實連我自己也有點心虛，要是一路上都這麼費勁怎麼辦？後來我們才體認到，固然體力是必要條件，要面對日復一日的奔波與不確定，最重要的卻是生理與心理的韌性。

裝備與行李

因爲氣候乾燥，兩套內外衣物就夠了。短褲不實用。女性可帶一件連身洋裝。要上山活動，請看第十五章與十六章。我們有幾樣偏好的裝備如下，有些也許看來莫名其妙，但是都發揮了重要功能。工具類以小包裝著，一人一份，放在易取得處。

★瑞士小刀，至少要附有十字起與開罐器。也許還有一把大一點的刀子，野外可用。

★透明寬膠帶。非常有用。馬蓋先也應該帶一捲。

★粗鐵絲。基本功用是加強火車包廂門鎖及其他鎖頭。我還拿它修理漏水的馬桶水箱

★尼龍繩。不必太粗，但是要堅韌，捆行李或當曬衣繩。一位朋友給我一綑傘兵用的細尼龍繩，非常難割斷。

★附鉤綑繩。機車用的那種。

★工作手套。我把它塞在背包上的塑膠環裡備用，惠玲說看來活像捆工。

★鐵鍊及鎖頭。自行車用的那種。

★輕便雨衣，多帶幾個。

★打火機。

★膠水。

★針及尼龍線，修補裝備用。

★剪刀或剪線鉗。

★底片用隔熱袋。

★備用旅行袋。愈普通愈好，布袋或尼龍袋，有拉鍊即可。

★防水背包套，還可防塵。

★塑膠夾鏈袋。各種大小都帶上幾個。

★購物布袋。

★一公升裝鋼杯。

★電湯匙。注意電壓與插頭種類。

★不鏽鋼叉子與筷子。

★一包紅糖。

★一小瓶食鹽。

★Power Bar之類的運動食物。

★速食湯粉。

★小禮物。風景明信片、鑰匙圈、英語流行歌曲卡帶、郵票、造型新奇的原子筆、小工具組、指甲刀組、唇膏、絲巾、流行飾品。最好不要帶有豬的圖案，最保險的顏色是紅色系與藍色系（除了唇膏！）。

★一、二本幾年來一直想讀卻又沒讀的書，愈艱澀愈好。（這大概就是個人習慣了！）

醫藥與人身安全

一般注意事項就不多說了，以下是我們這次旅行特別注意的。

★施打疫苗。由於某些疫苗不可與其他同時施打，最好是出發前三個月就開始安排注射。

A型肝炎疫苗：共三劑，至少要在一個月內施打前二劑。

日本腦炎、灰白質脊髓炎、三合一疫苗（白喉、百日咳、破傷風）：這些雖然大家小時候都打過，事實上最好每十年追加一劑。

★一定要帶基本急救藥品，並放在易取得處。內容參考旅行或登山專業導遊書籍。

★準備各種常用容量的拋棄式注射針筒，因爲很多地區仍然重複使用針頭。

★意外及醫療保險，證明應隨身攜帶。符合西方標準的醫院收費很高。吉爾吉斯政府規定所有入境旅客必須有這些保險。專業搜索隊需要保險公司證明才會出發。

★證件、大錢、小錢三者分開放。前二者用胸袋隨身攜帶，不要掛在脖子上，要斜背夾在腋下。我們只有進了浴室洗澡才拿下來。後者以皮夾或小錢包裝好，塞在前方褲腰裡，以上衣蓋住。

★威脅未必就是來自當地人，其他旅行者也有可能。

旅人星球

我們有些書上沒有的心得，希望女性同胞們考慮。

★生理期間不要背、提重物（這好像是老阿媽才說的話），而且生理期前更需要睡眠。安排行程時把自己的生理週期考慮進去。紅糖有豐富鐵質及其他礦物質，旅行中遇上生理期可沖熱水喝，補充體力。

★在這些地區都可以買到生理用品，品質很好。不過最好還是帶上幾天份備用。溼紙巾與香皂也要帶著。

★除非百分之百安全的場合，不要喝酒精飲料。

★許多人擔心中亞對女性旅人比較不便，但我們沒有這種感覺。當地軍警極少找女性旅人的麻煩。若是完全自助旅行(不找導遊、旅行社等)，最好還是不要單獨前往烏茲別克，哈薩克與吉爾吉斯無所謂。

★女性還有一項特權，當地婦女（中亞與蒙古）會比較願意接近你，沒有性別上的顧忌。

蒙古

十歲時，曾在一本彩色印刷大書上看到一張照片，照片裡是出土的北亞草原民族金工作品，一頭蹲踞昂首的雄鹿，鹿角帶著優美無比的曲線，輕靠在起伏的背脊上。它的美麗與神秘給我極大的震撼，似乎從未有過一件藝術品能這樣吸引我；也許是因爲它不只是一件藝術品，也是一件北亞草原民族的圖騰。這次旅行結束後，才了解到我們居然一路追溯了歷史上草原民族的遷移路線，也許三年前的起意並非偶然，而是血裡帶來的前定？

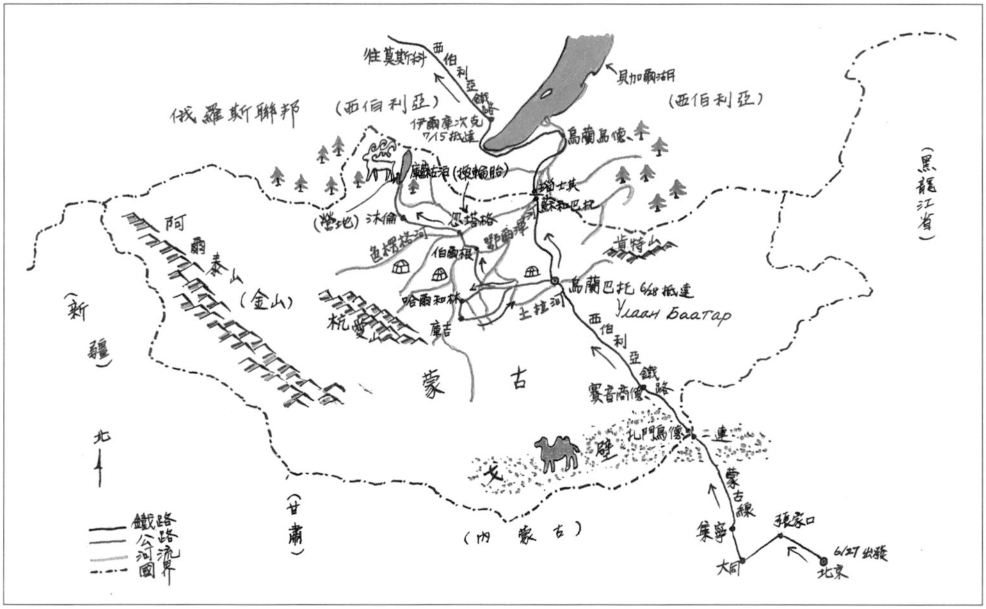

第三章　天蒼蒼，野茫茫

六月二十七日清早五點半，惠玲和我背著背包，頭重腳輕地走下九層樓，走入北京的晨霧。我們即將坐上從北京開出的二十三號國際列車，預計二十八日中午到達烏蘭巴托，外蒙古首都。往火車站的路上，我鬆了一口氣，該有的興奮與悸動總算找回來了！

三個月來忙忙碌碌，直到了北京才靜了下來。十多天來，除了辦簽證、採辦小用品、逛書店，很多時間是待在住處寫信寫日記，吃吃北京家常食物，居家過日子。發現自己居然產生了一股厭倦，對於即將實現的旅行，並未感到預期的興奮，彷彿三個月裡眼看著全盤計畫從無到有，已經把我的熱情耗掉大半了。我不時拿出特意帶來的歷史書籍，以及剛在此地買到的幾本書復習，給自己打氣。夏天北京熱毒大，待了幾天我又照往例得了熱傷風，發燒聲啞，連吃幾天中藥，只恨病去如抽絲。再看看北京大拆舊四合院，到處「無風三尺土」，更加煩躁。同時也對惠玲感到抱歉，這是她第二次到北京，本來希望我能陪她到處轉轉，無奈實在提不起興致。

二十六日晚上朋友們餞行，東道主選了維吾爾館子。當中有人說選錯了，到了外蒙中亞還少羊肉吃嗎？我說這算行前教育，一點兒也沒錯。熱心的朋友們爲我們準備了許多中藥膠囊及沖劑帶上路，專治感冒及水土不服。

哈爾和林藏式廟宇，此張亦是我最喜歡的少數照片之一。

吃完飯分手時，大家握手擁抱，上了車回頭看去，他們仍朝著車揮手，個個面色凝重，刹時我也多了幾分緊張。

惠玲說：「看到沒？都是風蕭蕭兮易水寒的表情。」

我哈哈大笑。可不是嘛！不過「壯士一去兮」如何就不必說出來了！

進了站，很快找到了列車。各路人馬放好了背包，一陣風似的又下車到月臺上拍照留念。一向不喜「到此一遊」式照片的我也無法拒絕了，

往烏蘭巴托的火車，別看蒙古大媽一副酷樣，她可是徹底的將車廂內打掃的一塵不染，這也是我們一路搭乘火車中最乾淨的列車。

由惠玲照了幾張，她說這都是五十年後向小孫子講「你阿媽當年如何如何」的佐證。這是外蒙火車，因此工作人員都是外蒙人民。這節車廂的服務員是兩位臉若銀盆的蒙古大媽，穿著整齊制服，很有威嚴地接受拍攝或合影。

七點四十分，列車緩緩出站，豪氣陡然而生：總算上路了！服務員端上俄式甜紅茶，室友們邊喝邊聊。我們搭的是二等車廂，室友一位是加拿大女孩，一位是日本男生，計畫在烏蘭巴托待幾天就回北京，幾乎這節車廂的所有外國旅客的行程都是如此。

外蒙火車是俄式規格，每節二等車廂分爲十一個包廂，前兩個是服務員專用，後九個包廂每個可容四位乘客，包廂左右兩邊各有上下鋪，臨窗有小桌，打掃得很整潔，比起兩邊上中下共六個鋪位的中國國內硬臥，寬舒服敞多了。每節車前後各有一個開水爐①，可自由取用熱開水。前後還各有一個小盥洗室，狹窄得轉身都轉不開，如廁時彎下身來腦袋就能撞到洗手臺上，用濕毛巾擦擦身上就是最浩大的清潔工程了。不過坐火車誰還在乎洗不洗澡呢？

乘客除了各國遊人，就是來自外蒙的單幫客，看得出都是識途老馬。貨物似乎是是些時髦服裝、運動鞋，裝在各色紙箱、紙盒、塑膠袋裡，把包廂

1 俄語及蒙語稱爲CaMOBaP，Samovar。本指茶炊，俄羅斯人家中必備的茶水爐。

擠得滿滿的；甚至雞蛋、西瓜、汽水也一箱箱搬上車。外蒙在蘇聯解體、失去經援之後，民生用品無法自給自足，才有這麼多單幫客應運而生。前幾年他們的中國與俄國同業在西伯利亞鐵路沿線上也風光一時，擠得鐵路一票難求，現在由於市場及政策變遷，盛況不再，我們才能在這列車上找到一席之地。這些蒙古人很愉快地彼此串門，吃喝聊天，卻不到喧嘩擾鄰的程度，人人整齊乾淨，也注意維持環境整潔。

列車在中國境內停靠五站。對我們來說，其中最耳熟的就是青龍橋。二十年前，可能每個小學生都讀過詹天佑擔任總工程師，在清末建成了(北)京張(家口)鐵路，從南口到青龍橋一段工程最爲艱險。現在走上這段路，才了解當年設計及施工不易，北京西北八達嶺一帶地形陡峭，到站前一段必須呈「之」字型前進才爬得上山，上得山來就在青龍橋站喘口氣。這一帶松柏蒼蒼鬱鬱，涼風透骨，與盛夏的北京完全不同。

列車經張家口，出河北省，到山西北部的大同，再往正北進入內蒙古東部，這一帶是過去的綏遠省及察哈爾省，「北顧但寒煙衰草，中原之風，自此隔絕矣！」②吃了午餐之後，大部份乘客都睡了。我和惠玲在沒有空調的包廂裡待得氣悶，到走廊上看風景。這裡離北京不過數小時車程，卻像是另一個星球。遠方陳舊簡陋的公寓、鐵路旁東倒西歪的泥磚房，似乎在黃土高原的烈日下曬得快融化了。極目四望沒有一點綠意，泥磚小房旁一棵歪脖樹

2 長春眞人邱處機弟子李志常所著《西遊記》。書中記述從山東經蒙古、北疆，到興都庫什山麓覲見成吉思汗的旅程。

列車停靠在外蒙古的賽音商德，除了這個冷叟叟的小站外，更讓我對即將抵達的烏蘭巴托多一份想像的空間。

烏蘭巴托——是個俄式的建築，這裡的人們，似乎已經很習慣攝影鏡頭的出現，並沒有特別訝異的眼神。

也是有氣無力，全讓這　片漫漫黃沙給同化了。看不見人或其他任何動物，彷彿除了我們的火車，再沒有能夠移動能夠發出聲響的東西。惠玲說這簡直到了世界盡頭，再往前　步腳下這片土地就要嘎然而止，連人帶火車掉進未知的混沌裡。偶爾看到　位老鄉，穿著深色毛裝、戴著帽，扛著鋤頭，在午後烈日下踽踽獨行，看得替他滿頭冒汗又心裡著急：他的莊稼在哪兒？到底要走到什麼地方？這一大段路我們沒看到村落。今天走不到怎麼辦？除了一把鋤頭他可是什麼也沒帶。

這並不是這片土地的本來面目。由於氣候變化與過度開發，造成內蒙草原大面積荒漠化。「人力戰勝自然」的結果卻是人類本身的災難。幾個小時下來，這一片景象看得我們爲之氣沮，暗自祈禱外蒙可不要也是如此滿目淒涼。

列車在內蒙的集寧暫停，下車在月臺上買了幾條黃瓜、幾個蕃茄，補充水份。從集寧往西可通往包頭，車站一片冷清。從這裡列車往正北方前進，居然景色起了變化，出現了略微枯黃的草原，有了羊群與馬群。草原上天氣一夕數變，眼看著地平線上濃重的烏雲瞬息即至，斜劈下來的雨點擊打著玻璃窗，草原上的馬兒也隨著風向保持著背對風雨的姿勢。數分鐘大雨即停，烏雲夕照仍是變幻莫測，雲間出現了虹與霓，彩虹盡頭是兩座草原人家的白色氈房。

烏雲散盡，北方夏季的夕照直到晚上九點才慢慢偃旗息鼓。晚間十點四十分，列車到達中蒙交界的二連浩特，這是中國境內最後一站，海關人員上車檢查旅行證件及行李。

海關人員動作很快，卻對照著我的臺胞證照片一臉躊躇，嘟囔著：「你這照片怎麼不大像？」我趕快把馬尾散開。那是兩個月前照的，儀容整潔，現在經過一整天折騰，怎麼可能還是「閃閃動人」呢？解放軍同志看了也沒多說，證件還給我就走了。這時室友梅蘭妮開玩笑地指著我起哄：「噢！你有麻煩了！」不一會來了另一位女同志爲大家蓋上關防章，還特別招呼我們兩個「臺灣同胞」一番。檢查完畢就可下車遛達，包廂門將由服務員一一上鎖。中蒙軌幅不同寬，列車進入外蒙前必須換成蒙古規格的車輪與帶動系統，並且把中國餐車換成蒙古餐車，需時約二小時；若要參觀，也可不下車，隨車前往機房。

四周一片死寂，站裡點著蒼白的日光燈。我們不抱太大希望地往站外走去，卻驚訝地發現站前一條絕無僅有的「大街」上就是燈火輝煌的夜市，人聲鼎沸；不知該說自己是還了陽回到人世，還是像唐代傳奇裡的旅人，在黑夜裡遇上了不似人間的可疑聚會，雞鳴一起就會消失在這片荒漠中。攤販同時以英文、蒙文招徠顧客，攤上多是些水果、餅乾、泡麵、罐頭、飲料等食品。同車的外蒙乘客買了西瓜及成箱的果汁飲料。惠玲想趁離開中國前再買幾個當季的水蜜桃，我們往其中一個攤子走下去，帶起連聲「hello」。我擺出殺價的架勢，說一聲「咱們別說洋文了，說普通話！」聽起來是標準北方話，看起來卻不像中國同胞，老闆簡直迷糊了。二連在沙漠邊緣，鮮果比產

雨後的蒙古草原，這是在火車行駛中拍攝到的畫面，也是此行中，少數之一我最喜歡的照片。

地貴是當然的，而且他們在這種地方討生活，也不容易，我們沒還太多價就買了幾個。邊往回走，惠玲仍一臉迷惘，小聲囑咐：「找的錢呢？明天早上拿出來看看是不是……」

再出發後走上十幾分鐘，就越過了國界，到達蒙古境內第一站，扎門烏德。說是站，倒不如說是檢查哨，乘客不可下車，由海關人員上車檢查證件。從車窗望出去，在這絕然的黑暗中什麼也看不到，只是戈壁的夜空裡有那麼多星星！似乎比別處的來得大、來得閃亮，是立體的星星。鐵軌旁有個荷槍的士兵，身量不高，穿著嫌大的制服，低頭漫步，沒有絲毫站崗或巡邏的樣子；也許還是個剛入伍的半大小子，就到了這離家千里的荒漠邊緣。同車的蒙古人開窗與他聊了幾句，又遞了包煙，他並不就抽，放衣袋裡了。

列車再開動已過午夜一點。洗手間門外早排了一長串等著服務員開鎖。梳洗安頓之後，熄燈了。

熄了燈的車廂與窗外的戈壁一樣陷入沉默的黑暗，我卻不死心地往窗外瞧；明天迎接我們的該是碧空下的綠草白羊吧。我躺在鋪位上，感覺到的卻是車廂外那片廣袤的大地。

睜開眼，包廂裡已有微熹，一驚，才清晨四點半，睡著不過兩個半小時。站到走廊上，連勤快的服務員都還沒出現。列車正在努力突破戈壁邊緣綿延沙丘的包圍。天是海青，沙是銀灰，隨著晨曦的加重份量，像一筆一筆加上了水，顏色愈來愈淺，眼看快淺淡到了一片清澄，天又加上了淺紫，沙又加上了流金，如是不厭其煩地做著實驗。我聚精會神地看著，冷不防被隔壁包廂門「豁啷」一聲嚇了一跳，一位西方女孩抓著牙刷毛巾出門來，一眼也不留戀，就向洗手間走去，數分鐘後回來又是往包廂裡一鑽。我先是一愣，繼而竊喜中帶著冷清：這蒙古高原上的日出，畢竟還是我一個人的！

清晨五點，車靠賽音商德，從小在地圖上看這地名印象特別深！這裡就算出了戈壁了，周圍什麼也沒有，就一座孤伶伶的候車室，從月臺上看去是蘇聯式古典建築。夜裡的寒氣未散，我只在車廂門邊往外看。一輛吉普旁邊有兩位穿著厚重蒙古長袍的男士，顯然是等候了一段時間，列車上的蒙古商人馬上搬了幾箱商品下車。我回包廂叫醒惠玲：帶著相機，還有，那錢是眞的，沒變成什麼。

旅人星球

★搭沒有空調的火車或長途汽車時，口罩很有用。尤其在蒙古與新疆等風沙大的地方。

★帶幾包濕紙巾，在野外或長途搭車時可充做盥洗用水。

第四章　紅色英雄——烏蘭巴托

列車預定在六月二十八日下午兩點半抵達蒙古人民共和國首都，烏蘭巴托。出了戈壁，火車在平坦的蒙古高原上前進，最後逐漸進入一片平緩起伏的丘巒。這時我不必看錶，也明白已接近目的地，因爲它的別名是「四山之間的城市」。

火車速度漸緩，進入一個只有兩個月臺的車站，四周絲毫沒有大城的跡象，紅灰二色的車站建築卻是頗壯觀，上頭掛著大大的俄文字母①拼出站名。沒錯，這就是一千五百公里鐵路旅程的終點，我們的蒙古高原之夢的起點：烏蘭巴托。

旅行者喧鬧興奮地下了車，各自被月臺上等候的旅行社或旅館人員接走了。由於背包體積龐大，我們一向等同車旅客下完了才走。惠玲在前面下了車，一分鐘後又衝回來，對著猶在走道上掙扎的我說：「我們的翻譯說中文！」

1 又稱西里爾字母the Cyrillic alphabet。外蒙與前蘇聯其他少數民族都以它加上幾個特殊字母爲書寫系統。現在外蒙開始逐漸轉回傳統的畏兀兒蒙古文字，已獨立的少數民族如烏茲別克斯坦，則開始使用拉丁化字母。

因爲帳篷支架未帶，只得向牧民借宿，見識到眞正的蒙古包和難得一見牧民家一早的活動。

這倒眞是出乎意料。我們與這家旅行社以英文連絡，根本沒想到他們會派一位漢語翻譯。她是達娜蘇榮，烏蘭巴托大學銀行學系大二學生，這是她第一次暑假打工。達娜(這是她的小名)沒有想像中蒙古人的寬顴骨或是較壯實的骨架，反而生著一雙長睫毛的丹鳳眼，配上紅撲撲的臉蛋、黑亮的瀏海，像極了漢家姑娘。

即將帶著我們在蒙古高原上奔馳的吉普與駕駛在站外等著。又是一個驚奇：一輛帶行李廂的Rover Land，在廣場上一片蘇聯與日本小吉普之間鶴立雞群，它的實際優點要等上了路我們才深有體會。駕駛兼嚮導那桑，一位捲髮圓眼的年輕人，已經是一個小男孩的父親；皮膚曬成了紅棕色，可見今年夏天旺季已爲他帶來不少工作了。

惠玲和我是當時就對這兩位年輕人產生信任與好感，確信我們四個即將有一次愉快的探險。也許是直覺，在這次旅行中，我們曾遇到許多陌生人與工作人員，相處時間也許只是幾秒鐘，或是十幾天，我們卻能在初見面的一剎那，就察覺出這些人是否值得信任、值得託付，或是必須防備。

火車站位於南方市郊，距離市中心蘇和巴托廣場只有一公里路。馬路上車輛不多，舊的多是蘇聯產小車，新的大部份是日本車，豪華點的就是德國車。擠滿了人的舊公車可能也是蘇聯製，而且比我們後來在俄國看到的還破舊；也有相當新穎的公車，車體上寫著是日本政府捐贈。

烏蘭巴托市區建築疏朗，道路寬闊，有不少行道樹。沒有超過五層的樓房，也沒有連成一片的市街；一棟棟獨立建築，零星分布在棋盤式街道隔開的一個個小區裡，令人錯覺是過去因某種原因而停止建設。出發前，在臺北認識的外蒙朋友曾說，烏蘭巴托雖然沒有路街巷弄那一套，卻不太可能迷路，因爲視線沒有阻礙，老遠就能看到要找的那棟建築，要走過去也沒有阻礙，直線前進就對了！直截了當，絕無城市裡左拐右彎那種麻煩。

除了老人，人們的穿著打扮是完全歐化的；尤其女性，對於世界時尚的奉行簡直令人難以想像。蘇聯解體、蒙古脫離附庸不過七年，但是就女性的穿著審美而言，平均水準還在中國大城之上。蘇聯的影響也未必就是閉塞如西方媒體所言。

也許是因爲看了一路的荒漠斜陽與無垠草原，來自都市的我們對眼前並不算多的屋宇與人車居然有點不太習慣，彷彿在這樣荒涼的旅程之後、在這樣遼遠的高原上，存在著一座城市是很突兀、很不眞實的。這種感覺，不正是烏蘭巴托的歷史寫照？

烏蘭巴托，「紅色勇士」，這個布爾什維克式的名字是在一九二四年共黨執政後才產生的。三百六十年前，當這個城市第一次出現在蒙古高原上的時候，不但它的名字不同，連位置也不在今天這個「四山之間」的河谷上！

那時它叫做Orgo，是漠北佛教領袖哲布尊丹巴一世的駐錫寺廟。所謂寺廟，仍是群集的氈房。除了季節性遷徙之外，由於戰爭及氣候變化等因素，這個氈房廟群在一百年裡，於今日外蒙中心地帶不斷遷移，直到十八世紀末才在今天這個地點固定下來，成爲一個由氈房與營帳組成的城市。庫倫，「Khureen」，就是「院子」，也因此成爲這座城市的名字。在定居的農業民族的概念裡，城市必定是由固定的建築物組成的，也許還應該加上城牆以別內外。流動的城市、可以拆開讓牲口拉著遷移的城市，不是我們一時之間可以理解的。當庫倫改成烏蘭巴托，當傳統的白色氈房被拆散，當蘇聯風格的大樓、劇院、學校及公寓第一次出現在蒙古大地上，牧民們的訝異是否與今日

不同於其他國家，只要一出烏蘭巴托市，
旅館一律是蒙古包。

這裡是烏蘭巴托市的最高點。齊桑紀念碑，
紀念碑外爲一敖包。

我們的困惑不相上下？「當我的子嗣們放棄了自在的游牧生活、住進了污泥建造的房屋，那就是蒙古人的末日了！」② 傳說成吉思汗曾經如此感嘆。今天蒙古人民共和國的人口約二百三十萬，其中二分之一仍住在傳統氈房裡，而真正的游牧人口只佔總人口六分之一。烏蘭巴托市郊仍有二十五萬人居住在氈房裡，定居的蒙古人在夏季仍喜歡到鄉間親友的牧區住一陣氈房，重溫游牧生活。也許成吉思汗他老人家不至於太傷心吧？

經過蘇和巴托廣場往東走，蘇聯式的居民公寓分布在市郊，這是我們很熟悉的景象，在中國是標準的城市住宅。在旅程中，我們發現在前蘇聯範圍之內，每個城鎮都有這樣千篇一律的都市計劃。無論是西伯利亞、莫斯科、伏爾加流域、中亞綠洲，所有新城區看來似乎毫無分別。但是每扇門後的生活與文化，就不是這些雷同的建築能夠輕易同化的了。

預定的旅館在東郊緩坡上，一個公寓住宅

2 札奇斯欽，《蒙古文化與社會》，臺灣商務印書館。

沿途常見馬群在河中消暑。

區裡。這棟五層樓的旅館以前就是公寓，現在外觀毫不起眼，不過是換了兩扇玻璃門，門上加了塊牌子，一層三戶，按照觀光業術語要算是套房吧。我們的房間是四樓其中一戶。進了房門無暇細看，先進浴室洗去一身戈壁沙塵，然後鑽進潔白的被單裡補眠。到後來，這簡直成了一種模式：坐上幾天幾夜火車(船)↓找到旅館↓先洗澡再補眠。雖然惠玲跟我還算隨遇而安，但是沒經歷過的人大概無法體會我們對白被單小床的嚮往之情！

到了下午，我們是被餓醒的。已經三十六小時沒吃什麼像樣東西了。旅館有個小餐室供應早餐，若要午晚餐得預訂。我們決定出門晃晃熟悉環境再說。現在是暑假，一群小毛頭在草地上玩鬧一下午了，同是黑髮黃膚的我們沒引起注意。附近有家中上等旅館，日本觀光團多投宿在此；走下坡則有全國唯一四星級豪華旅館，「成吉思汗」，也是全國最高建築。除了兌換貨幣、打國際電話、買幾張明信片，這兩個地方都不是我們負擔得起的。折回來往旅館後方走，這一帶大概是較新的住宅區，草地、行道樹看得出是經常維護的。我們找到幾個蔬果攤，旁邊有一排售貨亭[3]，正等著下班回家的居民上門。在蒙古及俄國，售貨亭幾乎什麼都

3 Kiosk。

有：土洋雜貨、乾鮮食品、家電、服裝、鍋碗瓢盆等等。這幾個以家居雜貨及食品爲主，還有配上小包鹽及奶精一起出售的散裝茶葉，極富蒙古風格。我們選了速食麵回房間解決一餐。一邊吃，一邊鴨子聽雷看著電視上的蒙語新聞。還有購物節目，似乎是日資，都是新奇的舶來品，很不便宜。剛下肚的速食麵是中國產品。剛買到的香皂則是東南亞進口。桌上一個塑膠煙灰缸，翻過來一看，「Mace in China」。客廳一面鏡子上貼著中國西北某城某廠出品的標籤。

這個「套房」仍是當年民居格局，一進門，左手邊是一間廁所連著一間浴室。對著大門的小房間裡有個水槽，扭開水龍頭仍有水，一張小餐桌，從前應該是廚房。廚房隔壁是臥室，兩張單人矮床各據一方，還有簡樸老舊的衣櫃及小床頭櫃。大門右手邊牆上還留著木造的衣帽架，順著右手走過去則是客廳，一張餐桌，單人沙發，電視，帶著長鏡類似梳妝台的矮櫃，後來才發現這矮櫃似乎一度是蒙古、西伯利亞頗流行的傢俱，達娜家裡也有。玻璃窗上掛著白布簾，木窗櫺漆成白色。窗子是俄式雙層的，可以更有效地防寒防風沙。房間裡有點冷清。這些傢俱說不定是從前的公寓住戶遺棄的。從草原上的氈房搬進了公寓，這家人現在又到了哪裡？

往外看，隔著草地對面幾棟公寓，幾乎每扇窗都亮起了和我們一樣的昏黃燈光，白窗簾飄飄蕩蕩，窗裡映著圍坐進餐的家人，閃爍的電視螢幕，廚房裡的也許是母親，窗口納涼的也許是父親。草地上嬉鬧的孩子們早已散了。

千年來籠罩著蒙古人的鋼藍色天空，此刻柔和了、模糊了。惠玲跟我都沒說話。恍惚間，我們成了千里歸來的故人，在長風浩浩的蒙古高原上也有了一個家。

一夜無話。除了上床半小時後爬起來修理淅瀝直響的馬桶水箱。幸好我帶著一捲鐵絲，剪下一段把浮球綁得牢牢的。這似乎也變成這次旅行中的宿命之一：沒有一個地方的馬桶水箱是沒問題的。惠玲說等我回到家可以掛個牌子：專修各國馬桶。

今天首要工作是把臺胞證快遞寄回臺北的旅行社，辦理加簽。按照計畫，我們將在吉爾吉斯的旅行社收到加簽後的臺胞證，才能進入新疆。這麼重要的證件在這樣不尋常的地區來回寄兩次，是有點冒險，但實在沒有其他辦法。

明天開始是一連四天的長途旅行，今天先在烏蘭巴托養精蓄銳，和達娜一起參觀市內的寺廟及博物館。對我們來說，是對蒙古歷史及地理的溫習，也是長途旅行前的緩衝。

過去庫倫是哲布尊丹巴的駐錫地，寺廟與精舍眾多，外蒙獨立時仍有上百座。但是和外蒙古其他地區的宗教建築一樣，在三十年代後期鎮壓統治下④，幾乎被摧毀殆盡。Gandantegchinlen Khiid，舊時漢名爲崗登寺，是獨立前的外蒙佛教信仰與教育重鎮之一。二十公尺高的金銅合金千手觀音像，早被熔了送到列寧格勒造了彈了。現在這一座寶像莊嚴，纓絡被體，高二十五公尺的觀音像是一九九七年才完成的。可能蒙古人比俄國人聽話多了，莫斯科和聖彼得堡的東正教法器也沒熔了造子彈呀，我憤憤不平地想。

自然歷史博物館陰暗老舊。我們像參加校外教學的小學女生，咕咕呱呱地推開每一扇陳列室的大門，對裡面早該退休的動物標本品頭論足。不過二隻完整的翼手龍及暴龍骨架化石真讓我們閉嘴了幾分鐘。這些在戈壁南部發現的化石是全蒙古最壯觀的，但也是二十年代西方專家挖剩的。惠玲童心未泯(「侏羅紀公園」裡那隻會開門的迅猛龍是她最可怕的惡夢！)，對這些恐龍骨頭、恐龍蛋頗感興奮。我不是恐龍迷，最吸引我的還是博物館裡展出的考古出土遺物。

十歲時，曾在一本彩色印刷大書上看到一張照片，照片裡是出土的北亞草原民族金工作品，一頭蹲踞昂首的雄鹿，鹿角帶著優美無比的曲線，輕靠在起伏的背脊上。它的美麗與神秘給我極大的震撼，似乎從未有過一件藝術品能這樣吸引我；也許是因爲它不只是一件藝術品，也是一件北亞草原民族的圖騰。這次旅行結束後，才了解到我們居然一路追溯了歷史上草原民族的遷移

從最高處往下眺望烏蘭巴托市的全景，前方的河流，即爲土拉河。

4 從一九二九至一九三八年，史達林在蘇聯實行一連串恐怖統治，鏟除異己，成立勞改營(古拉格)。當時蒙古統治者喬巴山緊跟史達林腳步，在蒙古有相同的措施。

這是我們住過最豪華的蒙古包，連床邊的木雕，都相當講究，中間爲一火爐，可作爲冬天暖爐或煮東西之用；上方透光處，可隨意調整通風孔。

路線，也許三年前的起意並非偶然，而是血裡帶來的前定？

蒙古草原一直是北亞歷史上強大的游牧民族的龍興之地，匈奴、鮮卑、柔然、高車、突厥、回紇、黠戛斯、契丹，韃靼、最後一個是成吉思汗所統一的蒙古部族。「士力能彎弓，盡爲甲騎」的北亞游牧民族，就從這裡出發；南下牧馬，與中原農業民族有三千年的衝突與融合；長驅西域，留下至今仍令學者們爭論不休的種族、語言融合之謎，也在西方文明的記憶裡打下了烙印。看看玻璃櫃裡的細石器與金屬遺物，這把精美的匕首，在千年前隨著哪一位叱吒風雲的游牧貴族葬入了地底？這些線條冷冽的箭鏃，曾經搭在哪一個草原男兒的強弓上？這些致命的武器，曾戳進了哪個長征的漢家兵卒的血肉之軀？當他倒臥在戰場上，逐漸失去生命的雙眼望進異鄉的鋼藍色穹蒼，心裡惦記的是故鄉翹首企盼的妻兒嗎？血流乾了，一切歸於塵土。輝煌的歷史總是嗜血的。

接近傍晚時分，我們來到了南郊博格達山⑤緩坡上的齋桑紀念碑，原是蘇聯建造，紀念蘇蒙兩國的友誼與戰爭中犧牲的無名英雄。如今蘇聯已無存，人工的強大也有煙消雲散的一天。往下看，市區南邊的土拉河仍向西流去，烏蘭巴托安安穩穩躺在青翠的四山之間；極目四望，不見塵埃，一直看到遙遠的天邊。「天似穹廬，籠蓋四野」，草原上的天空特別懾人，也因此草原上的民族特別畏天。七百九十二年前，草原上的新帝國誕生了。成吉思汗登極下詔，爲這個統一的新民族與新國家命名爲「青蒙古」，青天庇佑下的蒙古。今日的蒙古，總算從三百多年的附庸陰影下走了出來⑥。紀念碑下一座敖包，上繫藍色哈達，仍在長空下飄揚：願長生天⑦永遠保佑蒙古！

5 Bogda, 神聖的。在蒙古有很多這個地名，因爲蒙古人習慣將某山稱爲「聖山」而不名。
6 從西元一六八八年，漠北蒙古歸附清朝開始。
7 Mongke Tenggeri, 古代蒙古人對上天的稱呼。古代北方草原民族信仰中最崇高的神。

敖包 Oboo

這是古代薩滿信仰中對於騰格里（tenggeri，天）崇拜的遺俗。中國西北的地名中有某某「鄂博」，就是敖包。敖包是高大的石堆，上插杆子，繫著佛教經幡，或是犛牛尾，最常見的是繫以天藍色哈達。路過時在左邊停車，所有人下車順時針繞敖包三圈默禱，並獻上一塊石頭或錢鈔等。附近不可便溺、漁獵、伐木。現在偏遠地區還有敖包祭典。敖包也可用以標誌地界，在哈薩克斯坦與吉爾吉斯共和國交界處的天山北脈裡，我們曾見到一座非常高大的敖包。

旅人星球

★蒙古的治安良好，但在擁擠的寺廟與市場上可能有扒手。
★不要購買古物或恐龍化石，否則離開蒙古時在海關被查到可不是罰錢就能了事的。寺廟有不錯的紀念品出售。博物館裡的價錢都很高。
★我們的蒙古旅行社資料：Mongol Tour OK，電傳：976-1-311441，e-mail：forbes@magicnet.mn。達娜說工作人員都換了，不知現在的服務如何。

第五章　蒙古精神——哈爾和林

六月三十日，我們開始草原上四天的旅程，前往外蒙中部鄂爾渾河上游的哈爾和林。哈爾和林具有兩個不可取代的重要意義：四百年來，位於此地的額爾德尼召廟群一直是外蒙佛教信仰重鎮之一，另一個更撼動現代蒙古心靈的原因是，它是成吉思汗欽定的蒙古帝國首都。

出了烏蘭巴托西南市郊不久，路旁有座大敖包。那桑停下車，讓大家按照傳統行禮祈禱。在我們的蒙古旅程中常有機會經過重要的敖包並下車行禮如儀，重要與否可能是根據那桑的判斷與經驗。他跑遍了整個蒙古高原，連地處西陲最荒涼的阿爾泰山都去過，見多識廣，自然有他的道理。

天氣很好，藍天上有潔白蓬鬆的雲朵。到目前爲止，這個夏天一直是乾熱的氣候，去冬降雪也不多，達娜說有些牧民已經開始擔心水草不足了。蒙古高原氣候乾燥，昨天下午找到一家超級市場採購瓶裝礦泉水好帶上路，因爲飲用水是不包括在旅行社的服務項目之內的。今天上車一人發一瓶，這是我跟惠玲的習慣：旅程中凡是我們有的必需品，就不能少了我們的同伴的一份。

不敢相信自己眞的奔馳在蒙古高原上了！除了這條淺灰的單線道，大地

庫蘇古泊的湖水清澈見底，據說可生飲，但不包括照片中犛牛出浴的部份，這是我最喜歡的照片之一。

上就是無垠草原，點綴著羊群。烏蘭巴托方圓一百公里內大約都還是柏油路面，條件大概跟二十年前在澎湖差不多吧。不過這對那桑並不是問題，還是把車開得飛快！每次超過那些慢吞吞的老舊長途公車，我心裡就一陣歉疚。並不想讓這些純樸的蒙古人欽羨地看著身爲外國人的我們絕塵而去，但是蒙古公共交通極爲不便，車況也差，每天在草原上看到的汽車十有六七都是拋錨的，我們在這個國家時間不長，沒辦法這樣耗。

哈爾和林距烏蘭巴托約三百七十公里，當

蒙古的天空，總是讓人覺得藍得不夠眞實，彷彿這裡才是人間的淨土。牧馬家族之合影。

天即可抵達，但我們並不打算今天趕到，而是先在途中落腳。這是地圖上找不到的地方，它並不是市鎮，而是一個只有六七個氈房的營區。周圍的自然環境極特殊：遠處是一片綿延百里、名爲「蒙古之沙」的白色沙丘，營區四周卻是溪流潺潺，水草豐美，放牧的馬群自由徜徉，因此它叫做Bayan Gobi，「豐美的戈壁」。傍晚，我們和達娜光腳下小溪裡淌著水玩，幾隻結束了一天工作、正在撒歡的牧羊獒犬好奇地停下遊戲，歪著頭觀察我們。牧民的狗是最兇猛的，幸好牠們大概是習慣了陌生遊客，不一會兒又追咬著跑了。

惠玲和我是第一次住進氈房，雖然只是觀光營地，並非眞正的牧民住所，我們還是難掩興奮，在氈房裡東瞧西看，連達娜也覺得有趣。我們告訴她，從小就想親眼看看氈房到底是怎麼蓋起來、或組合起來的，今天可算解開這個謎了！

達娜大概是忍不住好奇，問我們：「爲什麼想到蒙古來旅行？」我告訴她，我們從小在學校裡讀過一些蒙古歷史與地理，甚至在幼稚園就學會了「風吹草低見牛羊」的歌，所以非常希望能來看看。「成吉思汗、四大汗國……這些都是從小熟悉的。」我說。

「你們反而知道？窩闊臺、拔都、忽必烈……你們都聽過？」達娜有點驚訝。我奇怪爲什麼她說「反而」。

「從前蘇聯還在的時候，蒙古的學校裡根本不教這些，古代英雄們的名字連提都不能提。」她解釋。

「眞的？」輪到我大吃一驚。沒想到過去蒙古人民共和國受蘇聯箝制到這個地步。

「是後來才開始教的。」達娜補充。「後來」就是蘇聯解體之後。

第二天繼續往哈爾和林前進。今天更熱了。接近中午時，那桑建議到他的牧民朋友家裡稍事休息，參觀牧民生活，還可以試試騎馬。我們當然贊成！連達娜也從未騎過馬呢。惠玲跟我曾惡補了幾句喀爾喀蒙古語，從書上學了一點傳統禮儀，希望待會兒不至於出醜！這是三代同堂的一家人，看到那桑的車，年輕人都上來迎接。

進了氈房，我們被安排坐在左上方(西北方)的客位，家中最年長的老奶奶坐在正上方佛壇前的主位招呼我們。其他人也坐在茶几四周或靠牆的矮床上相陪。媽媽先端上一碗碗奶茶，這對惠玲跟我來說不是問題，一碗溫熱微鹹的奶茶在夏季比運動飲料還來得合適。接著傳過來一盆堆出尖兒的小塊奶餅，是羊乳略經發酵、分離、曬乾之後做成的，惠玲有點猶豫了，這幾天三餐總是羊肉已經讓她吃不消了，但還是拿了一塊，啃了幾口。

主人略為詢問了我們的旅行，又和那桑談了談天氣與牲口的近況。我悄悄環顧氈房內部，佛壇上玻璃罩子裡供著佛像，旁邊有達賴喇嘛的照片、家人在首都的蘇和巴托廣場留影、小擺設、收音機等等。進門內右下角是鍋具及水桶，左下角是馬具、擣奶油的木桶和發酵馬奶用的皮袋子。

忽然，達娜翻譯主人的邀請：「請在舍下住上七天再走！」我們趕緊表示誠摯的謝意與遺憾，並拿出一包進口糖果做為謝禮。糖果是草原飲食的一種調劑，很受歡迎。接著惠玲提議照一張拍立得全家福。拍立得是我們的法寶，旅行中往往能使賓主盡歡。

在氈房外拍了照片，我們騎了一小會兒馬。家中的小弟弟跟那桑玩起蒙古摔角，男子們瀏覽那桑帶來的報紙，年輕的長孫媳請我們三個女生到她的氈房裡坐坐。她十九歲，去年結婚，小倆口的氈房還是嶄新潔白的，房裡都是以紅色為主的簇新傢什。我們給她照了張拍立得：梳著黑亮辮子、臉上帶著紅暈坐在富麗喜氣的氈房裡，全家看了照片都滿意極了。

婉謝了留飯，帶著土人贈送的三張最爲珍貴滋養的乾酪，我們繼續趕路。路面是石子路，比較顛簸，不過這在蒙古還算是可忍受範圍，而且那桑開車已經是非常平穩的了。他告訴我們去年到哈爾和林的事。

庫蘇古泊蒙古傳統音樂表演

那次是一對英國老夫婦。從烏蘭巴托到Bayan Gobi的路上就嫌顛得厲害，在後座不斷挑毛病，於是只好放慢速度。但老太太還是不饒人，每顛一下，索性猛敲他和翻譯的椅背，敲得他倆七葷八素。

在營區睡到半夜，這對客戶來敲門：要他馬上摸黑開四小時的石子路到哈爾和林打電話確認機位。全蒙古是連首都也沒有幾盞路燈的。晚上在草原上開車連方向都看不清，全憑記憶和經驗。

「我的天啊！」聽到這裡，車廂裡早已充滿一片義憤之聲，「你眞的去了！」

往哈爾和林途中，我們隨車攜帶麵包、蕃茄、黃瓜，就地做起午餐三明治，眼前河中倒影是土拉河。

拍這張照片時，心情一度低落，照片中，這對飼養馴鹿的牧民人家，因爲順應遊客的到來，原本該生活在庫蘇古泊東北寒冷地方，卻短暫移居到庫蘇古泊的南方。酷熱的氣候，讓這隻才出生沒多久的小馴鹿生病，已瀕臨死亡的邊緣，這對夫妻希望能和牠合影，作爲紀念。我深深的懺悔，如果，沒有我們這些觀光客，或許，牠還能保住牠的小生命。不知，牠是否安然無恙？

沒錯，摸黑開了四小時石子路到哈爾和林，打完電話，再開四小時石子路回Bayan Gobi（這時候倒是天亮了），再開車帶這對要求嚴格的客戶去哈爾和林。

「我看他一定恨死那個地方了。」惠玲對我說。

現代的哈爾和林市鎮的確是毫無吸引力，但我們不進城，直奔郊外鄂爾渾河旁邊的氈房營區。這是蒙古之行裡最豪華的氈房，所有的木製部份都是紅金二色油飾，門板、支柱、天窗、屋頂骨架及傢俱都帶著繁複的傳統雕刻花紋。達娜跟我們紛紛在房裡留影，那股神氣好像是我們也當了大汗！

午後乾熱無風，幾隻鷹在營地後方的鄂爾渾河谷上乘著熱氣流巡弋。吃過午飯悶熱得昏昏欲睡，開著門、又把圍著牆的氈子腳捲起來也無濟於事。那桑建議明晨再去額爾德尼召，無異議通過。營區人員打來一桶溫水給女孩們擦洗，等到連衣服都洗過之後才發現自己已經一身羊味——這水是用煮羊奶的鍋煮出來的。不過，在蒙古高原上帶著一身羊味，誰曰不宜？

鄂爾渾河果然滔滔滾滾，但哈爾和林的地貌還是令人頗失望。這是歷史上有名的牧場，歷代草原帝國的龍廷所在，怎麼草原這樣焦黃、山坡上絲毫不見林木？或者這只是乾熱天氣給我的誤導？第二天早晨，那桑帶我們到不遠處的抽水站上游散步，這才彌補了我的失落與不解。過了抽水站上游，鄂爾渾河才眞是隨意之所之，蜿蜒流暢，河谷似乎是讓豐沛的水氣染綠的，馬群悠遊淌水，享受早餐與晨浴。當草原帝國極盛之時，其草長馬壯的景象也不過於此吧？

成吉思汗於一二二〇年定都哈爾和林，之後又經過窩闊臺汗的經營。但是隨著分封的四大汗國逐漸各行其是，哈爾和林只是蒙古部族精神上的象徵。直到元朝結束，中原的蒙古人又回到高原上的故都，但祖先的榮光已成斷垣殘壁。十六世紀末，阿巴岱汗皈依藏傳佛教格魯派，蒙古部族出身的的達賴四世在故城原址以殘磚剩瓦建起了一百零八座白塔，這就是額爾德尼召的起源。

草原的歷史少不了戰爭，而戰爭是少不了破壞的。十七世紀末，廟群全毀於新疆準葛爾帝國的入侵戰火中。之後是斷斷續續的重建，廟宇最多曾達一百座，被一百零八座白塔圍繞著，遠道前來朝拜的信徒們徒步環繞城牆，並對每一座白塔行禮默禱。鄂爾渾河餵養著戰士的馬兒與牲口，鼓舞著萬里征伐的雄心；額爾德尼召卻馴服了草原兒女純樸的心靈，將他們變成佛前低眉斂首的信士。

等著他們的卻是共產革命後的宗教迫害。三十年代中，除了今日僅存的三座廟宇，額爾德尼召其他建築全被摧毀。全國年輕僧侶被迫還俗，接近二萬名中高階喇嘛被送往蘇聯西伯利亞的勞改營，沒有人生還。與此同時進行的是全國性的大整肅，清除右派份子與民族主義者；徹底消除私有化、強迫牧民與農民加入集體農場，結果帶來飢荒。

「我的祖父就是那時候被迫還俗的，」達娜說，「我的名字是他取的，是一位女佛的名字。」八十年代中，情勢放寬之後，這位老人再度出家，數年後圓寂。

我們參觀的時候，遠道前來參拜的信眾虔誠地以額角輕觸佛座及石碑，並且繞行重修的一百零八座白塔。現在所見數百年歷史的法器、佛像、唐卡，許多是當時的哈爾和林居民冒著生命危險埋藏起來的，這一藏就是六十年不見天日！也有些老去的信士等不了六十年，把秘密帶到了地底。永遠沒有人知道，還有多少額爾德尼召的寶藏，埋在哈爾和林的青山上。

留在山上的還有一座龜石，巍然不動近七百年，是當年標誌哈爾和林四至①的四座龜石之一，這是成吉思汗國都的唯一遺物了。我們上山時風很大，從這裡俯瞰，蒙古帝都故址盡收眼底。龜石上一小堆石塊，這是蒙古人表達崇敬與虔誠的標誌。蒼狼的子孫②！無論是光榮或屈辱，記憶只是一時塵封，你們並沒有遺忘！

1 四個角落。據說還有另一座留存。
2 根據《蒙古秘史》，成吉思汗的祖先是(被稱爲)蒼狼與白鹿(的一對夫婦)，很可能指的是氏族圖騰。狼與鹿都是古代北亞游牧民族常用的圖案。

蒙古氈房

通常門朝正南或東南。氈房骨架分爲幾個部份：牆是幾片用皮繩栓釘起來籬笆狀的活動木排「khana」，一般的氈房需要四片木排；門板是獨立一塊，以傳統花紋油飾，冬季加一塊氈簾，更講究的有雕刻花飾；屋頂是一根根分離的傘狀骨架；一端與khana綁牢；一端支撐著圓形天窗；另外支撐天窗的還有兩根樑柱，氈房正中的火爐位於樑柱之間，煙囪從天窗伸出，平時天窗並不蓋起來。最外一層包覆的是帆布，其次是氈子，是以羊毛經過彈、打、壓、軋等手續做成。氈子防寒隔熱，若是夏天裡太悶熱，把圍著khana的氈子腳捲起，涼風就徐徐而入了。

氈房內部

正對著門是佛壇，或是家長的床，左右各一張床，之間多放著收藏衣物的木櫃。中央兩根樑柱之間是火爐，火爐後一張矮几。進門右手邊櫃子放的是餐具與炊具，這是「女性的地方」。左手邊放馬具、製造馬湩的皮袋子，這是「男性的地方」。傳統上男女分兩邊就座，上位是西北方，矮几之後，佛壇稍偏處，因不可背對佛壇；但現在禁忌不嚴，故上位也有正北的。

http://www.woodlandyurts.freeserve.co.uk/，這個網址介紹蒙古、哈薩克與吉爾吉斯的氈房，還出售各種大小氈房哦！

牧民家作客的注意事項（由於游牧文化與生活習慣近似，在中亞游牧民族家中也要注意）

★如果騎馬接近，不可直到營帳門前才下馬，不可在營地驅馳，不可擊打或喝斥主人的狗，不可持鞭入室。若只是經過，應從後方遠處繞過。

★不可踩門檻。

★若氈房門上用的是氈簾，應以左手掀開，從右手邊出入，免得裡外撞成一堆。

★在氈房裡不可倚在樑柱上。

★在氈房裡不可吹口哨。

★不可摸小孩的頭、別人的帽子。

★不可跨過放在地上的套馬杆子（uurga）、食物與食器。

★坐有坐相，鞋底不可對著佛龕與老年人。雙手合掌，不可十指交叉。

★蒙古人敬老，凡事以長者先行。

★不可以左手取食。主人提供的食品多少要吃一些，不可多取而浪費。乳製品特別珍貴，小心不要倒在地上。吃完酸奶應把碗舔乾淨，以示珍惜。

其他古老禁忌

★水與火是神聖的，不可污染。不可丟入污物，不可跨過火上或踩熄火苗，火中與火旁不可放置利器，不可踐踏爐臺。這些是古代游牧民族的共同禁忌，在中亞與新疆也要遵守。

★不可當場詢問山川湖泊的名稱，這些都是神聖的。

★關於敖包的注意事項請看第四章。

蒙古傳統食品

蒙古人重視奶製品，稱爲tsagaan idee，「白色食物」，大多是羊乳製。蒙古人多以此待客，因此到牧民家很可能會嘗到以下數種：

★suutai tsai 奶茶-加了奶與少許鹽，與藏族的酥油茶不同。蒙古人每日大量飲用。

★airag 馬湩-發酵的馬奶，味酸，有少許酒精成份。

★aaruul 奶餅-乾的凝乳塊。

★tarag 酸奶-與優格幾乎完全一樣。吃完酸奶應把碗舔乾淨。

★tsutsgii 鮮奶油-極爲香醇，可加上砂糖攪拌後塗麵包。

★byaslag乾酪-極滋養，通常是片狀，有韌性。

旅人星球

★在牧區旅行，可準備老少咸宜的禮物，例如進口糖果點心，在烏蘭巴托可買到。

★在草原上旅行，上廁所是一大問題—不管走出多遠別人還是看得見你。要有心理準備。

★遇見牧民的狗，不要大喊或劇烈動作，通常狗主並不遠，不必害怕。若是野狗(城市也有)，就要小心。

第六章 金色日光與銀色月光①——庫蘇古泊去來

離開哈爾和林，往溫泉小鎮庫吉的路上還有一座寺廟，當年哲布尊丹巴一世曾在此停留。因位於額爾德尼召之西，蒙古人稱爲西寺。它也沒有逃過被摧毀的命運，如今只剩下一座偏殿，其他建築無存。我們抵達時，正有不少牧民前來參拜。

時值中午，法事暫停。我們跟達娜走進不大的偏殿裡，傻頭傻腦地環顧四周；身著傳統服裝的牧民們坐在門邊板凳上，一張張寬顴骨的臉上純樸的眼睛，好奇地看著來自城市的我們，一時之間鴉雀無聲。

一位年輕婦女爲我端上一木碗白色液體，我呆呆地伸出雙手接過來一看，是一碗airag，發酵過的馬奶，古代漢文典籍裡稱爲「酪漿」或「馬湩」，含少許酒精成份，是草原民族在夏季裡大量飲用的天然飲料。我這才注意到她站在一個古舊的木桶旁，桶裡還有不少馬湩，可能是給喇嘛與牧民飲用的，就像臺灣鄉下的奉茶。她告訴我們可以坐在板凳上歇歇腿。

1 蒙古詩人那察克多爾濟的作品「我的祖國」中描述蒙古大地是「金色日光照耀豐腴的國土，銀色月光照耀永恆的國土」，譯文出自札奇斯欽著《蒙古文化與社會》。

我們乖乖坐下。圍坐一旁的牧民們興味盎然地看著我，大概想知道這個老外如何解決這碗蒙古傳統飲料。馬湩作法是一木桶新鮮馬奶以木棒快速攪拌至少三千次，直到奶油已分離出來，奶水也已發酵。對以肉食爲主的蒙古人來說，馬湩解渴且幫助消化，所謂「肉食從容飲酪漿」②；但是從未嚐過或不常喝的人喝了，腸胃很可能有不良反應。我低頭看看，碗有中號麵碗大小，隱約有一股牛奶不幸發酸後的氣味，還飄浮著幾根草屑。沒關係，我對自己的消化系統有信心！端起碗，我憋著氣喝了一大口——說不上來是什麼

2 耶律楚材，「謝馬乳復用韻二首」其中之一的詩句。

這是我最喜歡的照片之一，幾乎所有看到這張照片的人的第一個反應——蒙古人吃鹿茸嗎？當然不吃。

這裡即是700年標誌哈爾和林四至的四座黿石之一。

滋味，舌頭只記得酸，下了肚卻覺得一陣清涼！接著達娜和惠玲各喝了一口，我接過來又喝了一大口。

牧民們交換著眼神，似乎頗滿意。其中兩位婦女帶著孩子，惠玲從口袋裡拿出糖果給小孩，媽媽滿面笑容，點頭道謝，氣氛更加活潑。接著媽媽們你一言我一語地指點我們如何參拜、如何行禮。我們依言而行。按順時針方向遶行殿內③，進入裡面的佛堂。小佛堂裡全是酥油味兒，鎏金大缸堆滿了小山一般的羊奶餅與羊乾酪，與我的肩膀齊高，一缸缸海燈點著酥油。我看看惠玲，她已經憋不過氣來了，幸好我們不去西藏，我暗想。我們依樣畫葫蘆以額角輕觸佛座行禮，但是我總拿不住尺寸，腦袋在石雕佛壇上碰得咚咚響，自己都覺得滑稽。

今天有幸前來參拜的牧民們大概心想這兩個老外帶來了不少笑料吧。回到家眞有不少可說的了。

在庫吉洗了溫泉澡，過了輕鬆的一夜，我們在七月三日返回烏蘭巴托。第二天開始的是更艱苦的庫蘇古泊之行。

庫蘇古泊位於蒙古最北方的庫蘇古省，長一百二十五公里，寬三十公里，深二百六十二公尺，四周幾乎完全沒

3 我們在外蒙寺廟中看見都是順時針遶行，但是札奇斯欽先生著《蒙古文化與社會》中記載必須逆時針遶行，也許七十年來習慣已改？

有聚落，每年有九個月封凍期，積聚水量佔了全球淡水的百分之二，水質純淨到了捧起來就喝的程度！

從烏蘭巴托出發，八百五十公里的路程要走兩天。早上七點出發，晚上十點天全黑了才在草原上露宿。離開烏蘭巴托前，大伙兒採購了乾糧與食水，因爲一路上沒有供應餐食的地方。

七月四日一早，車開出烏蘭巴托西郊，路上車不少，車速也很快，突然就在前方的一輛車撞上了正穿越馬路的一個小男孩！小孩彈滾到路邊，我們四人一齊驚呼！肇事的司機緊急煞車，我們這輛Rover Land千鈞一髮閃了過去！回頭看車上下來一名男子，驚惶地抱起地上一動也不動的小男生。那桑氣惱地拍著方向盤，說那個孩子恐怕凶多吉少！我們知道一向小心開車的他最惱這種事，現在又是在遠行出發時遇上，好像兆頭更不好了。氣氛一直很凝重，直到過了中午停下吃飯，大家才逐漸說笑起來。

車往西北走，這一帶是乾草原，完全沒有路面。氣溫很高，我們開了車窗，半小時後才發現這是一大失誤：車裡已經到處是一層黃土，無所不在，臉上、頭髮裡、鼻腔裡、指甲縫裡、甚至衣服裡也不例外。小時候地理課本上說「黃土高原是由蒙古高原上吹來的黃土顆粒堆積而成的」，現在總算是親身體驗到了！「讀萬卷書，行萬里路」，誠哉斯言！惠玲慌忙把相機及鏡頭外再加一個塑膠袋。我偷偷往T恤領口裡瞄了一眼——連內衣都成了土黃色！惠玲很不巧地穿了一件白襯衫，直到三個月後還沒恢復過來。大家連話也不敢多說，因爲一張嘴就吃進不少土。手忙腳亂搖上車窗——熱得要命！還是開窗吧，反正已經沒什麼區別了！

荒涼的高原上偶爾才出現趕路的吉普車，長途汽車幾乎沒有，牧民的氈房也不像哈爾和林附近那樣多。我懷疑蒙古地圖上的紅色細線代表的根本不是任何人工修築出的「路」，而是勇往直前的蒙古司機們自己找出來的「路線」。他們也不是沒有意見紛歧的時候，因此草原上就產生了這麼多行不由徑的車轍，似乎大家的共同信念是抓正了方向往前直開就沒錯！只是震得我們連人帶行李全都拋在半空中！細微的黃土也被震得從身上及座椅上跳起來，快樂地在空氣中漂浮。我跟惠玲開始慶幸自己沒等到退休才來，這種旅行大概再老十歲就消受不起了。

傍晚路過伯爾根省省會。鎮外不少人馬，原來是當地的那達慕賽會，不過今天的賽程已經結束了。達娜指給我們看，紮起馬尾的馬匹就是剛剛參賽的。小騎手都是五到十三歲的男女孩童，依照馬齡分級，在草原上奔馳三十公里！

過了伯爾根，感覺出車子正逐漸往上爬，吹進窗裡的是涼風；草綠了，出現了森林，溪流也增加了，我們已進入西伯利亞針葉林的邊緣地帶。這裡比起一馬平川的草原多了一股神秘氣息，尤其是在這幽暗的黃昏時分，一路上不見人家，風聲與流水聲飄忽不定。眼看著已經晚上九點，天色漸暗，車燈也開了，大家心裡都焦急起來，若是找不到牧民氈房附近紮營，有個依

往庫蘇古泊來回開車共四天中，爆胎記錄共三次。這裡還算較幸運，有加油站的人幫忙，其他兩次，我們三個女生（連同翻譯），要幫也幫不上忙。

靠，今晚就得睡車上了；睡車上倒無所謂，只是那桑擔心夜裡說不定有什麼人或獸，就這樣單槍匹馬停著一輛車太危險。他決定再往前找找，前面有一個背山傍水的緩坡，每年夏天總有牧民停留，我們的運氣應該不會太差。

果然有一家牧民！得到主人同意，顧不得寒暄，趁著天沒全黑，我們趕緊拿出帳篷與食具。那桑打開帳篷翻了半天，氣得哇哇叫：沒有支架！根本搭不起來！看來還是得睡車上，不過有了鄰居，總比孤伶伶在荒野中好吧。大家心一寬，繼續大嚼晚餐，趕快吃完了到主人氈房裡作客，待在外頭好冷。

這家人也是三代同堂，今天父親帶著六個兒子上省會，留在家裡的是祖母、母親與最年幼的小女兒，還有姑姑帶著小外甥回娘家來。那桑告知主人我們面臨的難題，一家人很熱心地請我們一起睡在氈房裡。他們沒有發電機，只有爐灶裡的隱約火光，連圍坐在爐旁的各人面貌都看不清，更遑論氈房裡的家什器具了，只看得出並不像上次那桑朋友家那般講究。鍋裡煮

108座白塔

哈爾和林108座白塔。

的是新鮮牛奶，這裡氣候較濕潤，牛也較多。

喝完熱騰騰的牛奶就該睡了。那桑睡車上，主人特地騰出上首的一張床，我們公推惠玲獨享，達娜和我跟小孩打地鋪，今晚分享地鋪的還有一頭出生兩天的小牛④！那桑私下囑咐我們三個，躺下後一定要在耳朵裡塞上衛生紙！免得扁蝨爬進耳朵裡！這可是常發生的！地上本來就鋪了帆布，平時這家人穿著靴子到處踩，我也看不清這塊帆布上到底有什麼，但時候不早，由不得猶豫，再說也不禮貌。套好睡袋，心一橫，鑽進睡袋躺下。四周床下一片漆黑，似乎有什麼潛伏著，我幾乎能聽到它們爬行的窸窣聲。牆上的氈子腳沒放下，山風往我腦袋上直灌。戴上帽子，把耳朵塞上紙，睡袋口拉緊，再祭出最後法寶：狗用防蚤項圈！老實不客氣往自己脖子上一套。地鋪空間很小，我伸不直雙腿，卻不敢轉側，免得防禦出現漏洞。氈房外牛媽媽整晚哞哞喚子，就這樣我們還是睡了個好覺，通過蒙古之行最艱難的考驗！

4 剛出生的小牲口多半睡在氈房裡，進門後的左手邊。

第二天一早謝過主人，留下小禮物，繼續前進。昨天經過一天黃土吹拂，到現在我們臉沒洗，牙也沒刷，因爲一處洗了就覺得別處更髒，索性全不洗，吃飯時擦擦手就很客氣了。蒙古牧民總是整齊乾淨的，跟他們比起來我們狼狽多了。

出發不久，跨過蒙古第一大河色楞格河，在一個小村加油，那桑發現一個輪胎破了。站上幾個人七手八腳幫我們換上備胎，花了一小時。到了庫蘇古泊之後，那桑說這次爆胎是因爲剛剛經過了一座大敖包卻未停下行禮，去年他來的路上也沒停，車子也出了問題。回程上我們還是沒參拜這座敖包，而是繞道而行；這下更慘！一天扎破一個輪胎，外加電線出毛病！在蒙古高原上推車的經驗眞是畢生難忘！

今天地勢更高、地形更崎嶇，牧民及車輛都難得一見。好不容易遇到一輛吉普，一定停下來聊兩句、打聽一下路況。惠玲本來就容易暈車，昨天在車上總是昏睡，我跟達娜輪流打盹，那桑也開得兩眼發直，這種漫無止境的車程實在是意志的考驗。爲了避免睡意，我總是盯著前方無止境的大地胡思亂想，或是對著奇形怪狀的石山絞盡腦汁琢磨它的成因，或是東張西望嘗試發現什麼野生動物；惠玲不時分發一點零食給大家提神，一路幫路旁羊群裡落後的幾隻配音：「等等我啊！」逗得大夥兒直笑。最好的醒腦方法是聽音樂，大家把車上原有的、還有我們送給那桑的卡帶全都聽了不下七八次，最受歡迎的是蒙古最紅的流行女歌手颯蘭圖雅，一遍又一遍地聽，車上每個人都跟著哼哼唱唱，一致同意她那渾厚飛揚的歌聲是奔馳在蒙古高原上的最佳配樂。

進入庫蘇古泊國家公園是傍晚七點，這裡海拔在一千公尺以上⑤，此時周圍幾座二三千公尺以上的山頭雲封霧鎖。我們在森林裡又走了三個小時，抵達湖東岸的營區時已是十點半了，爲我們準備的氈房裡點起了火爐。這一夜別提睡得多香甜了——當然熱水澡也洗得特別過癮。

第二天起來，看到其他遊客的小吉普有五輛，都是本地庫蘇古省車牌，可見都是先搭小飛機到距此最近的市鎮沐倫，再換吉普上山，只需五小時。不過對惠玲和我甚至達娜來說，這來回四天一千七百公里的車程千金不換！

待在庫蘇古泊的三天是悠閒的：藍天、白雲、青山、「藍」水，看似陳腐的形容詞在這兒居然都成了眞。即使在盛夏，庫蘇古泊湖水仍是冰涼徹骨。我們乘小船釣魚時裝了幾瓶湖水回來，回烏蘭巴托路上就喝這水，甘甜微涼，什麼礦泉水都沒法比。我們騎馬、釣魚、拜訪養馴鹿的Tsaatan⑥人。騎馴鹿照相要一美元，達娜一邊翻譯，一邊偷偷向我作鬼臉。惠玲說她也要來住一年養鹿賺錢。我告訴她別動歪腦筋了，一個夏季來庫蘇古泊的遊客大概也只有幾百人吧。

有驚無險的是一次爬山。也許太久沒活動了，這座「土豆山」的碎石陡坡走起來又特別累人，幾乎要手腳並用往上爬，雖然出著大太陽，颼颼山風

5 庫蘇古泊湖面海拔一千六百二十四公尺。

6 「養白鹿的人」，蒙古部族之一，分布在庫蘇古泊北方與唐努烏梁海盆地，語言屬突厥語族。

還是吹得人發抖。「爬」到三分之一，惠玲就臉色發白，喘不過氣。我們的嚮導一手提著野餐及熱水瓶，一手拉著惠玲，到了山頂也累得喘氣。反而是看來略爲單薄的達娜，確定惠玲沒事之後，幫她背著小背包，一馬當先走了上去。留下我低著頭邊爬邊納悶是不是蒙古人都這樣矯健，我們這些飼料雞眞該反省。

路旁的大敖包。

下山回到營地，達娜問工作人員今晚是否有傳統音樂表演，答案是今晚暫停，因爲擔綱的那位傳統「喉咪」歌手今天累得唱不出來，原來他就是那位嚮導！喉咪是蒙古的獨特歌唱方式，目前全國專長喉咪的大概只有一百人。「百分之一的蒙古國寶差點毀在我手裡！」惠玲搥胸頓足，「太丟臉啦！」我趁機又對她的飲食習慣危言聳聽了一番。

惠玲無法適應蒙古食物中的羊肉，總是淺嚐即止，連達娜跟那桑都注意到了，勸她多吃，否則會體力不濟，我也嘮叨了幾次，今天果然應驗。之後惠玲開始強迫自己接受羊肉，到了中亞及新疆，已經吃出了滋味兒，回到臺灣反而覺得豬肉有股豬臊了。

最後一天是那桑的生日，晚餐時我們三個拿出各人的禮物，還有一份禮物送給他的妻子，他開心得臉也紅了。他說幾乎每年生日都不在家，去年生日連自己都忘了，當天晚上結束了一次長途任務回到家裡，妻子已經做了一桌菜給他一個驚喜，眞沒想到這次離開家這樣遠也過生日！晚飯後音樂表演終於上場，表演者都是營地工作人員，包括剛才幫我們端盤子的一對年輕男女。他倆是音樂系學生，夏天來這兒打工。好幾首歌曲是我的唱片上有的，長調嘹亮悠長，喉咪低沉神秘，馬頭琴與四胡嗚咽低迴，揚琴飄飄灑灑，長調嘹亮悠長，現在聽到了更高興。

回烏蘭巴托又是辛苦的兩天。路上不時有牧民開著裝了牲口和家什的大卡車、騎著馬，尋找下一個牧場。一位牧民告訴我們，前幾天哈爾和林所在的南杭愛省連日大雨，草原上溪河氾濫，因此當地牧民紛紛往北遷移。這裡也剛下過雨，路況比來時還差。只是我們不再有去程那股焦躁不安。我們的眼睛裡還留有湖上的迴光，心胸裡裝著青山的寬厚，此外還有營地人員爲我們做的木料支架，睡在寬敞的帳篷裡，我也不必再戴一次防蚤項圈了！

蒙古傳統音樂

這是我們最喜歡的民族音樂之一。蒙古傳統樂曲有的舒緩悠長，有的節奏明快，聆聽時彷彿置身茫茫草原。主題很多是誇讚座騎、描繪家鄉與自然，或是表述愛情。

★長調urtyn-duu - 一種歌曲型式，需有特殊技巧，才能表現出它的裝飾音與悠長的樂句，可清唱或由馬頭琴伴奏，是外蒙的代表音樂之一，我個人的最愛。

★喉咪Khoomi - 一種獨特的歌唱方式，利用口腔共鳴，一位歌者可以同時發出幾個和弦音。起源於外蒙西部的阿爾泰山區，傳說是模仿山間流水聲。俄羅斯聯邦的土瓦共和國Tuva(唐努烏梁海盆地)，這幾年在西方也以喉咪聞名。我們的心得是一次聽一兩首就夠了，聽一整張唱片有點受不了。

★馬頭琴 Morin Khuur - Morin 是馬，Khuur 就是中文的胡琴。這是蒙古族的代表樂器，樂音可低迴可悠揚。和長調一樣，最適宜蒙古旅途中聆聽。

★此外常用樂器還有笛子、三弦、四胡、揚琴。歌曲也有一般的短曲、工作歌、遊戲歌等。另有類似吟誦的贊歌，在那達慕中可聽到其中一種，駿馬贊。

流行音樂

★我們最喜歡的還是女歌手颯蘭圖雅Sarantuyaa。蒙古人以Saraa稱呼。無論是現代流行歌或是傳統民謠，她都表現得很好。

推薦唱片

★夢中戈壁 - 騰格爾與蒙古民歌，風潮唱片。內蒙民歌，歌唱方式較現代，但仍使用傳統樂器。

★蒙古族音樂，搖籃唱片。內蒙著名職業樂手錄音，樂曲及歌曲。

臺灣市面上也可找到幾張進口CD，數量不多，我們喜歡的如下：

★Mongolie-Mongolia，Sunset France 的 Air Mail Music 系列，外蒙職業樂手錄音。缺點是沒有任何說明。（便宜嘛！別要求太多了。）

★Vocal & Instrumental Music of Mongolia，Topic Records。七〇年代外蒙田野採集錄音，有收藏價值。

颯蘭圖雅的CD如下，我還在尋找中，希望大家共同努力！

★Dreaming in Gobi，日本出版，與另一位歌手合作。

★The Best of Saraa，Top Records, 編號969700111。

我個人偏好上網向國外訂購。日本King Record的World Music Library 系列，有五張內蒙與新疆厄魯特蒙古(西蒙古)，其中包括厄魯特蒙古史詩「江格爾」片斷；風潮進口了此系列部份，但不包括蒙古。法國的Ocora - Radio France，有系統地出版了很多民族音樂，包括蒙古與中亞；Ocora的解說最詳盡，包括民族學及樂理資料；誠品進口了部份，但地區分類有點混亂（土庫曼放到土耳其去了之類的）。法國的Buda 也出版民族音樂的田野錄音，但蒙古的只有二張。以上幾家在Amazon可找到。巴黎的 Virgin 有很多。

旅人星球

★相機與鏡頭多包幾層準沒錯。

★戶外活動時，當地海拔與緯度會影響體能表現，飼料雞當太久的人要特別注意啊。

第七章　草原上的歡聚——那達慕

回到烏蘭巴托，先到達娜家打電話給代辦俄國簽証的旅行社。達娜的母親面如銀盤，帶著慈祥的笑容，是典型的蒙古媽媽；看到灰頭土臉的三個女生，又是好笑、又是憐惜，讓我們趕快洗洗手臉，遞上奶茶與點心。她是一位兒科醫生，注重飲食健康，因此茶裡的鹽放得不多，反而是加的牛奶特別香濃。

明天七月十一日開始是一連三天的國慶節，首都將舉行那達慕賽會。市區裡的外國遊客顯然增加了，各省的選手和參觀的牧民來了更多，身著傳統服裝的牧民在蘇和巴托廣場上留影。許多人是騎著馬進城的，寬闊的人行道成了馬行道，這段時間裡走在街上得特別注意背後清脆的馬蹄聲。

「那達慕」，就是「歡聚」之意，以往從大地春回的陰曆四月直到秋高馬壯的八月，草原上各處經常舉行，而且與信仰活動連結起來。現在內蒙古仍在四月十六日成吉思汗誕辰舉辦那達慕，外蒙古的那達慕則是八十年代中才恢復舉行。從前的宗教活動取消了，現在萬眾矚目的是傳統競賽，蒙古的「男兒三技」：摔角、射箭、賽馬。

開幕典禮是由身著蒙古甲冑的騎兵上百人從總統府出發，在雄渾的傳統

那達慕大會另一個重頭戲是騎馬比賽，我們擠不過那些馬群，只留下這張有趣的畫面。左上角是Lonely Planet（勇闖天涯）的拍攝小組。

音樂伴奏中，護送象徵蒙古民族的九斿白尾纛①進入位於聖山下的體育場。我們在旅館看完了這一段，趕快往體育場出發。此時烏蘭巴托萬人空巷，馬路上連公車也沒有，人們不是在體育場裡，就是在家裡收看轉播。

第一天上場的是摔角，也是現在「男兒三技」裡唯一限制由男性參加的項目。蒙古與突厥部族的摔角源流甚古，今天中亞各民族都喜愛摔角。滿人也喜愛蒙古摔角，在蒙語及滿語中，「摔角」都是「bokh」，清代漢文史料中譯爲「布庫」。據說康熙年幼時即喜愛布庫，因此有幾位小摔角手參與了計除權臣鰲拜的行動。現在摔角還是蒙古男子熱衷的體育項目，有名的摔角手擁有一長串象徵榮譽的封號，是全國婦孺皆知的英雄人物。

今天的那達慕摔角賽分八個回合，單淘汰制，依照古制並不分級。一回合上場的選手有三十六對，全是各省精英，上場分兩排站開，每人背後有一位著傳統禮服的教練或助理。摔角手上身是罩住後背與雙臂的短衣，露出胸脯，下著緊短褲及皮靴。古時的摔角衣褲都是牛皮製，釘上光燦燦的銅釘，現在則是布料縫製。先介紹各位選手，選手一一模仿老鷹飛翔的姿勢跳躍出列，接受觀眾掌聲與歡呼。

1 這是成吉思汗的旗幟，可能是以水牛或白馬尾做成的。一二〇六年鐵木眞建號成吉思汗，並立起了這個旗幟。

比賽開始，眞是舊時章回小說所謂「捉對兒廝殺」！摔角手可以抓住對手上身，包括上衣與腰帶。若是失去平衡，對手就容易趁虛而入，膝蓋以上部位著地就輸了。分出勝負後，雙方以一種獨特的方式擁抱行禮，勝方並輕拍一下負方的臀部，然後以鷹舞的架勢環繞司令臺前的白尾纛一周，觀眾同時歡呼鼓掌。有的選手三兩下摺倒對手，有的卻是勢均力敵，能耗上一兩個小時！等級愈高，這樣的情形愈常出現，對我們這些看熱鬧的外行人來說，也更看不出所以然。因此不多久我們三個就分神聊天了。

達娜說，古代的摔角上衣並不是袒露胸脯的，關於它改變的原因還有個傳說。曾有一位所向無敵的摔角手，最後人們發現他竟是一位女子改扮！於是這些輸不起的摔角手樂壞了，他們找到了最好的解決方法：把上衣改成今天這種樣式，就可以保證不再有力拔山兮的女子來技壓群雄了。

我們的位子是在司令臺兩旁的天棚下，涼爽舒適。四周都是全家出動的蒙古人，爺爺奶奶穿著傳統的蒙古長袍②，父母懷抱小兒，都是盛裝赴會。有些人家帶著新型相機甚至V8攝影機。在這次旅行中，我們發現無論是城市居民或是傳統牧民，蒙古雙親對於子女非常疼愛，孩童也許服裝樣式不新，也有修補，卻一定整齊清潔，女孩子都梳上清清爽爽的小辮兒。父母對孩子懷抱提攜，沒有一點不耐或不悅，小孩子也都快快樂樂，沒有當眾耍賴鬧脾氣的。蒙古人也非常敬老，當我們在牧民作客，達娜與那桑對老人總是態度恭敬，與老人坐談一定是坐姿端正，雙手合握。

2 「del」。

接近中午，我們到場外的公園裡找午餐。公園裡有很多賣零食與午餐的攤販，遊逛的人潮摩肩擦踵，比體育場裡還熱鬧。許多小販賣的是一種類似超大號煎餃的麵食，包的是羊肉餡兒，蒙語叫「khuushuur」，我們在蒙古吃了不少；我一直懷疑，中國北方話裡稱燒餅為「火燒」或「火杓」就是跟這個字有關，也許是中國人向蒙古人學來的食品與名稱；或者相反，是從中國傳入蒙古的；或者根本是從中亞及波斯傳入東方的。在這次旅行中經常能找到這種飲食習慣彼此影響的例子，最顯著的自然是中國的茶。蒙古人習慣上喝水不多，用餐時卻一定飲用大量蒙古奶茶，「suutei tsai」。蒙語中的茶「tsai」當然是從漢語來的。

很遺憾我們居然沒找到射箭比賽的場地，只能留待下回了。下午到市郊賽馬終點看熱鬧，大家都想往前佔個好位置，看看誰是今年第一騎手，現場人馬雜沓，我們小心離馬匹遠點，否則推擠起來非常危險。人人心同此理，所以最前方都是騎在馬上的牧民，我們只好站在一排馬屁股後頭。忽然旁邊一隊西方攝影組排眾而出，最後一個居然是Lonely Planet的主持人之一Ian，一行人在攝影瞭望台上從容等待，羨煞我們這些無馬階級！

早上還是晴空萬里，現在卻烏雲四合，刮起了風，沙塵撲天蓋地而來，觀眾沉默地等待，氣氛緊張。蒙古賽馬依照馬齡與種類分為六級，每一級參賽者上百人，各取前五名。除了最年輕的兩歲小馬級的路程是十五公里，其他五級的路程都是三十公里，路線就在茫茫草原上，不分跑道。賽馬是為了訓練孩童的騎術與毅力，有些小選手不用鞍鐙，只在馬背上搭一塊氈子③。

剛結束騎馬比賽的小孩，正暢飲著蒙古自製的飲料。

當領先者接近終點時是最緊張的！我們老遠就看到一團黃沙裹著幾個奮力奔馳的影子，蹄聲隆隆，孩子們莫不快馬加鞭衝刺，往前奪取那一支支代表名次的小旗，這一景象眞是驚心動魄！蒙古人果然不負馬上民族之名！

小騎手們紛紛抵達，其實各人之間的差距是很微小的。「不過，」達娜笑著說，「每次還是有很小的孩子落在最後，幾乎都只有五六歲，哭哭啼啼地回到終點。」這通常是參加二歲小馬級的小孩，第一次參加那達慕，此時觀眾會唱起一首傳統民謠，安慰這些小可憐，歌裡說：「今年你雖是落後，來年你就是第一！」

至於優勝的小騎手們，則在第二天下午連人帶馬披紅掛彩地進入體育場，繞場二周，觀眾的歡呼與掌聲久久不散。接著一名年長男子爲每一位冠軍吟誦起即席編就的「駿馬贊」，以古老優美的長篇韻文講述小騎手與駿馬的家世，描述駿馬的頭、耳、眼、頸、肩、腹、腿、蹄等各部位如何有力勻稱，跑起來又是多麼四蹄生風，堅忍無畏，然後爲小騎手端上一碗馬湩，並將馬湩塗在駿馬鼻梁及後腿上。聆聽駿馬贊也是賽馬的重頭戲之一，因此吟誦時全場觀眾屏氣凝神，完畢時紛紛鼓掌。最後總統親自頒獎，小孩們雙手抱著一大包獎品，連路都看不到，搖搖擺擺，有趣極了！

3 這是爲了保護小騎手，若是跌下馬背不至於被馬鐙勾住拖行。

這位小女孩也是騎馬比賽的參賽者。到處黃沙滾滾，我想起了成吉思汗出征的場景。

賽馬勝負已分，我們在這片草原上漫步。從各省來的牧民，都在這裡紮營，草原上天藍色帳幕成百上千，成排帳幕之間拉起繫馬的繩索。時值傍晚，主婦忙著準備晚飯，歸來的男子與兒童興奮地講述那達慕的見聞，收音機裡轉播著體育場裡的摔角比賽，有的則傳出一曲渾厚悠揚的馬頭琴。「煙火相望，連營萬里」，我想到耶律楚材筆下成吉思汗西征時的蒙古鐵騎軍容，今日那達慕不也是「千古之盛，未嘗有也」④？

除了那達慕，進城牧民的活動之一是購物，到國營百貨公司——也是首都唯一的百貨公司逛逛。百貨公司的陳設很簡樸，商品種類不少，款式卻不多，無論價格高低，都煞有介事地放在玻璃矮櫃裡。我呆看著玻璃櫃裡的塑膠臉盆、搪瓷牙缸、電池、榔頭、牙膏、香皀等等，好像第一次進城的鄉巴佬。惠玲和我決定買一些隨身包面紙，好幾個櫃子裡都有，可是都是同一個牌子，沒有選擇餘地。我們買了十幾包，後來直到離開俄羅斯還沒用完。

最吸引人的是傳統服裝部門，進城的牧民也在此選購。其中一種狐皮帽子，達娜說戴起來很像成吉思汗，惠玲愛不釋手，但最後還是忍痛割愛，因爲如果眞買了，大概就得這樣戴著上路，背包塞不下！就算塞得下，這樣一路買回家還得了？這可能是長途旅行中最天人交戰的時

4 耶律楚材《西游錄》。

刻！什麼都有趣、什麼都便宜、什麼都想買，可是什麼都帶不了！只好買買小東西，彌補一點失落的心情。我選了蒙古長袍上的一套鈕扣，銅製雕花鍍銀，非常特別。

草原上三天的歡聚曲終人散，我們該上路了，前往西伯利亞的伊爾庫次克。早上那桑特地來道別，他又要離家了，這次是去大戈壁。惠玲和我恨不得給他一個擁抱，還是忍住了，只是不斷熱烈有力地握手，祝彼此一路順風！

我們搭的是二六三號列車，七月十三日晚上九點二十分從烏蘭巴托火車站開出。達娜的父母請我們到家裡吃了晚飯再走。許多清爽的沙拉與義大利麵，還有水果，都是為了配合我們的口味準備的。達娜有臨別贈禮，她本來想送颯蘭圖雅的卡帶，可是節日裡商店歇業，找了好久沒買到。原來今天下午我們在郵局寫明信片，達娜跑出去在大太陽下走了一小時就為了給我們買禮物！伯父伯母送的是蒙古風味的小擺設。伯母說她看我們就跟自己的女兒一樣，都還是孩子，走這樣長的路可得特別保重！

時間到了，我們背起行囊準備出門，心裡真有千里辭家的不捨。伯母急忙從廚房裡端出兩碗蒙古奶茶，要我們喝了再走。我們雙手接過，達娜說，這是蒙古傳統習俗，即將出遠門的遊子喝下一碗熱騰騰的新茶，就一定能夠克服萬難，平安歸來。我們端起碗一飲而盡，熱淚盈眶，相信自己一定會再回到這片藍色長空之下的廣袤大地！

旅人星球

★烏蘭巴托的百貨公司是選購紀念品的好地方，不過郵票比較貴。

★烏蘭巴托郵電局出售數十種美麗的明信片與郵票，比起旅館、名勝或百貨公司都要便宜。服務也很好。

★那達慕的入場券可由旅行社代辦，可買到較好的位置。看第一天就夠了。

俄羅斯

漸漸森林濃密起來，我們進入了西伯利亞的針葉林帶。傍晚九點到達布里雅特首府烏蘭烏德。天晴了，車站染上金黃與玫瑰紅的夕照。我往窗外望，這是西伯利亞東部的大站，不少人上下車，行色匆匆。一個角落裡，一對青年男女互相擁抱依偎著，男孩子身著軍服，女孩子穿著普通的連衣裙與平底鞋，面對著月臺，我看到她的淚痕。很久很久，直到車開出站，他倆還是那樣站著，擁抱著。

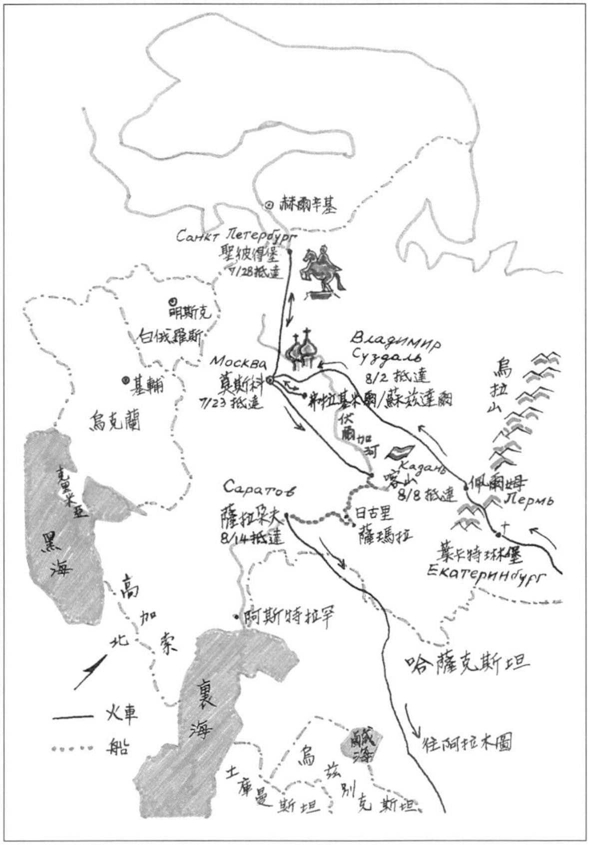

第八章　白樺林後的北國

火車開出烏蘭巴托，一路往北，四周是熟悉的草原景象。天色漸暗，我們也不再眺望，這麼長久的訣別太讓人心酸。

第二天早上起來，天陰沉沉的，草原消失了，這一帶是河流與青翠丘巒。在邊境城市蘇和巴托，蒙古邊防人員上車檢查證件，沒耽擱多少時候，接著往北行，進入俄羅斯，停靠邊境小鎮瑙士其。所有乘客帶著行李，下車接受檢查，辦理入境手續。下了車才發現，列車只剩下這一節車廂，其他車廂在蒙古境內就已經卸下來了。也許是北國的見面禮，此時居然開始下起濛濛細雨。

每到出入境，就是我們最提心吊膽的時刻。帶了六七十捲底片、分門別類的抗生素與成藥、各種尺寸的塑膠注射針筒，若是檢查行李，的確很難解釋清楚。還有一項雖然普遍、實際上卻是違法的行爲：我們把大部份美元藏了起來，申報的金額只有五分之一。

實在是不得不如此。旅行支票只在中國、莫斯科與聖彼得堡才派得上用場，其他區域幾乎只認現金；這趟旅程長達五個月，我們身上的美元當然超出一般遊客甚多。要申報多少，必須拿捏得恰到好處。錢要往哪兒藏，也是一門學問。

貝加爾湖——這個令人有更多遐想空間的地方，在灰濛濛的天空，讓人有股喘不過氣的感覺，總是嘗試說服自己眼前所見的並不是海，而是湖。甚至，我想在多天造訪她，因爲實在很想親眼目睹成群貝加爾湖海豹的模樣！

海關人員有好幾位，個個慢條斯理。看樣子他們對來往邊境的單幫客查得較緊，對一般旅客較寬鬆。我這一排的官員是位年輕人，很客氣，看了申報單，問清沒有要申報的東西，就過了，沒檢查。惠玲那邊倒是看了一下申報的相機，也沒事了。

在瑙士其停留二小時，辦完手續可以下車走走，不過沒什麼可看。車站附近有個小雜貨店，商品很少。下著雨，到處水淋淋的，有點溼冷，空盪盪的月臺，老舊的車站；很熟悉的景象。俄羅斯的火車月臺屢屢使我們想起臺灣，也許是因爲這之間有一層隔代關係。

繼續往北行，這一帶是色楞格河下游流域，幾條浩浩支流一路匯入色楞格河，最後注入貝加爾湖。低垂的雲天之下，水道交錯，湖泊星散，漫汗沼地裡有茂密的樹林與灌木，遠方山巒隱沒在雨霧之上。這裡曾是北方游牧民族的活動地帶，現在屬於俄羅斯聯邦布里雅特共和國①，但是它似乎不應該屬於草原上的民族，而就應該是北國的俄羅斯。鐵路沿線幾個村落，俄式小木屋在陰沉的雨天裡顯得敝舊。半大孩子們向乘客兜售魚乾與家製食品，他們那混合了斯拉夫人種與蒙古人種特徵的臉龐，反映了西伯利亞的歷史。

漸漸森林濃密起來，我們進入了西伯利亞的針葉林帶。

1 布里雅特是蒙古部族之一，使用布里雅特蒙古語。

貝加爾湖旁的小村莊所販售的奧木爾魚乾、瓜子及麵粉製食物。

傍晚九點到達布里雅特首府烏蘭烏德。天晴了，車站染上金黃與玫瑰紅的夕照。我往窗外望，這是西伯利亞東部的大站，不少人上下車，行色匆匆。一個角落裡，一對青年男女互相擁抱依偎著，男孩子身著軍服，女孩子穿著普通的連衣裙與平底鞋，面對著月臺，我看到她的淚痕。很久很久，直到車開出站，他倆還是那樣站著，擁抱著。

這個車廂有一半是外國旅客。與我們同包廂的是一位蒙古女子，一位德國中年男子。這位德國人跑過八十幾個國家，這是第二次來俄國。隔著幾個包廂有一位在中國工作了三年的美國青年，說著流利的漢語，給我們寫了他的中文名字「齊裴樂」。齊先生特別活躍，到處串門子，這會兒正有三位俄國軍人在他的包廂作客，他問我們要不要去看看。

進去了一看，一位英國男生，一位英國女子，三位年輕軍官，正在喝啤酒聊天。其中一位軍官英語說得特別流利，見我們到了，不由分說捧起手就吻了一下，「喔，中國女孩！」接著問我們是否要酒，讓齊裴樂擋掉了，「中國女性都不在公共場合喝酒的。」他說。趁著其他人聊天，他用漢語對我和惠玲說：「他們懂英文，不過我們可以說中文。」頓了一下，「你知道，俄國人嘛……」我們兩個頗能會意，點點頭。

這三位年輕人是淺色頭髮、灰色眼睛、膚色很淡，典型東斯拉夫人的長相②。我們與那位英國男生聊起來，他們三個和其他人喝得很盡興，不時一陣哄笑。惠玲和我交換了一個眼神，齊裴樂也注意到了，對我們擠擠眼睛，說：「嗯，我想你們還是先回去比較好。」再同意不過，我們就告辭了。

七月十五日早上，列車抵達伊爾庫次克。是個陰天，氣溫只有攝氏十來度，眞是個反常的西伯利亞夏日。旅行社的翻譯依蓮娜在月臺上等著，送我們到旅館。

她是大學英文系學生，英語很流利，高挑苗條，一張五官精緻的臉蛋只有巴掌大。

我們在俄羅斯預定停留日期超過一個月，一般旅行社代辦的觀光簽證只有一星期。我們找上伊爾庫次克國旅，讓他們安排在貝加爾湖的四天旅遊，好換取這個簽證。依照規定，我們在申請簽證時交上俄羅斯境內的行程計畫，簽證上必須詳列所有預定停留的城市名字，否則買票、投宿、甚至軍警檢查時都可能惹上麻煩。

2 包括俄羅斯人及烏克蘭人。我們的感想是東斯拉夫人顴骨寬圓的較多，眼窩不像西歐人那樣深，眼睛是灰色調，很少 有藍或綠色。髮色從深褐到很淡的沙色，各種深淺的金髮都很少見。金髮的女性大部份都是染的。

這是蘇聯時期的伊爾庫次克國旅旅館，規模很大，餐廳就有好幾個，其中之一是中國餐廳。全蘇聯的國旅旅館大概都一個樣子：高敞大廳裡厚重的皮沙發、深色厚重的木製家具，牆上一定是當地民族風味浮雕；客房裡厚重的木製家具略有磨損，潔白的床一躺上去就往下陷，盥洗設備大概是七〇年代的產物，窗簾流行幾何花樣；不過還是舒適。

旅館大廳和餐廳裡坐滿了來自世界各地的遊客及商人，這是伊爾庫次克見慣的場面。這個貝加爾湖西南岸的城市，在十八世紀因爲毛皮生意而蓬勃發展，毛皮、黃金及象牙運往中國與蒙古，絲綢、瓷器及茶葉運往俄羅斯與歐洲，商人足跡遠至阿拉斯加③、夏威夷與舊金山。伊爾庫次克的市徽是一頭貂，紀念著它被稱爲「西伯利亞的巴黎」的光輝時代。至今伊爾庫次克人仍有傳統的自豪，認爲自己有理由不同於西伯利亞其他工業城市。

伊爾庫次克並不是只認銅臭的暴發戶。十九世紀初流放來此的改革派貴族「十二月黨人」④，爲伊爾庫次克建立起文化及學術基礎，也爲它帶來一點刻意遠離中央權力的特性。由於它的經濟與政治背景、由於它的地理位置，一九一七年布爾什維克革命之後，伊爾庫次克成爲白軍的重要據點，直到一九二〇年才被共產黨紅軍統一。

3 阿拉斯加是美國向俄羅斯買來的，在西元一八六七年。

4 受到啓蒙時代與法大革命影響的青年貴族與知識份子，期望立憲並廢除農奴。一八二五年試圖政變失敗，首要五人遭處決，一百一十六人流放至赤塔地區，服完勞役後多定居伊爾庫次克。

梳洗之後，依蓮娜帶我們到市區觀光，她說前幾天氣溫還有三十多度，昨天下了雨就降到十五度。安加拉河上吹來的勁風把我們三個凍得直發抖。伊爾庫次克仍保留了許多俄式木屋，但是不少已經地基下陷，窗臺幾乎和地面齊平了！幾座東正教堂與修道院仍有宗教活動，依蓮娜穿著褲裝，無法進入教堂。我們兩個穿的也是長褲，但教會對外國人較容忍，於是依蓮娜先解說，我們再入內參觀。

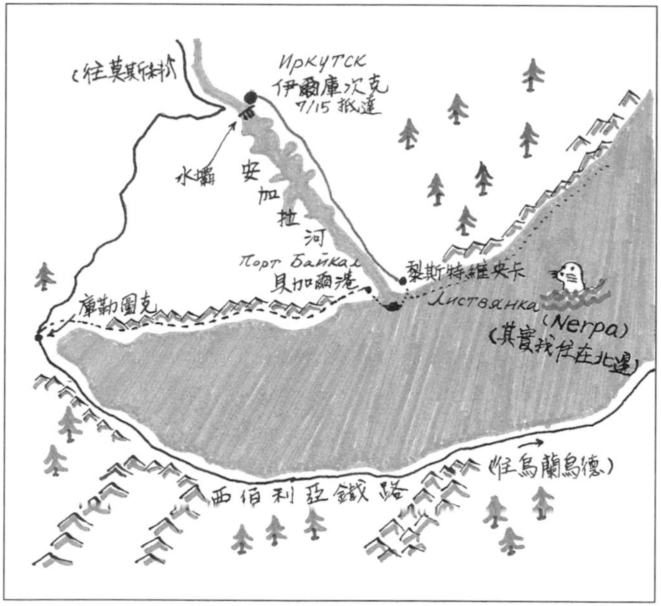

第二天轉往貝加爾湖畔的小村列斯特維央卡，路上索性下起傾盆大雨。到了貝加爾湖生態研究所，冒著雨跑進去，正在播放英語解說的錄影帶，介紹貝加爾湖生態與地質特色，一家荷蘭遊客排排而坐。一邊放映，一位中年女性不時補充解說，大概是研究所人員。播放完，她講述一段結語：「……冬天湖水結凍了，風吹著，多麼冷！」她雙臂環抱著，彷彿眞的是西伯利亞的冬天，「我女兒和我總想走過結冰的湖面，看看到底能走多遠……」她的眼神與思緒都飛走了，「……冬天，還是這樣美，你的靈魂能感覺到……」她雙手合十，閉著眼，微笑著。我也微笑了，雖然她說的是英語，但誰也不會認錯，這是一個俄羅斯人；對俄羅斯人來說，「靈魂」是這樣地熟悉，就像一個人熟悉自己的手指頭一樣。

貝加爾湖除了南岸一帶，其他地區少有人居，若要從事健行等野外活動，需時至少一星期。我們停留時間不長，只在安加拉河口一帶活動。初次見到貝加爾湖，我們居然並不如何激動，也許是天氣不好，能見度低，感受不到它該有的氣勢；再者這一帶遊客集中，湖岸公路修得很好，汽車往來頻繁，似乎有點像日月潭。

在列村的頭兩天住的是公寓民宅。地上鋪著毯子，牆上掛著毯子，一面牆是木頭櫃子，典型俄羅斯風格。女主人有隻胖貓，不肯跟她暫時遷居樓下另一戶，還是在門邊等著，我們一開門就悄然溜進來往沙發上一跳。女主人問是否在意，我們說沒關係，有牠也多了個伴。因爲住的是homestay，惠玲給牠取名「Home貓」。

屋裡有本介紹貝加爾湖與安加拉河的大書，英俄對照，正好打發晚上。注入貝加爾湖的大小河流共有三百三十六條，卻只有一條河流出，就是安加拉。傳說脾氣暴躁的貝加爾老人有三百三十六個兒子，對於唯一的掌珠安加拉特別疼愛。安加拉愛上了青年葉尼塞，於是往葉尼塞住的西北方偷偷私逃。貝加爾老人發現了，盛怒之下擲出一塊巨石，企圖阻擋女兒。這塊大石就是安加拉河口的薩滿石，但是安加拉河仍往西北流去，最後注入葉尼塞河。書中的彩色照片有貝加爾湖與安加拉河，春夏秋冬、清晨傍晚、風霜雨雪皆備；湖上的漁夫、湖上的淡水海豹（或「湖」豹）、湖岸的山脈；還有俄國的偉大建設，伊爾庫次克水壩。

貝加爾湖——從伊爾庫斯克往莫斯科出發，歷時四天三夜。跟隨著這列車，正式展開「西伯利亞大逃亡」！

五〇年代中，伊爾庫次克附近的安加拉河上建了水壩，上游與貝加爾湖口水位因此上漲了一公尺，淹沒了貝加爾湖特產奧木爾魚的產卵地與水鳥棲息地，再加上長期大量砍伐森林，奧木爾魚與水鳥的數量因而大幅減少。最可怕的是東南岸的紙漿廠，六〇年代開工之後，所有廢棄物直接排入湖中，引起了居民反彈，進而形成蘇聯歷史上第一次環境保護運動。本來貝加爾湖像蒙古的庫蘇古泊一樣，湖水可以直接生飲，現在至少在某些遭到污染的區域已經不可能，而且再也無法恢復了。

列村有個小碼頭，幾位紮著花頭巾的俄羅斯大媽在碼頭上擺攤，賣的是葵瓜子、魚乾、自製的pelmeni—西伯利亞餃子，也有人賣工藝品。我們搭的船名叫「小水手」，還有幾位美國遊客。出了港往北，沿西岸航行。貝加爾湖中有特殊的浮游生物清除污物，二千五百萬年來孜孜不倦維持湖水的純淨。站在船舷往湖裡看是很令人「目眩」的經驗，因爲湖水的能見度達四十公尺深！玻璃似的深藍湖水，不暈船的看了也暈。

湖岸是松柏蒼蒼的峭壁，幾處小沙灘上有帳篷，是當地遊客來露營游泳。這幾天本來就不熱，湖上風更大，在船尾坐了一陣子，我們三個躲到駕駛艙裡。裡頭狹小而溫暖，掛著一幅小小的東正教聖像，是旅行者與水手的保護者聖尼古拉，俄羅斯人特別崇敬的一位聖徒。列村有座木造的聖尼古拉教堂，正是一位海上歷劫歸來的商人發願建造的。船長告訴我們，現在船右舷遠方就是湖水最深處，一千六百三十七公尺；貝加爾湖是世界上最古老、最深的湖泊。

七月十八日，我們從列村搭渡船到安加拉河口另一邊的小村貝加爾港，同行的是依蓮娜，還有一位貝加爾國旅旅館的廚師，李冉柯夫，今天充當我們的嚮導；李冉柯夫先生長得胖胖的，挺著啤酒肚，動作卻很敏捷。他說自己心臟不好，幾年前自願調來貝加爾湖工作，居然不藥而癒。「貝加爾有股神秘的力量，」他可不是開玩笑，「不少人還見過幽浮在湖上停留，似乎是吸取貝加爾的神秘能量。」

在船上，依蓮娜問我們昨晚看到電視新聞了沒，「昨天在聖彼得堡為末代沙皇尼古拉二世一家舉行了葬禮。」我們的確看到了這段新聞，不過是鴨子聽雷。一九一八年七月十七日，在西伯利亞西部的葉卡捷琳娜堡，尼古拉二世一家與醫生及三名僕人被共產黨軍隊殺害，遺骸直到一九九一年才被發掘。經過復原與DNA比對，確定死者共有九人，太子亞列克謝與一位公主瑪麗亞不在其中。整整八十年後，這一家人終於得到安息，但是永遠沒有人知道亞列克謝與瑪麗亞是否逃過了屠殺，又在哪裡度過餘生。⑤

5 葬於彼得堡壘中的聖彼得與保羅教堂，這是從彼得大帝以來的沙皇家族墓園。歷來有數名女子自稱是公主安娜塔莎西亞，一名男子自稱是太子亞列克謝，但都無法證實。另有一名男子極可能是眞正的太子，但生前不欲聲張，目前他的遺孀已將他的牙齒送往專家比對。

聖彼得堡堡壘突如其來的一場滂沱大雨，街道嚴重積水，才造就這個難得的畫面。

貝加爾港是個小村，碼頭不遠處有個小火車站。西伯利亞鐵路貝加爾湖區路段未完成之前，旅客與火車必須在貝加爾港搭渡輪過湖到下一站。一九〇四年，日俄戰爭爆發，為了供應遠東軍需，在結冰的湖面上緊急鋪設鐵軌，由人力與馬拖拉列車前進；同年貝加爾湖區路段趕工完成，貝加爾港成為這段鐵路上的大站，繁忙的水陸碼頭。五〇年代中，水壩築成，從伊爾庫次克到貝加爾港的鐵軌遭淹沒，西伯利亞鐵路改由另一段連接，從伊爾庫次克直接到湖西南角上的庫勒圖克，不再彎進貝加爾港。貝加爾港很快地沒落了，與庫勒圖克之間剩下的五十公里鐵軌，就成了現在七百位村民的補給線。

我們沿著這條孤寂的鐵軌往前走，一路上有許多隧道，貝加爾湖岸多峭壁石山，當初建造這一段鐵路時很困難。途中遇到開往庫勒圖克的列車，只掛了四個空盪盪的車廂；我們對列車長揮手，他也揮手回禮。

下午循原路回貝加爾港，沙灘上有許多修理木船的作坊，似乎沒有什麼工作。往湖裡去是多彩的鵝卵石，冰冷的湖水唰唰地沖洗著，一陣一陣。天晴了，陽光照著很舒服，我們向湖畔漫步的幾位老人問好。村民的小木屋仍收拾得很整齊，白紗窗簾，小園裡開著玫瑰。回到碼頭，我們在火車站旁的雜貨店買罐頭與餅乾，店員算帳仍用撥子的俄式算盤。

在貝加爾湖的最後兩天，我們住進了貝加爾國旅旅館。這裡有不少外國觀光客，大部份是日本人。俄國人也有，似乎比外國遊客還來得闊綽。旅館餐廳到了晚間一定有音樂表演，逃都逃不掉。對俄國人來說，高級餐廳似乎必備現場音樂演唱，哪怕是國外的俄國館子也一樣。演唱的大都是流行歌曲，若有英文歌就一定是Beatles 的「Yesterday」。惠玲和我一致認爲它的詞曲特別合俄羅斯人的脾胃。

七月二十日，依蓮娜送我們上了火車。這是前往莫斯科的九號列車「伊爾庫次克」，裝備很新。

這時候，我發現伊爾庫次克國旅代辦的車票上沒有我們的名字，也沒有護照號碼。在俄羅斯，火車票上必須有這兩項資料，起碼外國遊客是這樣。

「沒關係，我們自己寫上去好了。」依蓮娜提起筆就往車票上寫。

「這樣眞的沒問題嗎？」我們兩個實在是不放心。

「我和服務員說一聲。」車快開了，依蓮娜對兩位年輕服務員說了情況，與我們揮別下車。

天陰陰的，列車緩緩開出站。

西伯利亞推薦唱片

法國的Buda Records出版了一系列西伯利亞及俄羅斯遠東地區少數民族田野錄音，有收藏價值(也就是說聽起來也許不太悅耳)。推薦如下：

★Shamanic and Daily Songs from the Amur Basin，是本系列第五張，俄境阿穆爾河(黑龍江)流域少數民族錄音，包括鄂倫春族與赫哲族。注意：女薩滿的鼓聲與喃喃歌聲會讓你背上汗毛直豎！別在晚上聽！(惠玲連在白天也不敢聽。)

西伯利亞紀念品

★白樺樹皮製造的首飾盒、項鍊、壁飾等等。西伯利亞有幾個土著民族相信白樺樹皮有魔力。

★土著民族的雕刻、刺繡等工藝品，價格較前者高。最好不要買古物。

★牛寶石首飾，是烏拉山區的特產，但在西伯利亞東部也買得到。

★瓶裝貝加爾湖礦泉水，喝起來挺不錯！

貝加爾湖

貝加爾湖是大自然的奇蹟，到現在還有許多沒解開的謎。

★世界上最老的湖，二千五百萬年前形成。因此在它的二千種以上的物種之中，超過百分之七十是獨有的。地球上其他湖泊幾乎都不超過二萬年。

★積聚了全球五分之一的淡水。

★全球僅有的淡水海豹 **nerpa**，沒人能解釋到底是怎麼來的。

★一種小魚 **golomyanka** 住在深水處，撈上岸就化成一灘油！(可怕！)

旅人星球

★我們到底把沒有申報的錢藏在哪兒？很抱歉，不能透露這個秘密。不過，身上或鞋子裡未必是最安全的地方。

★俄國人與中亞民族都喜歡敬酒(伏特加！)，若想婉拒，可以「醫生囑咐」爲託辭。

第九章　西伯利亞逃亡記

往莫斯科要走四天，我們搭的是二等車廂，兩位室友是來自美國舊金山的薇那與湯姆，大學剛畢業，趁著開始工作前到亞洲旅行。他倆先到北京，然後到烏蘭巴托參觀那達慕，接著是伊爾庫次克，現在要到莫斯科與聖彼得堡。

正在聊天，列車長來查票了。這是一位俄羅斯大媽，塊頭很大，穿著整齊的制服，一臉鐵面無私，誰也別想從她眼皮兒底下溜過去。

我們的票不但沒有護照號碼與姓名，而且是塗改過的，大媽皺著眉端詳了一會兒，和兩位年輕的服務員說了幾句，接著很嚴肅地對我們開言了，她懷疑這兩張票來路不正！問是向誰買的。我還保存著伊爾庫次克國旅的收據，證明的確是以正當手段買來的票，而且付了全額的外國人票價，當時是一人二百多美元。大媽照樣皺著眉端詳了一會兒，似乎並沒有不相信的意思，只是嘆了口氣，站起身來走了，留下大家滿頭霧水，不知道她打算如何發落。

發生這種事，要殺要剮乾脆點也好，要命的是現在還懸而未決。當然頂多不過要求補票，再繳五百美元，這筆錢夠我們在莫斯科過上二十天，連吃

西伯利亞大逃亡之際，趁火車停靠休息下車合影吧！這些因爲我們車票問題而一路幫助我們的好友，至今仍讓人刻骨銘心，感謝他們一路相助，否則，我們不知流落到西伯利亞哪個小城鎮去了！？
（左一：依鳳，左四：薇那，左五：車掌小姐，右三：湯姆，右二：約翰，右一：賈斯汀）

帶住。惠玲大概是心情不好，暈車了，躺在鋪位上休息。我站在走廊上往外看，心事重重。窗外濃密的針葉林連成一片，好像沒個完。偶爾有一塊敞亮的林中草地，一座木造農舍；有時只從林間露出幾個屋頂，勉強算是人跡。夏季裡白天很長，現在是下午五六點鐘，天還很亮，一抹蔚藍垂在蒼鬱的森林上。

火車正經過一個大彎道，速度減慢了。靠近鐵路有一片林中草地，周圍是翠綠的白樺，嫩白的樹皮特別顯眼，水靈靈的草地上是一對年輕男女。車速不快，我可以很清楚地看見這兩位年輕人。也許是剛結束一天的工作，到這個秘密的地方享受一點獨處的時光。兩人輕鬆地躺著，肩並著肩，看著我們深藍色的列車，正在穿越廣袤空曠的西伯利亞，往首都莫斯科奔去。

也許他倆每天都看著這九號列車，帶著國內外旅客，把這個西伯利亞的無名小村遠遠拋在背後，到自己從未去過的地方，享受自己從未見過的繁華。他倆寧靜美好的臉上沒有好奇、沒有驚訝，也許除了這個秘密的林中草地、除了身邊的這個人，哪裡也不想望。

傍晚，服務員達吉亞娜與塔瑪拉①帶著一位俄國婦女，送來一張英文字條，三人面色凝重，暈車中的惠玲也勉強坐起身。寫的是我們一定要補票，否則必須下車。那位俄國婦女依凡娜會說一點英語，她說查票員將在明後天上車，一旦查獲，不只要補票，服務員也要受處分，甚至丟掉這份工作。達吉亞娜與塔瑪拉一臉歉意，希望我們能體諒。依凡娜覺得自己英語不夠好，又找來一位美國男生賈斯汀，還有一位美國女孩依鳳當翻譯。賈斯汀問我們有沒有足夠的盧布付車錢；沒有，這是真的。我們不想拖累這些好心的俄國人，但也不想輕易付出五百美元，這是很大的負擔；於是我宣稱帶的幾乎全是旅行支票，美元現金很少，藉此試探一下是否有其他的處理方法。

一夥人想了半天，賈斯汀問服務員：「一定要付全額嗎？」達吉亞娜與塔瑪拉眼睛一亮，也許不必！查票員都在幾個大站上車，已經是旅程後半了，可以補最後兩天甚至一天的票錢，把查票員應付過去就行！

1 這不是她倆的真名。我遵守諾言不說出她們的名字。

總算每個人臉上都有了笑容！不過達吉亞娜與塔瑪拉並不知道確切的票價，等前面靠了站，再打電話詢問。我想列車長給了她倆某些權限，能夠遮過去這件事就好，細節不在意。惠玲和我的心情這才稍微放鬆，湯姆與薇那也為我們高興，大家聊起在北京與蒙古的旅程。

可是到了第二天中午還沒有下文。昨晚看見列車長在她倆的包廂裡，三個人好像在商量什麼大事，氣氛很沉悶。我們不禁開始懷疑是否事態又有變化。列車已經進入西伯利亞西部，森林大幅減少，視野裡大部份是嫩綠的草原，偶有起伏和緩的丘巒；林立的煙囪與工廠則是提醒旅客，接近城市了。早上跨過葉尼塞河；一路上又渡過幾條平緩的水道，全是鄂畢河的支流。下午在鄂畢河畔的新西伯利亞暫停，這是西伯利亞第一大城，火車交通很繁忙。

二十分鐘後，車緩緩出站。塔瑪拉和依凡娜匆匆來到包廂門口，依凡娜雖然緊張，還說得出英語：「馬上跟塔瑪拉走，查票員上車了！」

我趕緊把睡著的惠玲從床上拉起來，跟著塔瑪拉就跑！此時車已出城，速度加快，我們在搖搖晃晃的列車上往後方飛快穿過一個個車廂，乘客好奇地看著，紛紛讓開路。忽然塔瑪拉的黑髮被走廊上掛著的假花纏住了，她又氣又急，我幫著解開，再繼續跑！

終於來到一個包廂門口，塔瑪拉急急敲門，門開處，站著兩位年輕士兵。

塔瑪拉要我們進去，坐在下鋪，她把食指放在唇上，做了個噤聲的手勢，然後和其中一位士兵關上門走了。包廂裡剩下我們兩個和另一位士兵。

坐下來，才發現自己全身發熱，兩手發冷。西伯利亞是以流放與勞改聞名的，我可沒忘。

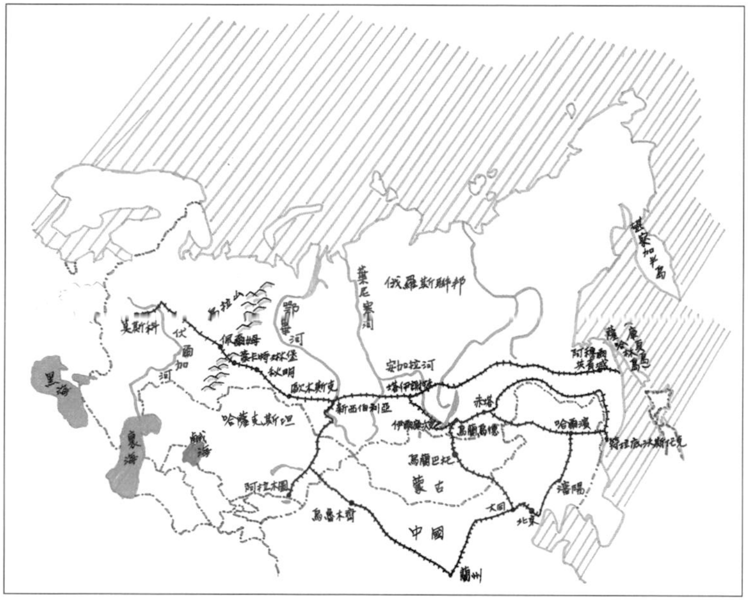

這是半個包廂，只有右半邊上下兩個臥鋪。幾年前西伯利亞鐵路治安很差，軍隊開始隨車維護秩序，這位年輕人就是派駐火車的民兵。他把門鎖好，接著坐在小桌旁的折疊椅上，慢條斯理地玩填字遊戲。俄羅斯人不分男女老少都喜歡玩填字遊戲，不過他也太鎮定了點，似乎這種事每個月總得發生幾次！我坐在對面，一邊這樣想，一邊看著這個灰眼睛的年輕人下筆，審慎地好像正在與魔鬼簽合同。

填完了，他開始慢條斯理嗑瓜子兒；嗑完了再慢條

莫斯科紅場內正在進行示威抗議活動。

斯理把瓜子殼收收往垃圾箱裡丟。偶爾包廂外有人聲，他便低下頭從門上的通氣孔往外觀察。我發現自己的心跳已回復正常。既然塔瑪拉和達吉亞娜敢把我們兩個藏起來，既然這兩位年輕士兵敢收容-又是這樣不慌不忙，就應該能夠沒事。我轉頭看看惠玲，她歪坐著，閉目養神。

大約一小時後，外面有人敲門，是剛才和塔瑪拉出去的那位士兵，人高馬大，站在門縫前，對大家做了個手勢：來了！又關上門。

我們的這位士兵把門鎖上，窗戶上的遮陽罩拉下，窗簾拉緊，又坐了下來。我看不出他到底是無聊或是緊張。至此三個人已經關著門坐了一小時，我有點氣悶。

出現一團人聲與腳步聲，移動速度很快。愈來愈近。到了門前。

轟隆隆的火車聲猛然衝進車廂，是有人開了車廂門。接著一切歸於寂靜。走了，去了下一節車廂。

又響起敲門聲，是把風的那位士

兵。他很快閃進門來，兩人把窗簾與遮陽簾拉開，坐下聊天。半小時後，塔瑪拉來了，神情很輕鬆，帶著微笑，示意再等等，又關上門走了。

危機結束了吧？我呆坐著。忽然惠玲小聲對我說：「我決定付錢！」我大惑不解，沒人要我們付車錢呀？想想才恍然大悟，剛才只顧把惠玲從上鋪拽下來，根本來不及、也忘了對她解釋到底怎麼回事。這時只好悄悄回答：「查票員在車上。」

這樣又坐了一小時，把風的高大士兵走了，門半開著，這一位也站到外頭，往我們的車廂方向看著，好像等待什麼訊號。終於他回過身來對我們招手，可以走了。步出包廂，一位服務員正站在另一頭，給他遞暗號。看來這個計畫牽連了不少人。

這位士兵跟著我們往回走，似乎是還不放心。經過餐車，薇那與湯姆正在吃晚飯，看到我們背後有軍人「監視」，一臉錯愕，薇那瞪大了雙眼、微張著嘴，湯姆手裡的湯匙舉在半空中一直沒放下。我知道他們想岔了，趕緊回身對他們招招手。

回到包廂，換我們兩個目瞪口呆了。我們的所有行李收得一乾二淨，連鋪蓋都沒有，就像從來沒有人住過一樣。惠玲和我攤在光禿禿的鋪位上，四肢發軟。這時薇那和湯姆回來探情況，確定沒事，鬆了一口氣；他倆剛才還以爲我們被逮住了，正要被關押起來呢。至於這行李，薇那說我們跟著塔瑪拉走了之後，依凡娜、達吉亞娜和他倆發了瘋似的，拼命把所有東西藏起來，假裝這是兩個空鋪。不過查票員根本沒注意，逕直走了過去，「好像忙著去餐車吃飯。」難怪我們躲了足足一頓飯的時間。

塔瑪拉和達吉亞娜來了，一直道歉，好不容易來俄國旅行居然遇上這種事；明天下午到了葉卡捷琳堡，可能還得再躲一次。其實她倆是冒著被炒魷魚的危險幫這個忙，眞沒有理由道歉。這時所有「從犯」也來了，紛紛祝賀歷劫歸來。講起剛才的經歷，賈斯汀還直感歎：「這才是旅行！我眞羨慕！」大家本以爲我們是躲在廚房，「也許還幫著洗碗。」湯姆開玩笑；誰也想不到還有這麼多工作人員串通一氣。發生這件意外，倒給大夥兒帶來不少刺激與樂趣。

七月二十二日清晨，列車在歐木斯克停留十五分鐘。再開車，薇那到洗手間梳洗，我們三個還躺在被窩裡。有人敲門，是塔瑪拉。她要我們把門鎖上，噤聲，查票員剛上車，清晨五點多！

惠玲和我再往被窩裡鑽，這回可沒處躲了，只能寄望這一大早的，不至於要每個人起床受檢吧。不過這麼勤快的查票員，很有可能也是一絲不苟。

敲門聲，誰也沒應。更急的敲門聲。完了，這麼不屈不撓的查票員，我們要蓬頭垢面地被攆下車去了。遲疑了一下，湯姆問：「誰呀？」

「薇那。」

聖彼得堡街頭攝影家。

吐了一大口氣！湯姆起身開門，薇那進來看見三人一臉驚疑不定，不知道怎麼把大家嚇成這樣！

到此爲止了，四天的西伯利亞鐵路旅程還剩下一天半，總算不必提心吊膽、躲躲藏藏，湯姆與薇那也不必被拖累著緊緊張張地「堅壁清野」了。

這天我們四個都很輕鬆。湯姆吹起一個塑膠地球儀。薇那忙著在一張紙上塗寫俄文：佩爾姆，是今天下午將停靠的城市。他倆在北京買了這個地球儀，發現佩爾姆到舊金山正好是走過半個地球，因此到了要拍照留念。薇那拿出買巧克力送的玩具小龜，用膠帶貼在地球儀上，標明佩爾姆的位置。大功告成，大家先在車上拍了幾張。

中午列車即將停靠葉卡捷琳堡，依凡娜帶著女兒準備下車。她邀請大家哪天再來西伯利亞，來葉卡捷琳堡，「美麗的城市」。不過這幾年生活愈來愈困難了，她也承認。蘇聯時期西伯利亞的城市以重工業爲命脈，中央提供二三倍於歐俄的薪資、特別優惠的福利與補助，以吸引其他地區的青年來此工作定居。蘇聯瀕臨解體前幾年，國有企業開始崩潰，西伯利亞的經濟狀況大受影響，員工福利與薪資縮水，每下愈況，直到現在。西伯利亞的民生物資仰賴其他地區

Valdmir紀念品販賣亭。

供應，成本較高，實行市場經濟之後，中央不再控制物價，市場價格自然大幅上漲以反映成本。在西伯利亞東部的伊爾庫次克，我們發現物價甚至比西部還高。

臨別前，我們有小禮物給依凡娜的女兒，是幾對可愛的髮夾。小姑娘驚喜得張大雙眼，看了這個看那個，要媽媽當場給她戴上。

月臺上昨天那位年輕士兵正在和達吉亞娜說話。我準備了一包外國糖果，用紙袋裝著送給他。小夥子表情很酷，不肯收，達吉亞娜好笑地接了過去，往他懷裡一塞。他還是一臉酷相，故意轉過頭不看達吉亞娜。我和她相視一笑：這些男生！

西伯利亞鐵路旅程中的飲食，很大一部份要仰賴在月臺上兜售食品的老大娘。她們的標準配備是每人一只鋁桶，裡頭或是新鮮水果，或是蕃茄黃瓜，或是自製食品。我們最喜歡西伯利亞餃子，一般只是馬鈴薯泥做餡兒，配上新鮮蒔蘿與酸奶油，口味厚重帶著清香。惠玲買了一袋上車。

上車之後，所有旅客守在窗旁，帶了相機的人都拿出傢伙；在葉卡捷琳堡以西約四十公里，西伯利亞鐵路里程碑一千七百七十七公里處，是歐洲與亞洲的分界線，鐵路兩旁各有一座界碑。大夥兒不遠千里而來，鐵路當局也頗善體人意，在界碑前十幾公里就開始減速，讓旅客好好看兩眼、照幾張照片。

歐洲與亞洲的地理分界線是南北向的烏拉山脈，富礦藏、重工業、兵工廠與秘密核試點。葉卡捷琳堡西邊正是烏拉山脈最寬平的一段。不過別指望看到頂天立地的險峻山脈，把歐亞大陸一切兩半。從車窗往外看，一望無際的草原上僅有平緩的丘陵，如果不是事先讀了資料、特別加以注意，真看不出這兩三百公里寬的區域有何不同。過了烏拉山，西伯利亞就結束了，列車已進入歐俄。向亞洲告別吧，一個月後再見。

傍晚到了佩爾姆，依照計畫，大家下車合照。這個城市有許多重工業與兵工廠，蘇聯時期對外封閉，此時從月臺上看不出有什麼特殊之處。許多西方人與臺灣人對西伯利亞的唯一印象來自一部長篇小說——甚至是它的改編電影，「齊瓦哥醫生」。五〇年代中，鮑里斯．列昂尼多維奇．帕斯捷爾納克就是在帕爾姆完成了這本在祖國長久遭禁的作品。

七月二十三日，西伯利亞鐵路旅程即將結束。依鳳與同行的德克買了一瓶香檳，讓每個人在瓶上簽名，送給塔瑪拉與達吉亞娜，感謝她倆這四天來的辛苦工作。大家鬼鬼祟祟地到了服務員包廂門口，拿出禮物，她倆驚喜地與每個人擁抱。我和惠玲另備禮物，一人一隻美國唇膏，這兩位年輕女孩很喜歡，道謝完又道歉，躲躲藏藏讓我們受驚了；又特別囑咐大家到了莫斯科千萬別說出去。

今天穿過歐俄東部，處處是田野、樹林、小河與池塘，農村木屋散佈，偶爾有白色的東正教堂，戴著洋蔥狀深藍圓頂。從這裡開始，才感覺的確是到了俄羅斯。

列車經過莫斯科東北部幾個「金環」中的城市，跨過了伏爾加河上游，終於進入莫斯科，人口超過一千萬的首都。莫斯科有九個火車站，來自西伯利亞的列車停靠其中的雅羅斯拉夫站。幾天來的旅伴此時各有投奔，其他人都有人迎接，惠玲和我要搭地鐵去青年旅館。四天穿越了六個時區，我們的生物時鐘已經一片混亂，下了火車仍頭暈腦脹。

隔壁月臺停著一列美麗的紅色列車，車廂上的名字是「俄羅斯號」，這才是真正的西伯利亞鐵路列車，每天下午兩點鐘出發，從莫斯科到太平洋濱的符拉底沃斯托克，全程六天半。車快開了，送行的親友站在車窗外，殷殷惜別。

我們欽羨地看了幾眼俄羅斯號，下回吧，這次是夠了！希望下次能輕輕鬆鬆坐著看幾天風景！背著背包，我們緩步往站外走去，加入莫斯科川流不息的人潮。

西伯利亞鐵路

★路線：以莫斯科爲終點（或起點），主線由符拉底沃斯托克(海參崴)出發，這是眞正的The Trans-Siberian。蒙古線The Trans-Mongolian，從北京經外蒙，在西伯利亞接近烏蘭烏德一帶接上主線。滿洲線The Trans-Manchurian，從北京經中國東北，在西伯利亞的塔爾斯卡亞與主線會合。另一條貝加爾-阿穆爾線（又稱外貝加爾線）The Baikal-Amur Mainline, magistral，從阿穆爾河上的共(產)青(年)城，經貝加爾湖北方到塔依謝特與主線會合；關於這條線的歷史與現況，請見第十章。

★從十六世紀開始，西伯利亞發展出一連串城市，西伯利亞鐵路就是把這些城市以鐵路連結起來的工程，主線分六段同時開工，二十六年完成(1891-1916)。

★目前遊客最多的是蒙古線，尤其是夏季，最好至少六星期前就預訂。由專業旅行社代勞方便得多★再說大多數人也不太可能六星期前就到北京或莫斯科預訂車票吧）。我們找的是英國公司Moneky Business，在香港及北京有辦公室。北京地址：廣安門外南大街四十八號，紫禁城飯店南棟三樓。電話：86-10-63562126，電傳：86-10-63562127。網址：http://www.monkeyshrine.com，有不少西伯利亞鐵路實用資訊，值得參考。

★推薦導遊書：

The Trans-Siberian Handbook，Traiblazer Publications。西伯利亞鐵路專門書，非常詳盡。

The Siberian BAM Railway Guide，Traiblazer Publications。貝加爾湖—阿穆爾線(BAM)專門書。

★推薦網站：

可找到一堆！以下兩個應該夠了。

http://www.monkeyshrine.com，Monkey Business 的網站，有不少西伯利亞鐵路實用資訊，值得參考。

http://www.xs4all.nl/~hgj/，Trans-Siberian Railroad Page，主要是相關連結。

旅人星球（前蘇聯及蒙古火車旅行適用）

★車次表不太容易看懂。好的導遊書上一定會教你怎麼看。車次表上幾乎都還是蘇聯時期地名，因此導遊書上要有新舊地名對照。買票時用俄文將車次、目的地、日期(日/月)、艙等寫在紙條上，方便得多。

★買票時出示簽證與護照，車票上必須有持票人的姓名與簽證號碼。

★在大城有外國旅客售票處(服務並沒有不同！)。在其他城市買票時要注意，不要排在軍人或其他專用窗口，該窗上標有紅星。

★掀起下鋪，就是儲物箱。門上方也有放行李的空間。

★夜間包廂門一定上鎖，但這還不夠。關上門之後，門邊左方牆上有一個金屬桿子，扳下來卡住門，這樣門只能打開一條縫；再把紙團塞在金屬桿後，就無法把它扳回原位。再狠一點，用粗鐵絲把門鎖纏上。做這一套工程之前得先確定你的室友是好人！還有別嚇壞了無辜良民，以爲你要幹嘛！

★上餐車划不來，俄國人的標準火車伙食是香腸與麵包。若要坐上好幾天，可加上魚罐頭或肉罐頭。俄國人也習慣吃麵條湯(湯裡有短麵條)，速食麵各處都有，車廂有熱水爐，一只大鋼杯很有用(容量一公升)。月臺附近一定有許多售貨亭，但是月臺上老大娘賣的自製食品與蔬果更好，夏天最多。

★靠站時盥洗室是上鎖的，使用前先看看車廂走道上的時刻表，確定不是快到站了。早晚使用的人多，排上一小時是常事，最好與別人錯開時間。

★若你是男性，室友是當地女性，在她就寢前與起床後請自動站到走廊上，讓她關上門換衣服。你會發現走廊上站著一排男士！

★車廂裡禁菸。車廂盡頭門外是吸菸區。當地人都很遵守。

★通常服務員(男女都有)人都不錯，工作很勤快。若是相處愉快，幾天旅程結束之後，可以送點小禮物。

★長途旅程中途靠站時，最好下車活動筋骨。停留時間可看車廂走道上的時刻表。

★http://gamayun.physics.sunysb.edu:8080，全俄國的火車時刻表，英俄對照。

第十章　雙城記

莫斯科地鐵站以富麗堂皇聞名，對於剛抵達的外國旅客卻是一項挑戰。雖然路線圖上各線均有編號，實際上在地鐵站裡並沒有標示，只有一塊壓克力小牌上的站名密密麻麻，掛得仰仰之彌高，站裡燈光很昏暗；背上壓著二十多公斤的背包，瞇著眼仰頭尋覓要去的站名，還不習慣俄文字母的我們覺得很吃力。

經過雅羅斯拉夫站的地鐵有兩條，先分辨出要搭的是哪條線，在地底左拐右彎找到月臺，又要分辨要搭的是哪一邊，這整套工程就花了我們三四十分鐘。站裡人很多，空氣不好，繞著繞著惠玲居然有點暈了，暫時放下背包，再背起來卻扭了筋，只好又放下，急得我慌了手腳：應該趕快到空氣流通的地方，但又走不了。身旁莫斯科人急匆匆地去來，我幾乎開始憎恨莫斯科。

惠玲勉強背起背包，我們很快地上了車，只坐一站就行。出了站，惠玲情況好轉，我也有精神了。地鐵站到旅館平常得走十來分鐘，現在背著包尋尋覓覓四十分鐘才到，上了十樓（搭電梯，感謝老天），兩人已經滿身大汗。之後每天都在這條路上看見背著大包的旅客，朝這家旅舍蹣跚前進，我們感同身受！

旅館是大樓公寓改裝的，一條走廊兩邊各有幾戶；每戶有衛生間和冰箱，一個大房間三張單人床，另一個較小的房間兩張單人床，設備十分陳舊；還有一個公共廚房。今天不出門了，洗了澡，吃點剩下的乾糧，好好休息一夜。

第二天早上要先買到聖彼得堡的火車票，下樓前，居然在走廊上遇見賈斯汀。昨晚他在預訂的homestay住了一夜，現在來找床位。暑假裡青年旅館往往客滿，他的運氣很好，有空床位。正好他也要買票，我們三人便同行。

莫斯科的外國旅客售票處是很滑稽的地方，至少我們去的這一個是這樣。別指望有任何英文標示或英語服務人員，事實上是他們-我不確定「他們」是誰，不過當俄國人不確定的時候會說是「中央」—指望所有外國旅客都能說俄語，看得懂複雜的俄文車次表，也是密密麻麻的小字，掛得老高。賈斯汀幫著我們買了票。

走出站外，一位青年過來向我們打聽旅館情況。他是法國人，神情打扮略為憔悴，背著小背包，上頭掛著鐵鍊和一把鎖，可見是老出門。他說自己已經在亞洲旅行一整年了！我們三人簡直肅然起敬。他的下一步可能要去東歐，還不確定，這種旅行大概不可能有什麼確定的日期與計畫。

我們進入地下道，往地鐵站走，正在討論今天要去哪兒，突然惠玲提醒小心背後！賈斯汀和我一回頭，本來跟在身後的一個十來歲男孩子轉身就走，膚色黝黑，看起來不像是斯拉夫人，惠玲說他跟著有一段路了。

莫斯科紅場最有名的就是聖巴素教堂。遠看仍無法相信她是眞實的，俄羅斯也流行結婚繞場一周。其實，我更想看冬天的聖巴素教堂，白雪覆蓋在教堂頂，就像糖霜不小心翻倒在糖果屋上。

賈斯汀要去紅場；我們兩個肩膀上的筋好像還沒轉過來，而且從離開伊爾庫次克就沒吃過像樣的一餐，因此決定先回旅館。路上買了水果；還找到一家合資超市，賣的是進口貨及國內高級品牌，我們買了通心粉、俄國餃子及冷凍蔬菜，準備好好利用一下旅館廚房。超市對面是這個公寓小區的副食店，這才是莫斯科平民負擔得起的地方；比起剛才超市裡的年輕小姐，店裡的大媽售貨員親切耐煩多了，在她們的幫助下我們買了牛奶和麵包。

每天出門總經過這個小區，有時我們刻意在裡頭繞路，多看看莫斯科的住宅區。這些公寓看上去與中國的住宅區非常像，但是整齊得多，因之從外頭看來每家沒什麼個性。一區必有一家副食店、一家剪髮美容的、一家雜貨五金之類，陳設簡單；除了副食店，其他店鋪似乎並不怎麼開門營業。大街上熱鬧得多，有銀行、咖啡館、餐廳、新式購物中心與麥當勞。

也許是天氣熱，或是還念著北國的草原，我們總覺得懶洋洋的，不像其他人每天起早趕晚，生怕錯過了什麼似的。休息了一天，第三天，我們總算往紅場出發。

我們的俄文拼音大有進步，搭地鐵已經難不倒人了，因此更有心情欣賞地鐵站的建築與設計。最吸引我的是其中幾站的蘇聯寫實風格馬賽克圖案，無論表現主題爲何，原則一律是藉祖國的各項建設與歷史，突顯共產主義的優越性。

出了地鐵，還沒進紅場，就在前列寧博物館門外遇上了一百多人，很顯然是抗議什麼，可惜我們的俄語沒到這種程度。其中以中老年人爲多，紮著頭巾的大媽，胸前別著獎章的二戰老兵，等等。幾個比較年輕力壯的舉著前蘇聯國旗，正午的熱風中紅旗半捲；蘇聯解體後，全國的列寧博物館紛紛關閉，不知道現在這是什麼機關，大門緊閉。

紅場上遊客很多，俄國人佔多數。正是克里姆林宮內政府要員出入的時候，廣場上暫時管制。不過警衛還是讓一對身著禮服的新人穿過臨時護欄，在空曠的場上拍照留念。

紅場並不特別大，大約是四百公尺長，一百五十公尺寬；當年中共爲了壓蘇聯一頭而完成了北京天安門廣場，論面積紅場固然是瞠乎其後，但是我不得不說紅場的氣勢確是天安門廣場所不及；西面是天下政令所出的克宮，東面是富麗堂皇的百貨公司①，盡頭處是俄羅斯的標誌，聖瓦西里教堂，九個色彩各異的洋蔥頭塔樓在熱鬧的場上看來竟然有點虛幻，似乎不應該出現在這擾攘人間。

莫斯科崛起於西元十三世紀，蒙古欽察汗國統治期間；位於莫斯科河北岸的克里姆林宮一帶是莫斯科最古老的部份。紅場本來是莫斯科的露天市場，十六世紀中，俄羅斯的第一位沙皇「雷帝」伊凡四世②，開始在紅場上公開處決人犯。此後包括叛變的貴族、亂軍的首領，都曾在聖瓦西里教堂前遭到斬首示眾。蘇聯建國後，紅場是閱兵大典的場所，史達林發明了閱兵臺的政治遊戲，一位共黨要員是否能夠出現在閱兵臺上與領袖並肩，成了政治地位高低浮沉的最佳指標。一九四一年十一月七日③，閱兵典禮上的所有裝備與軍隊，從紅場直接開往二戰前線。大戰結束，蘇聯打贏了這場「偉大的愛國戰爭」，納粹旗幟在紅場公開焚燒銷毀，繳獲的武器在紅場上公開展示，

1 前國營百貨公司GUM，現已私有化。
2 伊凡大帝，一般又稱爲「恐怖的伊凡」，但這不是很好的譯法。
3 這天是十月革命紀念日。

valdmir街道旁的木屋。

從柏林凱旋歸來的軍人是全蘇聯的英雄。五十年來，每年的五月九日，勝利紀念日，佩著獎章的老兵仍在紅場上爲當年捐軀的同袍留下一束束鮮花。

現在克宮塔樓尖頂上仍然綴著紅星，城牆外的列寧墓不再有謁靈的隊伍，以交班儀式聞名的衛兵也在一九九三年，蘇聯解體後第二年便取消了。

前天惠玲的手錶就停了，因此決定到百貨公司瞧瞧，買一只電子錶充數。這裡是全莫斯科最美、也是最貴的購物中心，幾家魚子醬專賣店與古董行我們根本不敢探頭。購物人潮不只是觀光客，俄國人也不少。惠玲買了最便宜的一只卡西歐，中國製造。

在莫斯科，與「服務業」人員打交道是很有趣的一件事，不過「很有趣」並不表示「很愉快」。購物中心與合資商店的絕大部份店員是年輕女孩，無論時間早晚，她們年輕的臉上只有厭倦，似乎都已經七老八十，再也沒有任何興趣或是希望。收銀員常說的一句話是：「有零錢嗎？」很奇怪，所有的旅行俄語教材上都沒有這一句。

來到俄羅斯之前，我們早有心理準備，等著被售票員、店員、旅館櫃台毫不留情地呼來喚去、或是視若無睹。莫斯科有許多取悅觀光客的招數，觀光客在莫斯科也應該是能夠興高采烈的，但是我們只感覺到這個城市的空氣裡彌漫著厭倦與無奈。舊時的免費福利現在全沒了，小市民憑著微薄的工資，手裡捏著點門路，運氣好的有點外快，在物價高昂的莫斯科求生存。過去商店裡什麼也沒有，偶爾有點什麼，哪怕是幾年也用不上的，也得排上幾小時多少買一點；現在商店裡什麼都有，卻什麼也買不起，許多退休或失業人士整年的蔬食都得在郊外自種，若有剩餘則在市上出售，貼補家用。這樣的生活如何不讓人厭倦？莫斯科人並不掩飾這種厭倦，我們感染了這種氣氛，對莫斯科也感到厭倦，還有同情。即使哪個售票員什麼的對著我們大吼大叫，我們也覺得情有可原。但是從來沒有，只是問有沒有正好的零錢，他們懶得數算。

若想隔絕這種氣氛，最好的方法就是當一個稱職的觀光客，從早到晚跑遍各大名勝，被興高采烈的各國遊客包圍，最好是還有導遊；千萬別像我們兩個，成天在莫斯科街頭閒晃；「流浪漢式的旅行」，我們這樣挖苦自己。我們也參觀美術館與博物館，往往在館裡一待就是一天。但是許多時間還是搭著地鐵到處轉，在大街小巷徘徊。七月二十七日，準備搭夜車往聖彼得堡。終於可以暫時離開莫斯科了，兩人都感到解脫，破費在麥當勞吃了晚餐，慶祝從北京出發滿一個月。

在前蘇聯旅行，新認識的朋友不是問我們：「莫斯科怎麼樣？」，就是說：「喜歡聖彼得堡吧？」莫斯科與聖彼得堡，一定是相提並論的一對。

往聖彼得堡的這列夜車特別講究，車體暗紅，掛著墨綠絲絨窗簾。七月二十八日早上八點半，我們來到芬蘭灣東岸的聖彼得堡。雨後初晴，空氣很清新。聖彼得堡比莫斯科涼爽得多，但是夏天蚊子也多，冬天的低溫與勁風也更可怕。

住的仍是青年旅館，一整棟四層樓的老房子，寬大的木扶梯摩得發亮。我們在櫃檯等著別人退房，居然薇那與湯姆背著行囊進來了。他倆也剛到，想碰碰運氣，但是沒有空床位。臨走前，我們約好今晚在某家小餐館見面。

櫃檯有免費的當地英文週報，我取了一份看著：西伯利亞鐵路的貝加爾—阿穆爾④支線是否應該停駛，俄羅斯當局幾年來無法決定。這條支線大概是前蘇聯工程最浩大、投資最多的一項建設，從貝加爾湖與葉尼塞河之間的塔依謝特出發，繞過貝加爾湖北岸，穿過永凍荒原，到達遠東地區的阿穆爾共青城，再連到中俄邊境的哈巴羅夫斯克。與西伯利亞鐵路其他支線不同，這條線完全是在荒無人煙的處女地上建造起來的，當初是爲了開發礦產與經濟。三〇年代開工，完成的路段在二戰中被拆下移作他用；一九七四年，爲了防備當時多事的中俄邊境影響主線交通，又重新開工，祖國號召來自全蘇聯的年輕人投入，在惡劣的環境中鋪設鐵路、建造城市，爲的是美好繁榮的未來。永凍層上的工程特別艱難，直到一九九一年才全線完工。⑤

這幾年俄國一直試圖吸引外資前往從事礦產開發及陸運交通。共產主義完成了這條鐵路，最後還是資本主義經濟學佔了上風：到那種地方投資太不

4 阿穆爾河就是黑龍江。
5 工人還包括許多勞改犯。

經濟，而且政治風險太高，因此始終沒有動靜。這條線維護費用很大，交通也不興旺，一直沒有貫穿全線的班車。當年參與建設並在此定居的年輕人，如今已步入中年。雖然許多沿線聚落已成空城，仍有不少人不死心，留在自己奉獻了黃金年代的祖國角落，勉強維持一家人的生活，盼望著終有一天當年的承諾能夠成真。然而，也許最後的結果是整個世界都遺棄了他們。

在聖彼得堡第一件事不是學搭地鐵，而是搭公車。車上總是很擁擠，售票員與查票員緊迫釘人，若不想顯得太無禮，「對不起」之類的客氣話一定要學幾句。聖彼得堡人見過大風大浪：一九〇五年「血腥的星期日」⑥，一九一七年二月與十月革命，二戰期間的圍城九百天⑦，到現在聖彼得堡的住房條件比起莫斯科還是差，但是聖彼得堡人只要緩過氣來，就不容許自己粗野無禮，並且自詡聖彼得堡與莫斯科的分別由此可見。

卡桑街景。

我們在微雨中搭上車，沿著最繁華的涅瓦大道一路往西北走，到盡頭處彼得大帝的海軍部下車；灰雲下海軍部的金色塔尖仍然是這樣明亮顯眼。

6 一月二十二日，軍隊開槍射殺冬宮廣場上的和平遊行勞工，從此沙皇與平民的關係破裂。

7 一九四一年九月八日到四四年一月二十七日，實際上共八百七十二天，列寧格勒遭德國軍隊圍城，只有東邊一條補給線。列寧格勒至少五十萬人因飢饉與疾病死亡。

聖彼得堡沒有莫斯科那樣長久的歷史，這「北國的花園與奇跡」，在一七一二年之前仍是幽暗的森林與沼澤⑧。強行征調的民伕爲彼得一世建起了新都，是這位銳意西化的年輕帝王向歐洲瞭望的窗口，也是他向西方展示俄羅斯的櫥窗。從一七一二年至一九一八年三月，聖彼得堡一直是俄羅斯帝國的首都⑨。俄羅斯是雙面的，擁有無數洋蔥圓頂的莫斯科代表了俄羅斯性格中的東方，運河與西歐建築構成的聖彼得堡則是俄羅斯的西方。

徘徊在涅瓦大道與運河畔，很難不想起聖彼得堡兩個世紀的輝煌。往昔這是高級商店與貴族宅第聚集之處，現在重新開起了精品店、畫廊、異國風味的高級餐廳、西方連鎖速食店、五星級大飯店、合資購物中心。一百六十年前，詩人普希金筆下冬天裡的涅瓦大道結著藍色冰面，疾馳的雪橇上坐著富商與貴族仕女；現在同一條路上的豪華進口轎車帶來的是新富階級的衣香鬢影，日夜在精品店與高級俱樂部出入。

下午天又晴了，夏天蓬鬆的白雲與清朗藍天浮在赭紅乳白的老房子上頭，運河上映出油彩似的顏色，完全使人忘記此刻身在俄羅斯。聖彼得堡到莫斯科的快車要坐上七小時，到芬蘭的赫爾辛基卻更短，只要六小時。

我們到了和薇那與湯姆約好的小餐館前，賈斯汀也來了；他比我們早一天到聖彼得堡。這家館子-其實是咖啡館-非常小，五六張桌子，供應微波加

8 不過聖彼得堡最早的彼得與保羅堡壘建於一七〇三年。
9 在一九一四年改名彼得格勒。

熱的餐點，物美價廉，適合我們這些旅行者光顧。吃完飯，不過晚上八點多，天還很亮，聖彼得堡是以夏天的白夜聞名的，即使是八月初，也要到半夜十一點多，才算是黃昏。湯姆發現旁邊運河碼頭上繫著一艘小船，提議雇船遊運河。正在準備晚餐的船長看到一下子來了五個人，還有三位俄國小姐也決定加入，顧不得吃飯，帶著大家出遊。

聖彼得堡市區有三條運河，彼此相通，最後連結涅瓦河。運河旁多是十九世紀貴族與富商宅院，河畔古老的垂柳枝條深深地浸入水中。幾座神話怪獸裝飾的小橋特別有名，從河面往上望，深黑與金黃的輪廓襯著淺紫色的白夜，靜靜的水聲似乎把人送回百年前的京城。船經過一座宅邸，「那就是玉素波夫親王的宮殿」，我們幾個人輕聲交頭接耳，似乎那個被下毒、槍擊、棒打之後仍未斷氣的神秘修士拉斯普丁，還會隨時從被棄「屍」的運河裡濕漉漉地爬上船來。⑩

小船往涅瓦河上航行，河上大遊船的燈光亮晶晶的。夏夜裡涅瓦河上的風不小，我們幾個女生拉起了襯衫的衣領。繞著幽靜的夏宮花園走了一圈，濃蔭裡是年輕戀人們的秘密。小船再轉回運河上，回到車水馬龍的涅瓦大道旁。

10 來自西伯利亞秋明(Tyumen)附近的一位農民，自稱受到上帝靈召，因尼古拉二世的皇后亞麗珊德拉對之十分倚重，進而影響政局，引起改革派貴族不滿。一九一六年玉素波夫親王在這座宅第中宴請拉斯普丁，試圖毒殺他，居然沒死；再加以多次槍擊與棒打之後，秘密棄屍於運河中。解剖後發現肺中有積水，也就是說，他被丟進河裡的時候仍未斷氣。

卡桑的堡壘。

在聖彼得堡，我們還是不改流浪漢的旅行方式。一天，我們決定去杜斯妥也夫斯基故居紀念館，走著去，不到兩公里路。

這一帶是老住宅區，遠遠看見一座小教堂前的人行道上站滿了人，成排靠在教堂庭院的鐵欄杆上。走進人群，才看清幾乎都是中老年人，擺售著一點實在談不上是商品的「東西」，顯而易見都是家裡搜出來的零碎，只要是一時之間用不上的，就上了這個小攤；很多人甚至連個小攤也沒有，只是把待出售的什麼捧在手上：印刷粗糙的舊明信片與廉價讀物、一只磨掉了釉的瓷盤、一雙磨損的皮鞋、黯淡的金屬餐具、生鏽彎曲的鐵釘……若是運氣好，換上幾個盧布，省省就能打發一天三餐。逛的也是中老年人，也許景況和擺攤的人差不多，對著這些可憐的零碎津津有味地打量思索。

這種地方導遊書上是沒有的，我們是僅有的兩個外國人，稍微對什麼矚目，立即引起主人熱切的眼神。想繞道馬路另一邊，偏偏正是施工中，路面全圍了起來不准通行。好不容易走到通往紀念館的岔路口，我們迫不及待過了街，喘上一口氣。

紀念館設計不錯，我看著關於作家生平的展示與說明，思緒飄得很遠。若是杜斯妥也夫斯基今大仍住在這個公寓裡，對於五百公尺外的那群老人，他有什麼想法？參觀完畢出門，我們選了另一條路。

我們是乘夜車離開聖彼得堡的。當天下午想起應該去運河畔的普希金故居紀念館，走到已經閉門下班了。

紀念館對岸豪華舊宅的一樓開起了成排高級餐廳與咖啡館。我倚在石欄杆上，望進詩人的窗子。普希金在聖彼得堡受教育、在聖彼得堡成名，從聖彼得堡被流放南方，最後也在聖彼得堡死於一場政治陰謀所策劃的決鬥。對他來說，聖彼得堡「永遠是北方」⑪。普希金詩作中的聖彼得堡永遠是美而冷；不只是北方自然氣候的冷，而是這「北國的花園與奇跡」背後的專制、殘酷、奴役、不幸⑫。

我身後的高級餐廳門前站著乞討的老人，甚至有佩著獎章的二戰老兵，拄著拐杖，默默地伸出手；其中有些老婦握著小十字架、或是一小幅聖像。偶爾有人往那些空盒或滿佈皺紋的手中放下一點零錢，都是提著購物布袋、穿著樸素的過路中年人⑬。

普希金曾爲流產的十二月黨人革命心痛扼腕，期待著未來的利劍與自由。詩人筆下涅瓦河口的瓦西里島北端是這樣荒涼，向後世暗示著遭處決的十二月黨人即葬身於此⑭。不，今天什麼痕跡也沒有了。

冬宮裡那座曾經聞名的樓梯，一九一七年十月革命時工人與士兵從這裡進入冬宮，逮捕臨時政府人士，現在不再是「愛國教育」必到之地；若不是像我們這樣喜歡亂走，誰也不會發現這個灰暗的角落。一塊小牌子默默地站在一角，連燈也沒開。

帝國、革命、理想，俱往矣。

11 這是俄國詩人安娜·安德列耶夫娜·阿赫馬托娃的獨到見解。
12 在他的敘事詩青銅騎士中表現得最明顯。「北國的花園與奇跡」出自此詩。
13 每月的退休金已經不足以支持這些老人的基本生活。
14 見註十一。

旅人星球

★出發前一定要學會讀寫俄文字母！

★辨認地鐵路線最快的方法是找出終點站名，別管中間一串站名。

★聖彼得堡的地鐵會讓初到的人愣一下：月臺好像一個密閉長方房間，兩邊有幾個金屬自動門，乘客在門前等車，車到了門才開。

★購買紀念品何處去？莫斯科紅場旁的GUM（古姆）百貨公司是最貴的，同樣的紀念品，價錢是別處的三倍。熱門博物館的價格也很高；觀光客去的工藝品市集也很貴（比如聖彼得堡運河邊及彼得堡壘外）。小博物館的紀念品價格低，還有火車站裡的小禮品店也不錯（例如莫斯科的列寧格勒車站）。

★聖彼得堡夏天的蚊子又多又狠，惠玲曾經一個晚上打死二十幾隻。一定要帶防蚊藥物。房間窗戶最好關上(白天也是)。

★旅館裡打掃的老大娘很辛苦（尤其是在供應早餐的青年旅館），若是她們對你特別好，臨走前送盒巧克力會讓她們笑開了臉！她們私下代洗衣物的價格也比旅館櫃檯便宜。若自己不想洗衣，可讓她們賺點外快。

俄國食物

餐館供應的菜色種類不多，而且與真正的家常菜不同，但以下幾種值得一試。

★zhulyen iz gribof，或是gribof v smyetanoii，新鮮蘑菇加上乳酪，略烤過。開胃菜。

★akrohshkeh，用kvas，黑麵包做的類似啤酒飲料爲原料做的湯，通常加有酸奶油、黃瓜及馬鈴薯，冷或熱都有。略帶啤酒味。

★kharchoh，大蒜調味的羊肉湯，高加索風味。

★ookheh，加蔬菜的魚湯，較清淡。

★pi;myeni，西伯利亞小餃子。

★ketlyeteh pa-keeivski，「基輔雞」，雞胸肉包奶油與蔬菜餡烤製，切開時小心熱奶油濺到衣服上。

★tsiployonuk tebeka，高加索式烤雞。

★shashlyk，中亞式烤肉串。

★zharkoyeh，陶罐燉肉及蔬菜，很鹹。

★bleenchiki，薄煎餅加果醬、蜂蜜等，甜點。

我們的旅館資料

★莫斯科：The Travellers Guest House，電傳：7-971-2807686，e-mail：tgh@glas.apc.org。青年旅館，櫃檯不太有耐性(不過她們也夠忙的了！)，最大優點是離市中心近。可發簽證邀請函。

★聖彼得堡：HI St Petersburg Hostel，電傳：7-812-3298019，網址：http://www.ryh.ru，e-mail：ryh@ryh.spb.su，。青年旅館，服務、房間與環境都好，離市中心近。附陽春早餐。可發簽證邀請函。

莫斯科與聖彼得堡網站與網頁

多如牛毛！市面上導遊書已經不少了，網上還是看新聞吧。

★http://www.moscowtimes.ru/，英文電子報，莫斯科發行。

★http://www.sptimes.ru/ ，英文電子報，聖彼得堡發行。

★http://ww.spb.su，St Petersburg Press 的電子版，有最新活動與新聞。有相關連結。

★http://www.rferl.org/ ，Radio Free Europe 網上廣播，包括俄語。

第十一章　白天的星星

莫斯科東北方有幾個城鎮與小村，分佈略呈圓形，最近幾年流行起來的統稱是「金環」，許多國內外觀光客來此做一日遊。金環城鎮的起源早於莫斯科，最古老的建築已屹立八九百年。我們從中選定了弗拉基米爾與蘇茲達爾，準備停留幾天，暫時遠離大城的沉重及喧囂。

下了火車，小車站冷冷清清。弗拉基米爾的中心地帶位於臨河的山丘上，我們在東西向的大路上找到一家老旅館，暑假裡生意不錯，住了不少本國旅客，幸好還有空房。這是一間普通客房，天花板很高，兩張單人床，一張書桌，門邊有洗手臺。房裡還有電視，扳了半天有聲無影，我看了眼住房收據，這玩意還花了我們一天六盧布呢。不過旅館裡很安靜，共用的廁所與浴室也很乾淨，不錯了。

推開窗，對面樹林裡的建築曾是俄羅斯最重要的修道院，十三世紀的弗拉基米爾親王亞歷山大最初葬於此處。一二四〇年，亞歷山大在涅瓦河口擊敗瑞典人，得到了「涅大斯基」的封號①。十八世紀初，同樣擊敗了瑞典人的彼得大帝視其爲俄羅斯的民族英雄，將他的遺骸運往新都聖彼得堡重新下葬。一九三〇年代起，修道院移作他用。濃綠的樹梢上仍然隱約可見教堂的鐘樓。

1 意爲「涅瓦的」，英文爲「of Neva」。

在聖彼得堡街頭遇上大雨，躲雨時搶拍一張。

門前這條東西向的馬路，是俄羅斯歷史上著名的「弗拉基米爾大道」。帝俄時期流放西伯利亞的犯人，從這裡往東踏上少則一千五百公里、多則五六千公里長的路途。許多人甚至沒有抵達流刑地，在半路上死去；僥倖抵達服完刑的，也有許多人不得不選擇留在西伯利亞，終其生沒有循來時路往西方還鄉。

傍晚，向正在聚精會神收看「時空英豪」的媽媽服務員要了浴室鑰匙去淋浴；之後到樓下餐廳吃飯。俄國物價頗高，我們負擔不起每天外食，只在剛抵達某地的當天、或是活動量特別大的時候，才上館子吃一頓像樣的晚餐。一張長桌上已經開始宴會，似乎是公司聚餐，幾位著西裝的中年胖子依次起立致詞，男女員工盡職地哄笑拍手，其中一兩位年輕女性的尖叫聲最引人側目，不過也許這就是她們的目的。惠玲帶著有趣的表情對我說：「這眞是行遍天下沒有例外！」這次旅行中惠玲無論在哪一國都有「企管」心得，等我們再回到現實世界討生活也許就派得上用場。

旅行一個多月來——其實離家已將近兩個月，我們每日面對的是新環境與新習慣、體力與耐性的挑戰、車票、住宿、奔波、不確定。過去的固定生活是一上路就拋在腦後了，連家人也很少想起。這天夜裡我夢見了從前住過的房子，一個小女孩回過身來，是妹妹小時候的樣子；從前家裡那隻小狗，跑過來繞著腳邊，接著化成一只蝴蝶，飛走了。我睜開眼，房裡很亮，旅館淺色的窗簾遮不住俄羅斯盛夏的陽光。一股倦怠，我再閉上眼，今天哪裡也不去。

從這天開始，直到三個月後旅行結束，我總是必須與自己的倦怠作戰，尤其是在一些悠閒無事的小城。發作時躺在床上不想起來，起來了又不想出門，連吃飯也不想。今天惠玲帶著俄語手冊上街採買，也許是昨天在莫斯科火車月臺上的對話給她不小刺激。

惠玲的個性並不主動，什麼事若有人做了最好。昨天爲了她找不到月臺，又熱又累的我忍不住告訴她，我不是沒事帶了人來旅行，過過導遊的癮的；爲什麼總是我研究路線、我看時刻表、我去買票？我們兩個的俄文不都一樣爛嗎？接著也不管是不是她的責任，把她暈車、挑食、怕蚊子的毛病全數落了一頓。出乎意料，惠玲沒反駁，只問了一句：「這次旅行我就一點用也沒有？」

我很老實地告訴她：「沒有。除了在北京辦哈薩克簽證，還有拿火車票。」其實這兩樣也夠辛苦的了，當時我得了重感冒，惠玲一人清晨五點到大使館門口排隊，等了一上午。拿火車票則是從東北城跑到西南城，折騰了兩小時才找到。

也許我太直話直說，但是總比憋著五個月、彼此存著心結來得好。從此惠玲自願負起採買與偵查的責任，每到一處就出門亂逛，帶回一些消息；以她隨和的個性，倒很適合這個工作。我正在房裡寫日記，惠玲興高采烈地回來了，帶著通心粉、牛奶、餅乾、紅茶、水果，告訴我旅館隔壁還出售工藝品，待會兒一起去瞧瞧。她對這個工作不只是適合，簡直是樂在其中，得提防她買太多紀念品，我暗想。

弗拉基米爾一帶著名的工藝品是細密畫裝飾的首飾盒、刺繡與玻璃器皿，這家商店裡還有常見的琥珀及半寶石首飾、紅黑金三色的漆器、木套娃娃等等，價格比起莫斯科與聖彼得堡便宜很多，還有本國遊客選購。隔壁是副食品店，東西很全，店員是一位中老大媽，一位十來歲的小姑娘，很熱心地招呼我們。在俄羅斯，一旦離開了大城，感受到的又是這個民族的另一種面貌，另一段歷史。

弗拉基米爾在十七至十九世紀一直是個殷實的省城，商業、傳統農業與手工業興盛。然而比起它在十二世紀時的輝煌，這種寧靜的外省生活只算是小家子氣。東斯拉夫文化直到九世紀才有顯著的發展，當時文化與宗教中心是基輔，今日烏克蘭的首都。十二世紀，基輔羅斯分裂成十幾個封建小國，彼此征戰，其中位於東北部的弗拉基米爾——蘇茲達爾公國是列強之一，莫斯科只是蘇茲達爾大公治下的小堡壘。基輔衰落之後，弗拉基米爾一度是俄羅斯的東正教中心，白牆金頂的聖母安息大教堂是當時的主座教堂，後來莫斯科克里姆林宮裡的同名教堂即以它爲藍本。

大教堂的五個塔樓上覆洋蔥頭狀金頂；弗拉基米爾以十二世紀的白石雕刻建築聞名，這一時期東正教堂的建築樸素，不同於十七世紀歐化後的風格，在我看來反而更適合這一片俄羅斯鄉間景色。教堂裡很暗，焚著香，有點悶，除了參觀的遊客，還有前來祈禱禮拜的老奶奶。俄羅斯最珍貴的聖母子像「弗拉基米爾的聖母」，曾在十二世紀中收藏於此，十四世紀時轉往新興的莫斯科，之後保存在克宮的聖母安息大教堂，直到一九三〇年代史達林鎮壓時期，才送往莫斯科的特列季亞科夫美術館收藏至今。「弗拉基米爾的聖母」伴隨俄羅斯人走過基輔、弗拉基米爾與莫斯科三個時代，經歷了蒙古、波蘭、納粹德國入侵與佔領；俄羅斯人相信這幅聖像保佑著俄羅斯土地與人民，在每一次異族侵略之後仍然能夠屹立不搖。我們在美術館參觀時，這幅聖像前仍有專程前來的善男信女低頭祈禱。

這座教堂的珍寶是十五世紀初的濕壁畫「最後的審判」。壁畫已有剝落，我們仰起頭吃力地觀看。十二使徒正襟危坐，身後的大天使似乎正在輕聲地交頭接耳，那臉上的表情……是悲憫。剎時間彷彿聽到了一片低聲的歎息與耳語，飄蕩在幽暗的空間裡。

十三世紀時的整個俄羅斯，都逃不過蒙古鐵騎的征服。西元一二二三年蒙古第一次西征，主要目標是中亞的花剌子模帝國，因此只與俄羅斯人及欽察人聯軍短暫交手，在南俄與黑海一帶劫掠一番而去。一二三六年第二次西征，矛頭卻是對準了當時分崩離析的俄羅斯人。蒙古大軍先征服南俄草原上的欽察人②，西渡伏爾加河，往北攻入俄羅斯中心地帶，幾座名城紛紛陷落。弗拉基米爾往西去的大道，原本是車水馬龍的商業與交通命脈，現在迎來的卻是驍勇殘忍的異族騎兵，俄羅斯人稱之為「Tatar」。弗拉基米爾人自詡為固若金湯

韃靼斯坦號火車抵達卡桑。

2 原居住在今日俄羅斯南方草原的古代游牧民族，是現代韃靼族的祖先之一。

的西城門「金門」，也抵擋不了組織嚴明的蒙古軍，末日的恐懼籠罩全城男女老幼。一二三八年二月十四日，弗拉基米爾陷落，居民慘遭屠殺。兩年之間，俄羅斯各公國俯首稱臣，西征軍統帥拔都之名婦孺皆知。

弗拉基米爾的輝煌時代從此一去不返。在蒙古欽察汗國統治的二百多年裡，莫斯科公國與蒙古勢力合作，奠定了領導地位，最後在一四八〇年脫離蒙古人統治。俄羅斯逐漸成為一個統一的國家，並逐步往南方與東方擴展，最終成為強大的北方帝國。

與弗拉基米爾聲息相聞的是蘇茲達爾，位於弗拉基米爾北方三十五公里處。蘇聯時期一直加意保護這個古老的小鎮，周圍沒有鐵路、沒有工業。我們一早搭上公車。往蘇茲達爾的小路穿過一片晨霧未消的田野，黑麥剛剛收割完。遠方出現幾座教堂鐘樓，我知道蘇茲達爾快到了。

下了車，先抄下午回程的時刻表。同車一位帶著孩子的中年人探頭看著，告訴我們沒錯。道了謝，我們放心地往鎮上走。

一公里半的路，兩旁是傳統農家木屋，多半是原木顏色，刷上赭紅土粉，有雕刻裝飾的窗扇、窗櫺與屋簷。窗裡掛著白紗簾，窗臺上擺著盆花與小擺設。現在還不到八點，路上只有我們兩個。

先到蘇茲達爾建城起點的城堡，這裡有一座十三世紀初的白石建築，聖母聖誕教堂。白石垣上是改建的磚砌塔樓，俄羅斯式的洋蔥型圓頂是深藍色的，綴著金色星星。還有比這更適合俄羅斯天空的裝飾嗎？連教堂裡金光耀眼的祭壇也不能更吸引我們了。

蘇茲達爾位於一片小丘上，西臨小河卡緬卡。我們走過開著白色與黃色小花的鮮綠草地，前面一位紮著頭巾的老大娘，顫顫巍巍地趕著兩頭羊。從木板橋上跨過清淺的小河，河上飄著嫩綠淺紫的浮萍，幾隻鴨子。惠玲要我往北看，岸邊草地上一座小教堂，白牆綠瓦，孤伶伶的，另有一種可愛。河這邊是露天的木造建築博物館，七、八個美國青少年正在其中的教堂參觀，對於嬉鬧哄笑比聽導遊解說來得有興趣。這些人來俄羅斯幹嘛？我們向那位無奈的美國導遊投以同情的一瞥，決定先走一步，以免壞了興致。

蘇茲達爾聞名的是古老的教堂與修道院，但是要領略它的妙處，最好是隨興之所至漫步，享受悠長的夏日。我們穿行在農家小路上，彎進每一座數百年歷史的教堂與修院。從卡緬卡河仰望小丘上的波克羅夫修院，淡紅色城牆後伸出白色塔樓，綴著深藍或淺碧的洋蔥狀圓頂，樸拙地指向覆蓋著俄羅斯原野的長空。小小的河谷全是碧綠的鮮草，午後陽光蒸薰著青草的鮮甜氣息。一位小姑娘騎著自行車、抱著一隻小貓，對我們羞澀一笑，走遠了。河灘上春水曾經流過的地方，現在成了一道蜿蜒的花河；這是在俄國散文大家普里什文的著作中讀到的，現在我看到了。普里什文的寫作背景也是在金環的小村落，古老的俄羅斯土地上。

薩拉朵夫市集一景，因此地極少有外國觀光客出現，當時爲拍攝此景，還特別商請杜蘊慈「假裝」站在鏡頭前，但實際上是拍攝其他人物。

下午，我們回到鎮上的廣場，幾位老大娘出售自種的蔬菜水果，惠玲買了幾個番茄和梨。這裡有一座十九世紀的購物迴廊，小咖啡店、手工藝店、時裝店仍營業著。往下俯望，小河卡緬卡映著開始西斜的太陽，亮閃閃的，農家的白色小屋在濃綠的白樺與蘋果樹之間探出頭來。

回弗拉基米爾的路上下起了驟雨，鐵灰的雲塊當頭壓來，直到天邊才被撕開一角，雲腳帶著金邊，露出來淡金色的天空。到了站，雨早已停。房間窗戶對面的樹林上泛起一層淡淡的微光，雨後涼風帶著森林的氣息。沒多久，橙黃的夕照漲滿了整個房間，一天過去了。

俄羅斯乃至西方哲學家總是嘗試定義「俄羅斯的靈魂」，卻沒有誰提過「法國的靈魂」、「英國的靈魂」、或是「德國的靈魂」。正是這片大地打造出俄羅斯的靈魂，「是俄羅斯大地統治著俄羅斯人，而非俄羅斯人統治著她。」③是的，俄羅斯當然是「她」，是母親。

我們從東到西，貫穿了俄羅斯廣大的東方領土，又從俄羅斯的古代中心往北，到過了她的歐洲邊境。明天就要啓程往南去了，從伏爾加河順流而下，前往韃靼與哥薩克的國度，自由的土地。

3 《俄羅斯的命運》，尼古拉·別爾加耶夫。

旅人星球

★車站與青年旅館可寄存行李，若要在大城周邊旅行，可將用不到的行李寄存，這時預備的行李袋就派上用場了。

★旅館公共浴室在俄羅斯是很普遍的，住過宿舍的人大概都沒問題吧。

★俄國搭長途汽車票比火車便宜，若是目的地不遠，可考慮搭巴士，比如金環城鎮。

紀念品

★最有名的是「瑪特遼施卡」木套娃娃，Matryoshka。畫工愈精細、個數愈多的，價格愈高。

★帕列赫細密畫，palekh，原產於莫斯科以東的一個城鎮，本來是用以描繪東正教的聖像，從二〇年代改爲裝飾各種小工藝品，例如珠寶盒、別針、髮夾等，也有一般畫作。俄羅斯其他地區也有細密畫，畫風不同。

★霍赫洛姆漆器，原產於莫斯科以東約三百公里處的霍赫洛姆（Khokhloma）村，木製食器，淡金色爲底，以黑及紅色描繪花卉圖案。小木杓易攜帶且便宜。

★琥珀，yantar。比起臺灣的價格便宜很多，小心贋品，即使珠寶店賣的也不一定是眞貨。

★俄國古典音樂廠牌，Melodia 的卡帶與CD，尤其是在西方較不聞名的俄羅斯與蘇聯音樂家作品。Melodia 在美國的代理是BMG，但是種類不多。

★注意不要買古物，尤其是聖像，俄國海關查得很緊。我們在俄羅斯的時候，新聞報導了俄羅斯政府遠至烏克蘭與波蘭邊境攔下一批古董聖像。

我們的旅館資料

★弗拉基米爾：Hotel Vladimir，電話：7-9222-60600。位置：從巴士站及火車站往鎮上走，正好在路口大街上，ulitsa III Internatsionala 74號。服務與房間都不錯。

金環推薦書籍

米哈伊爾．米哈伊洛維奇．普里什文的散文多與俄羅斯中部及金環有關，非常值得一讀。中國大陸有好幾個譯本。由於金環是古代俄羅斯中心，歷史上有不少記載，讀讀俄羅斯歷史也有助於體會金環之美。

第十二章　母親河伏爾加河

八月七日早上，我們搭長途汽車回莫斯科。半路上下起暴雨，我們背著包冒雨衝進車站，全身溼漉漉的。半小時後雨勢小了，才趕緊出來搭地鐵進市區。

我們準備搭今晚的列車，「韃靼斯坦號」，從莫斯科的喀山車站開出，明早抵達伏爾加河中游的大城喀山。候車室裡的民眾組成顯然不太一樣，許多是突厥人種的輪廓，黑髮黑眼；幾乎都是攜家帶眷。從此站開出的長途火車遠達伏爾加河中下游與中亞，在歷史上，那是遠離斯拉夫文明中心的異族土地。

在站裡轉了半天找寄物處，一位年輕的巡邏士兵上前來，以英語問我們是否需要幫忙；弄清楚了，他微微點頭一笑，領著我們到了地下室的寄物處。放好了背包，我們再往莫斯科的街頭走，直到傍晚才回車站。

我們背著包走上月臺，一對巡邏士兵沒找別人，獨獨要求檢查我們的證件。簽證上的地點當然包括喀山，他倆看了也就沒事了。到俄羅斯旅行，除了特別敏感的地點，無論住宿或買票，幾乎都不再要求簽證上必須有當地地名。我當初花了多大精神才安排好的路線，所有大小地點都申請了，就是爲了預防這種場面。惠玲和我都鬆了一口氣，若是沒有這種看似多餘的準備工作，剛才還不知道會有什麼麻煩①。

和我們同包廂的是一位年輕男孩。開車前十分鐘，一個拎著工具箱的年輕人鑽進來了，逮著男孩就推銷，賣的就是這個工具箱，裡頭大小傢伙簇新，看起來倒挺像樣。男孩眞掏腰包買了，我們兩個看得發呆。惠玲說：「他每天這樣可以賣上好幾個吧？剛才那兩個怎麼就不攔他？」

早上八點抵達韃靼斯坦首府喀山，是個晴天，晨霧未散，車站背後伏爾加河上吹來的風有點涼。走出站外，導遊書上寫的那個電車站已經無存。惠玲在附近找到個小候車亭，等車的大概都是上班上學的市民。我找了一位女孩問路，才一開口，周圍的人紛紛上來指點。小公車靠站了，大家又把我們擁上車，每個上車的乘客都告訴司機，我們要去國旅旅館。

喀山的街道很寬，頗整潔，車不多。我看到清眞寺頂上的新月，歷史上韃靼人是信奉伊斯蘭教的。

忽然所有人，除了我們兩個——都叫停車，旅館到了，其實司機早就準備停了。我們感激地下車，發現這裡根本沒有站牌，他是爲了方便我們才在旅館門口停車。

1 一九九九年二月起簽證上已不必列出地名，但邀請函上及申請簽證時仍要列出地名。

喜歡這張Suzdal清晨的教堂。

進了大廳，櫃檯的大媽正在算賬交班，示意我們等等。坐在大皮沙發上，我環顧四周，典型的蘇聯國旅旅館，現在看來還是很氣派。牆上照例有民族風味浮雕：幾位穿著傳統服飾的韃靼人，有白鬍子老頭、長辮少女，手捧珠寶布匹等等。奇怪，怎麼沒有蘇聯式的抱著麥穗、舉著鐮刀、開拖拉機之類，我這樣想。四百年來伏爾加下游的韃靼人被俄羅斯人同化得差不多了，還有多少人是這樣打扮頗有可疑。

正胡思亂想，進來五個中年白人，聽起來是美國人，穿著休閒服，拎著中型旅行袋，看樣子剛下飛機。到了櫃檯上，說的俄語挺流利。

這些人是幹嘛的？誰會到喀山來？他們不是遊客，也不是學者，根本不是一般平民。隨機選取五個美國中年白人，居然一個啤酒肚也沒有？惠玲悄悄對我說：「好像是軍人。」

沒錯。從舉手投足之間可以看出，他們有軍方背景。美國軍人跑到這裡來做什麼？這時其中兩個在一張沙發上坐下，並不與我們搭話，大違一般美國人的習慣。惠玲和我也就故作神秘，悶不吭聲。說不定他倆心裡也納悶，這兩個東方人來這裡幹嘛？

房間很乾淨，居高臨下，正對著徒步區大街。惠玲下樓去送電傳回家，豈知這麼大的旅館連傳眞機和直撥電話也沒有，櫃檯與紀念品部眾人全跑出來指點怎麼去郵電局，還有人自告奮勇要帶她去。爲免勞師動眾，她只請旅館接線生播通往臺灣家裡的電話。

中午到旅館餐廳吃飯，剛開門，除了我們，只有一位西裝筆挺的中年人，正在喝咖啡，看他與侍者說話的神情，可能是旅館的高級主管。等上菜的時候，我拿出中亞導遊書來讀。十天後就要到中亞了，先抱抱佛腳。

「那本書很不錯。你們從哪兒來？」很標準的英語。我很驚訝，抬頭一看，是隔桌那位中年人。他的面貌輪廓不完全是斯拉夫人。

我們告訴他，是從臺灣來的，才剛到。打算從喀山搭船到薩拉朵夫，從薩拉朵夫搭火車到哈薩克斯坦。

「歡迎到韃靼斯坦！」臨走前，他微笑著對我們說。他沒說「喀山」或是「俄羅斯」或是「伏爾加河」，而是「韃靼斯坦」。

從弗拉基米爾與莫斯科開始的故事，正好在喀山與韃靼斯坦接下去。欽察汗國在十四世紀末開始衰落，中亞新興的征服者帖木耳從西南入侵，位於伏爾加河口的汗國首都薩萊②遭焚燬，中亞北方與歐洲之間繁盛的陸路貿易③一落千丈，當時慘烈的戰場就分佈在伏爾加河中下游流域。欽察汗國從此元氣大傷，逐漸分裂爲三個小汗國：黑海地區的克里米亞汗國、伏爾加河中下游的阿斯特拉罕汗國與喀山汗國。俄羅斯人把蒙古西征軍稱爲韃靼，其中包括蒙古各部，以及臣服於蒙古的北方草原民族，他們是日後韃靼人的祖先。

俄羅斯的「雷帝」伊凡四世統一北俄羅斯之後，轉往南方發展。西元一五五二年，他親率十萬大軍攻下喀山，鏟平所有清眞寺，屠殺大部份的男丁與兒童，婦女充作奴隸。爲了紀念這次勝利，伊凡四世建造了紅場上的聖瓦西里教堂。三年之後，阿斯特拉罕也遭攻陷，歐洲的最長河伏爾加完全納入俄羅斯版圖。從此俄羅斯走出古老的歐俄中心，往東方與中亞發展。

2 在伏爾加下游的伏爾加格勒附近。
3 絲路網絡其中一條。

船沿著伏爾加河前進，暫停在薩瑪拉，河邊的遊戲設施，讓我們差點誤以爲是海灘。

臨時停靠岸邊，旁有一划獨木舟者。

蘇聯時期，伏爾加中游成立了韃靼自治共和國，現在是韃靼斯坦共和國，俄羅斯聯邦的成員。居民中韃靼人與俄羅斯人所佔百分比差不多，再加上約佔百分之九的其他少數民族。韃靼斯坦的自治與獨立意識極強，但是與其說是與民族情緒有關，還不如說是與反對中央的情緒有關。長期中央集權的結果是每個人都自外於中央，每個人都覺得沒有中央自己能做得更好，何況韃靼斯坦出產石油，好像頗有獨立的本錢。

下午到碼頭查船期。在公車站上一攤開地圖，又圍上幾位熱心民眾。碼頭並不起眼，伏爾加河水浩浩蕩蕩。一艘三層大遊輪剛靠岸，旅客下船來閒逛。從莫斯科出發，直到伏爾加河口的阿斯特拉罕需時約十一天，沿途停靠幾個重要城市，停留時間只有一到二小時。看了船期表，到薩拉朵夫要兩天，船名是「屠格涅夫號」，這倒不錯，我很喜歡他的作品。

從碼頭到旅館的公車經過不少舊木造建築，看得出是刻意保存。無論是韃靼人或俄羅斯人，韃靼斯坦人以這個地區的歷史為傲，並發展出不同於傳統大斯拉夫中心的史觀。喀山大學是俄羅斯最古老的大學，文學家列夫托爾斯泰在喀山大學受教育，列寧也曾在此讀過幾年。由於文化與地緣關係，突厥文化圈中的俄屬中亞、甚至新疆的高級知識份子，也有人在喀山活動。

第二天，我們往市中心走。果然，城堡與政府機關上飄揚的只有綠白紅三色的韃靼斯坦旗幟，四處不見俄羅斯聯邦的白藍紅三色旗。不過我們和幾位歐洲遊客在民族藝術館前等了半小時沒人售票，警衛也說不出所以然，這倒還是蘇聯風格。我們只好往對面的喀山城堡走。

喀山汗國的建築已被伊凡大帝鏟平了，這座城堡是在舊地點上重建的，十六至十七世紀的俄羅斯建築風格。雖然如此，還是有許多附會的傳說。據說汗國公主在都城陷落時從五十九公尺高的塔樓上一躍而下，以身殉國。但是似乎事實上她被帶往莫斯科宮廷，在優渥的環境裡盡其天年。

在城牆旁往下俯瞰喀山河，往南望是伏爾加河。今天是個大好天氣，這個高度與浩瀚連天的河水都讓人暈眩。本來喀山與城堡離河水還有好幾公里，三〇年代中開始興建的幾座攔水壩在喀山與日古里之間硬是造出了一串相連的「海」，膨脹數十倍的河面在地圖上顯得如此古怪。一旦航行在河上不知是什麼樣子。

從城堡到旅館這條大街是徒步區，攜家帶眷的市民隨意漫步，沿街小吃攤生意很好，我們也在這吃了午餐。回旅館前在店裡買黑麵包，櫃檯的中年媽媽問：「打哪兒來？」還比著手勢。從臺灣來的。「喔！好遠啊！」

八月十二日早上背起行囊往碼頭出發，偏偏下起了暴雨。正是上班時間，車上很擠。惠玲的背包比車門還寬，卡在門上進退不得，還是幾位老媽媽老爺爺合力把她推上車的。一位有座位的媽媽幫我抱著提袋，下車時把座位留給我，又拍著我的肩膀說了幾句話，可能是祝福一路順風吧。

屠格涅夫號已經到了，並不如上次看到的那艘大。艙等分九種，我們買的是第二等第一級，窄小的長方形艙房裡一邊是衣櫃，另一邊兩張上下鋪，臨窗一張書桌，窗子挺大，視野不錯。門邊一個洗手臺與水龍頭。出了門左邊是交誼廳，還有一架白色平臺鋼琴，不過接下來幾天並沒有乘客在此活動，謝天謝地。惠玲很高興地發現房裡有插座，電湯匙又能派上用場了。

要起錨了，我們站到甲板上，看著喀山愈來愈遠。雨早已停了，天還是陰的，沉沉雲天之下一片茫茫水域，用一點灰與綠，就可以描繪出這幅景色。我想起從蒙古到西伯利亞的路上。爲什麼每次都是這樣象徵意味濃厚的天氣？俄羅斯當然有日出日落、春去秋來，但是誰能想像沒有了灰色雲天的俄羅斯與伏爾加？縴夫的號子應當是在這樣的天空之下迴盪，俄羅斯藝術家筆下的祖國也少不了這樣的顏色與景象。

船上只有我們兩個外國人。伏爾加河旅行似乎最適合老年人或是全家出遊。蘇聯時代這種假期都是國家付給，現在可能都是自費了，而且費用可真不低！難怪這些俄國人還能每晚在船上的餐廳大嚼，既然負擔得起全家的船票，吃幾頓飯也不是問題。

下午，船在一個沙洲暫停。一位婦人擺售著漿果與蜂蜜，不一會兒賣完了，她提起空桶，帶著一條大狗，往樹林裡走遠了。她身材矮小，臉孔一望而知是當地土著民族。伏爾加河中下游以及往東去的廣大土地，一直是民族混雜的地方，斯拉夫的影響力到此也不過四百年。

乘客們都下船來在沙灘上散步玩水，我把手浸入伏爾加河，冰涼的，很舒服。在書上讀過，據說是一首民謠，我卻一直沒聽過：

「母親囑咐我，我兒
當你結束了流浪
當你回到了家鄉
疲憊卻平安，別忘了
把你的手
浸入伏爾加的波浪……」

可惜。我們回家的路還很遠。

第二天早上，船才離開了那一連串的「海」，走到真正的河道上。從日古里到薩瑪拉沿岸是綿延的淺綠色丘陵，間或有農莊與田野。俄羅斯民謠中，十七世紀的哥薩克領袖斯捷潘．拉辛就在這一帶登上一座無人能夠攀登的峭壁，矢言解放全俄羅斯的農奴；伏爾加中游的喀山、薩瑪拉、薩拉朵夫都曾被他佔領。可是我從昨天就沒看到什麼峭壁，頂多只有河岸，在蔚藍的天空下和緩起伏。三百年來許多人想找到這座峭壁，並沒有結論。

伊凡大帝去世之後，後繼無人，俄羅斯經過了二十年的混亂時期。十七世紀初羅曼諾夫王朝開始，直到一九一七年二月革命，這三百年的統治完全建立在專制與農奴制之上。

從十五世紀開始，不堪重稅壓迫的斯拉夫農民逃往南方的頓河、伏爾加河下游與高加索，在新天地裡形成新的聚落，他們是「哥薩克」，「自由人」。當帝國統治逐漸穩固，農民的處境愈加不堪，加入哥薩克的人數也愈多；而每次哥薩克起義之後，統治階級的鎮壓就愈嚴厲，對農民的控制也愈強。到了凱薩琳大帝，俄羅斯農民完全成了奴隸，沒有遷徙自由、沒有婚姻自由，買賣由人、打殺由人，他們世世代代隸屬於自己耕種的這片土地，而土地隸屬於貴族。

有趣的是，哥薩克人始終宣稱效忠沙皇，他們的敵人只是仕紳與貴族。因此中央政府也以撫剿並用的方式收編哥薩克軍隊，在西伯利亞開拓與對外戰爭中都是哥薩克人打前鋒。一九一七年十月革命之後，哥薩克人自然是屬於保皇黨。內戰結束，中央蘇維埃把他們全部打散，由俄羅斯族與烏克蘭族收編。

傍晚下起雨來，風浪轉強，溫暖的小艙房晃得像個搖籃，杯裡的水都要灑在桌上了。我舒服地躺在床上享受這難得的幼年回憶，上鋪的惠玲卻快暈船了！我們兩個爬起來往舷外望，船正從一座大鐵橋下穿過，四周一片墨濃，隱約可見岸上的燈光。

八月十四日上午，抵達薩拉朵夫。颳著風，雨疏落地下著。我們搭上電車往城裡去。旅館是在一個徒步區裡，電車不直接到。車掌指點我們下了車，在風雨中走過去。

這群丰腴的俄國大媽們，在船上跳得正熱著呢！

旅館櫃檯大媽也許是看我們的狼狽樣子可憐，給了最便宜的房間，連公用浴室都沒有，反正房裡的洗手臺將就著用就行了，倒省了不少錢。房裡居然還有冰箱，不過好像不怎麼管用。這是我們在俄羅斯待的最後一個旅館了。

放下背包，先到火車站買車票。售票員給我們寫了張字條，研究半天看懂了，到中亞哈薩克斯坦阿拉木圖的火車票要當天才出售！

當初我的疏忽就在俄羅斯簽證與哈

薩克簽證的連結日期上。哈薩克簽證八月十八日開始，俄國是八月二十日到期；我沒注意到，從薩拉朵夫出發當天就能進入哈薩克境內，若是邊界上要檢查證件，最早只能在十八日出發，但到時俄國簽證只剩兩天；要是買不到票，走不了呢？簡直不敢想像。我的倦怠完全發作了，哪裡也不想去，窩在房間裡研究各種可能方案。

我們的房間在五樓，白漆木頭地板、白漆天花板；沿著闊氣的扶梯走下三樓，水晶燈、深紅地氈，還有個小噴水池，活像走進了阿拉伯後宮。三樓是德國領事館，旅館大門外還飄蕩著德國國旗。

二次世界大戰之前，伏爾加中游是日耳曼移民聚居處，他們的正式名稱是伏爾加日耳曼人，薩拉朵夫一帶尤其多。列寧的故鄉是伏爾加中游的烏里雅諾斯克④，他的母親就是日耳曼人。直到二〇年代中，這一帶仍有許多德文地名。

他們的祖先在十八至十九世紀之間來到俄羅斯，主要從事農業。日耳曼人是很稱職的農夫與工匠，此地頗爲繁榮富足。一九二七年，史達林開始消滅私有化，這些日耳曼農民成了目標之一。沉重的賦稅使得一部份人半自願地放棄土地，加入偏遠地區的集體農場；但是大多數人還是留了下來，守著一百多年來扎根的土地。

4 列寧的眞名是弗拉基米爾．伊里奇．烏里揚諾夫，所以此城改名爲烏里雅諾斯克。

一九四一年六月，德國入侵蘇聯。八月中，最高蘇維埃主席團下了命令：將伏爾加河沿岸地區的所有日耳曼人遷往其他地區，一個不剩。命令很有效率地執行了，所謂「其他地區」是中亞的哈薩克斯坦與吉爾吉斯斯坦。德文地名改了，日耳曼人留下的農舍、財產與土地由遷入的俄羅斯農民接收。

六十年來，蘇聯解體，伏爾加河的日爾曼人始終沒有得到補償，也沒有得到允許回到伏爾加。

一九九二年，俄羅斯聯邦與德國簽了協定，同意幫助前蘇聯境內的日爾曼人回到伏爾加河定居，但遲遲不見下文。薩拉朵夫在二戰中曾被德軍佔領，「偉大的愛國戰爭」抵抗的是德國人，這一點俄羅斯人可沒忘，誰要日耳曼人回來？回來了往哪擺？當時薩拉朵夫出現了反日耳曼人的風潮，雖然這些千里之外的少數民族還沒打算回來。

如今在伏爾加河沿岸還有少數日耳曼人後裔。這座德國領事館可能是爲了服務這些同胞，並且爲德俄兩國民間關係做疏通工作。

與我的倦怠相反，患玲的鎮定與樂天徹底發揮，每天提著布袋上市集，買回來新鮮蔬果、蛋糕、甚至烤雞！有時候她硬拉著我出門，在這條綠蔭怡人的大道上閒逛，或是以我爲「僞裝目標」，其實鏡頭對準的是市集上的人們。

每天，我靜靜地待在五樓上的小房間裡。街道上時時傳來賣藝的手風琴樂聲。「喀秋莎」、「伏爾加河的潮水」、「靜悄悄」，爲什麼俄羅斯的歌兒都是這樣悲涼？「孤獨的手風琴」是我最喜歡的一首歌，現在即使是午後的陽光下聽來也有點太擾人心緒，孤獨的手風琴在夏夜裡游蕩徘徊，你尋找的人是哪一個？我的心離開了俄羅斯，飛往南方綿延的天山。在那裡，絲路的藍天將不再這樣沉重了吧？

旅人星球

★俄羅斯的國際電訊還是不方便，即使是大城大旅館也很可能沒有直撥國際電話，必須由接線生接通，或是上郵電局去打。

★伏爾加河的遊輪都很大，除非風浪大作（這樣大概船也停開了），並不至於暈船。

我們的旅館資料

★喀山：Hotel Tatarstan，電話：7-8432-326979，地址：ulitsa Kuybysheva 2號。地點方便，房間與服務不錯。碼頭及火車站有公車直達，最好先問當地人。

★薩拉朵夫：Hotel Volga，電話：7-8452-243645，地址：prospeckt Kirova 34號。房間設備等級差異大，我們住的沒有公用浴室，但房間還不錯（的確有房間附浴室！）。位置很好，在徒步區內。從碼頭及火車站有公車到附近街口。

網站與網頁

關於伏爾加流域並不多，還在發展階段。

★http://www.ksu.ru/tat_en/Kazan，喀山的官方網頁，有基本資料與相關連結。

★http://www.kcn.ru/index.htm，韃靼斯坦共和國官方網頁，同前。

其他沿岸城市也有網頁。

伏爾加河書籍

★Down the Volga，Marq de Villiers, Viking。加拿大記者在一九九一年蘇聯解體前夕的伏爾加河全程遊記，頗能反應當時情況與俄羅斯人的個性。

俄羅斯推薦音樂

紅軍歌舞團與其他職業團體的表演，大家都很熟悉了。但我偏愛下列兩張。

★Russian Romantic Songs，Yulya演唱，Monitor出版。大概是七〇年代初錄音，包括傳統民謠與蘇聯時期民謠，非常俄羅斯風格，我喜歡她唱的「孤獨的手風琴」。

★Moscow Nights，Monitor出版。蘇聯時期歌曲，同前。

俄國也有搖滾與流行歌曲。Alla Pugachyova 普加喬娃小姐走紅逾三十年，一貫打扮得花枝招展。我們在西伯利亞鐵路上的室友說她是「俄羅斯的雪兒(Cher)」。最有名的歌是「One Million Roses」，「一百萬朵玫瑰」，夠浪漫了吧？難怪俄羅斯人這麼喜歡她。

當時在俄羅斯及中亞最流行的偶像團體是Chocolate，三個男生，其中一個好像有東方血統。MTV拍得不錯喔。我們被轟炸了整整兩個多月！

★Music of the Tatar People，Topic Records，是五〇年代伏爾加中游韃靼人的田野錄音，我覺得很悅耳。他們的音樂是中國與蒙古音樂到匈牙利馬扎爾人音樂之間的環節。

哈薩克

雪稀疏地下著，抬頭往山口上看，那裡居然聳立著一座大敖包！我一鼓作氣走上去，山口風大，耳邊獵獵作響。敖包位在一道山脊上，往下看，眼前是一個遍佈卵石的極大窪地，也許這本是高山湖泊，現在只剩下中央一個小湖，在陰沉的天空下呈灰綠色，環繞著窪地的雪峰似乎也頂不住沉重的穹蒼。雪停了，風一樣凜冽，卻沒有了聲音。再細聽，四周真的沒有一點聲音，好像有一只看不見的大手扼住了自然的孔竅……太不尋常了，我回過頭跟惠玲對敖包行禮。瑪莎與魯斯坦覺得很有趣，我說明這是古老的蒙古習俗。

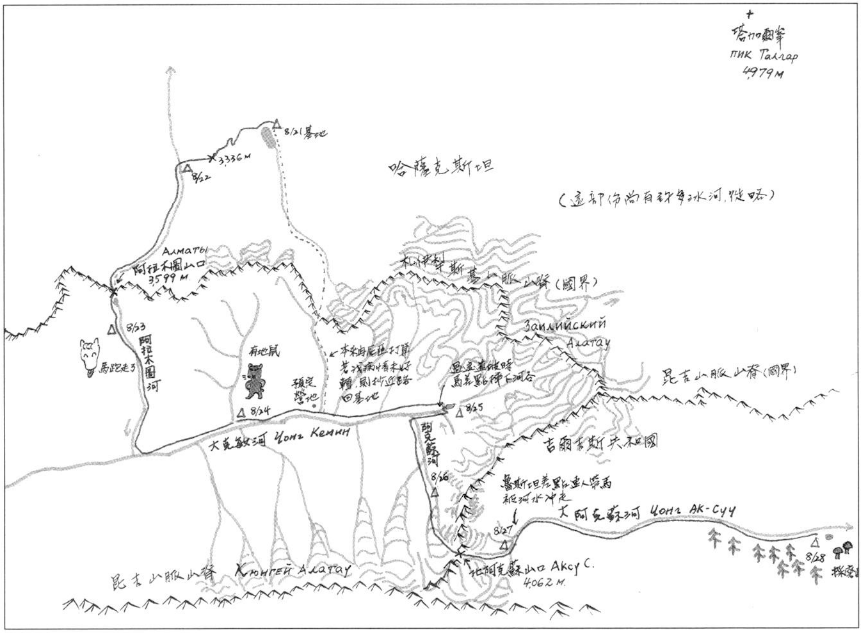

第十三章　回到亞洲

天山腳下的空氣很冷，晨霧未散，我們兩個坐在月臺上發呆。現在是八月二十一日清晨六點，列車「哈薩克斯坦」在三天裡跨過伏爾加河、掠過鹹海北岸、沿著閃亮的錫爾河穿越兩個沙漠，把我們送回了亞洲，天山北脈下的「蘋果城」，阿拉木圖①。

三天的火車旅程呼嘯而過，我們的大腦一片混亂，還未從這轟然而來的文化震盪裡回復。似乎不敢相信自己眞的買到了車票，眞的擠上了火車臥鋪，眞的結束了艱苦的俄羅斯，等著開始另一段艱苦的中亞絲路。

八月十八日上午十一點，往薩拉朵夫火車站的路上，我們的心情與腳步一樣沉重。待會若是買不到往阿拉木圖的車票，就有數不清的麻煩：簽證到期、額外開支、哈薩克天山行程延期，牽一髮動全身。我們已決定，買不到去阿拉木圖的票就回莫斯科，再從莫斯科搭飛機去阿拉木圖。本來今早已經來試過一次，怎知售票時間又延後，要到火車進站前二小時才有消息！現在是第二次碰運氣。

1 阿拉木圖舊名Alma Ata，「蘋果之父」。

天山健行。

走進火車站，惠玲照顧兩個大背包，我選了一個售票口開始排隊，冰涼的手裡捏了兩張字條，第一張寫的是往阿拉木圖的車次，第二張是往莫斯科的車次。隊伍不長，前面只有四五個人，哪一張能派上用場，很快可以揭曉。

忽然有人輕拉我的衣袖，我往身邊一看，一位中年人，頭髮灰白，穿著簡樸的襯衫和西裝褲，略有磨損的皮鞋，這樣的人在俄國街上到處都是。他一手提著尼龍旅行袋，另一隻手裡似乎是張車票。我望進他的雙眼，放了心。

「Almaty?」他問我

「Da。」②

帶著微笑，他指指隔壁窗口。道聲謝，我換過去。

輪到我了。賣票的俄國大媽戴上老花鏡，一言不發地讀著我遞上的字條，大廳裡剛剛還響著嘈雜人聲、站外傳來喇叭與氣笛，此刻我卻什麼也聽不見，連呼吸聲也沒有。

「噠噠噠」，大媽往鍵盤上打出兩張票！

付了錢，接過票，我回頭四顧，那位中年人已不見蹤影。我想起今早第一次來的時候，好像他也

2 俄語「是的」。

對於根本沒爬山經驗的我，高山症漸漸發作，頭重腳輕，但美景當前，怎能錯過難得的機會，抓緊時間按下快門。

排在我們附近，可能他也要去阿拉木圖，或者他只是記住了這兩個一臉惶惑、語言不通的異鄉人……

寄存了背包，又趕回旅館附近的市場採買乾糧與水果。惠玲終於如願以償，在隔壁冰淇淋店悠哉遊哉品了一盅冰淇淋。離開薩拉朵夫、離開俄國之前，我們給了那個手風琴四盧布。

火車準時進站，走上月臺，往莫斯科的車就在隔壁。別了，北方的俄羅斯！我們即將奔向遙遠的七河之鄉③！

上了車，彷彿一腳踏進了哈薩克斯坦，滿車乘客幾乎全是黑髮黃膚的蒙古人種面孔④！包廂外折疊椅上坐著一位和藹的哈薩克老人，我們大腦轉了好幾轉才控制住，沒讓蒙古語的「您好」脫口而出。服務員是一位哈薩克彪形大漢，給了我們兩個上鋪。下鋪一邊是一位年輕斯拉夫男子，另一邊是個黑髮杏眼的小男孩，正在和那位老人說話，可能是一對祖孫。

3 哈薩克斯坦巴爾喀什湖以東一帶，古代北方草原游牧民族活動處，阿拉木圖即位於此。

4 哈薩克族外表看來是蒙古人種，但從語言與文化上仍歸類於突厥民族。

沒多久，列車再度靠站。老人提起行李下了車，那名男子拿出乾糧準備晚餐，小男生吃了起來。惠玲跟我都是一臉狐疑……難道他倆才是一對父子？後來跟小男生混熟了，才知道那名男子果然是他爹，那麼母親可能是哈薩克族或蒙古人種了。我仔細端詳，才看出他的頭髮與眼睛帶著褐色。哈薩克境內的民族總數接近一百二十個，總人口約一千七百萬，其中哈薩克族只佔百分之四十六⑤。我們一上了火車，就體驗到中亞民族的複雜程度。進入哈薩克之後，每次隨意往月臺上人群裡一瞧，就能看到幾種不同的面部輪廓、不同的民族特徵。

九年前才脫離蘇聯統治的俄屬中亞，北與伏爾加流域之間以欽察草原為界，南包帕米爾，西至裡海，東接天山；這片因政治因素而與外界不通音訊七十年的土地，卻承載著最動人心魄的一段歷史，百年來吸引著最傑出的考古學家前仆後繼，這就是絲綢之路。

兩千五百年來，渡過翰海、翻越雪嶺的異國隊商一路上交換著珠寶、香料、美酒、駿馬、歌舞、瓷器、茶葉，還有那神奇的織品：絲綢。朝聖者帶來虔誠的心靈，征服者帶來恐怖的殺伐。無數的民族在此定居融合，無數的語言曾在人們嘴邊響起。不同的思想與文化互相衝擊交流，來自遠方的神祇在金璧輝煌的廟宇裡受到膜拜，沙漠與草原上異族鐵騎長驅直入，美麗的城市遭夷平又再度重建。波斯帝國、亞歷山大大帝、漢武帝、唐太宗、大食帝

5 西元二〇〇〇年總人口約一千六百萬，哈薩克族佔一半。變動的原因是斯拉夫裔與日耳曼裔持續外移。

國、波斯、成吉思汗、帖木耳、大清、帝俄、大英，都曾嘗試控制這個歐亞大陸的樞紐，最後成功地將它握在手心裡的卻是蘇聯。

與今天擾攘的高加索地區一樣，中亞五國是史達林一手劃分的結果。為了方便中央的統治，史達林刻意強調各族區別，並且將中亞五個蘇維埃共和國邊界安排得犬牙交錯、支離破碎。三〇年代起，蘇聯將遭到鎮壓的其他民族遷往中亞，其中高加索的車臣人、卡爾梅克人⑥、黑海克里米亞的韃靼人、伏爾加中游的日耳曼人，更是從原聚居地一個不剩地押送上車運往中亞。過程是殘酷無情的：重兵包圍、深夜裡急促的敲門聲、限定二十四小時後集合出發的軍令、不宣佈流放地點、不准帶行李、密封擁擠的火車載貨車廂、沿途不得下車、酷熱與嚴寒、食物與飲水供應幾乎完全斷絕，許多病弱者在遷徙中或抵達不久後死亡。

這些遭到集體流放的少數民族在中亞被集中看管，送往工地或集體農場從事苦役，特別警衛部隊日夜看守；居住及工作條件極為惡劣，每個人都遭到嚴格的政治審查，沒有行動自由。簡而言之，整個民族不分老少都是蘇聯的流刑犯，而他們的罪名只是「有可能」與敵人合作。

中亞原有的各民族則經歷了宗教迫害與集體農場的惡夢。被迫加入集體

6 就是西蒙古四部中的土爾扈特部，十七世紀三十年代遷往伏爾加下游，由於受到俄國壓迫，大部份於一七七〇年啓程東歸，歷經萬難，最後定居新疆北部；少部份留在俄國。俄羅斯聯邦有卡爾梅克共和國，位於裡海西岸。

農場的牧民寧願屠殺自己的牲口，也不願歸公，失去土地與自由的牧民就不再是牧民了！與同時期的外蒙古一樣，人謀不臧的結果又是飢荒。

由於地理位置偏遠，中亞成了蘇聯的後院，安置了勞改營、核彈試爆場、核廢料掩埋場、太空中心，關起門來沒人知道。

蘇聯解體、中亞五國獨立之後，往昔獨裁者爲一己之私而做的安排成爲不安與張力的原因。偏狹的民族主義迅速找到市場，已定居中亞數代的斯拉夫人開始「回到」俄羅斯與烏克蘭，超過一半的日耳曼人「回到」德國，雖然他們的祖先在兩百年前就離開了故土。由於斯拉夫人與日耳曼人在管理與技術性工作領域裡佔大部份，一時之間不易找到人填補，這對急於發展經濟的中亞國家造成了不小的衝擊。

往哈薩克斯坦阿拉木圖的火車，在各月台停靠時，一湧而上的大人、小孩，人手一瓜，盡情的推銷。

火車轟隆隆直奔東南，愈接近較繁榮的哈薩克南方，上車的乘客愈多。走廊上站滿一排人，包廂裡也實行「高承載」，一個下鋪往往由兩個

陌生人分享，惠玲甚至看到一個下鋪坐了六位老大娘閒話家常！可能因爲我們是外國人，才輕易得到兩個鋪位，包廂裡也沒安排什麼「閒雜人等」。沒多久，我們就看出了門道：這些新乘客都是直接向服務員買票。只見這位大哥每次靠站前就清點一次人頭，新客上車得再清點一次、安排臥鋪、收票錢、收被單錢，看到我從上鋪露出腦袋還不忘說一聲「I love you」，靠站的幾分鐘裡則是一路採購甜瓜、羊腿等土產，忙了個不亦樂乎。

即將抵達阿拉木圖的前夜，車上的混亂達到最高峰。一連停靠了幾個大站，擁上前往首都的人群，有些小孩就睡在走廊上。我們的包廂多了一家四口，坐在一個鋪位上打盹。列車抵達阿拉木圖，哈薩克與俄羅斯之間有時差，這喧囂浮躁的一夜陡然短了三小時。下車時，我們說不上是沒醒還是根本沒睡。一個月前曾在西伯利亞鐵路上往西橫斷歐亞大陸，現在，就這樣，我們回來了。

第十四章　平地起風波

等了四十分鐘，約好的登山公司人員還沒出現。正要向站外走，一個哈薩克小伙子慌慌張張跑了進來，對我們直道歉。火車提前到站（這倒是沒錯），他剛剛才得到消息。

走出坐北朝南的車站大廳，一座連綿天邊的雄渾山脈拔地而起，積雪不融的深蒼色身影覆蓋著阿拉木圖市。我倒吸一口氣，小伙子笑了：「是的，就是這座山。」這就是我們不遠千里來此的目標，我們即將徒步翻越的天山！

住進旅館，第一件事是洗澡，從八月十二日航行伏爾加河開始，我們有十天沒洗澡了。接著洗衣服，忙得我連回籠覺也沒睡，心想是明天上山，今晚還能吃頓像樣的晚飯、睡個好覺。

過了中午，登山公司秘書打電話來。她希望我們今天下午就到山上基地，不過活動還是明天開始，計畫不變。好，可以。下午她跟老闆送客戶到旅館，可以見個面，之後有車送我們上山，現在我們先整理裝備。嗯，沒問題。

人到了。兩位打扮入時的秘書小姐與我們握手，我心裡皺了一下眉，柔弱無力的握手是缺乏效率熱誠的象徵，不過也許是因爲我來自不同的行業。

阿拉木圖山口（海拔3599米），再往前走就是吉爾吉斯共和國境內，因這是兩國登山協定，所以，並沒有特別的檢查站之類的單位在此。上氣不接下氣的背著相機，慶幸見到此一佳景，倦意全消。我們直覺感覺到這裡就像是仙人住的地方，半點凡間的氣息都嗅不到，尤其是前方的神秘小湖，更讓人捉摸不定她的眞實性，而身旁的大敖包（沒在相片內），或許是來往旅人對此地的尊敬吧！遠方的烏雲，迅速的往我們的方向前進，沒多久，下起雪了！

總經理是哈薩克族，中年微胖，留著小鬍，生意人，不能完全信任，但也不是壞人。他們眼神裡好像有什麼話，我納悶。

出發前，小鬍子才對我們說，還未收到我在六月底的電匯付款，現在還是一切照計畫行動，但請我寫電傳要家人匯款來。

爲了避免旅途上攜帶大量美元現金，我們決定在離開臺灣前先將這家旅行社的款子付清，並且帶著匯款水單與收據上路。它是中亞有數的大公司，可是反應卻最慢，離開臺灣前夜我才收到它的匯款帳戶資料，只好請父親代匯，並且將水單電傳到北京給我，但是始終沒有收到他們的收據。

我拿出當初的帳戶資料與匯款水單，全都是按照指示，並無延遲或錯誤。小鬍子看了半天，說是給的帳戶號碼漏了一號，因此錢沒到，還是請我上山後寫電傳交由司機帶回。

我說：「這是你們的錯，我不認爲我們應該再付一次。」我很清楚，若是帳號錯誤，銀行不可能無聲無息，就算經過中間銀行，十天內也會有回音，絕不會從六月底拖到現在。

小鬍子：「沒事沒事，時間不早了，快出發吧，待會寫個電傳就是。」

上了車，出南郊，往天山盤旋而上，兩小時內就能抵達海拔二千五百公尺的基地營。我們無心觀賞風景，心裡一遍遍盤算。我有百分之九十的把握這不是蓄意敲詐，惠玲卻不這麼樂觀。無論是不是，這一關可不好過，我們手裡根本沒有什麼籌碼。抵達基地，我寫了傳眞給父親，說明情況，要他放心，不要付錢，趕快連絡我們的匯款銀行，查詢款子的去向。寫著我覺得自己活像被綁架了一樣。一開始，這件事就爲哈薩克之行蒙上陰影，直到我們離開。

已是八月下旬，上山的人不多，基地只有我們這一組。我們見到了即將共處七天的隊員，他們都是打工的大學生，這家公司有三百名這樣的工讀生。

英俄語翻譯是瑪麗亞．塔拉索娃，小名瑪莎，只有十九歲，是語言學系學生。見到她令人想起俄國小說裡的女主角：濃密的栗色秀髮，蔚藍色的眼睛清澈無比，不一樣的是她一點也不蒼白嬌弱，身高一米七多，腰直腿長，紅撲撲的蘋果臉上常帶笑容。現在已是傍晚，氣溫不過攝氏十度上下，卻只穿著單薄的短袖上衣及運動長褲。午後曾下了雪，她一時玩心大起到處踩雪，把鞋襪全踩濕了，這會兒凍得直跳。

魯斯坦．奇塔伯夫負責打理三餐，同時是嚮導助理。他的姓名是中亞民族裡常見的，外貌帶著突厥人種氣息，個子不高，膚色很深，深栗色短髮捲曲，圓臉，雙眼是輕快的淺綠色，卻爲他染上一點憂鬱羞怯的氣質。

天黑了，我們在餐室裡喝茶，配上麵包和乳酪。瑪莎說嚮導到山間人家挑選馱馬，等會才回來。喝著茶，我把剛才的心事丟開，和大家聊了起來。相對於瑪莎的活潑，魯斯坦顯得有點沉默，總是帶著微笑聆聽我們三個對話。

門外響起馬蹄聲。接著進來一位身量很高的年輕人，步履從容，握手問好很有架勢，看得出是有幾年經驗的。他是嚮導葉甫蓋尼．歐列尼克，小名冉尼亞。他的姓氏是典型烏克蘭式的，眉宇間卻不帶東斯拉夫人天生那種北

兩點成一直線，越往前走，有著越多的驚喜。

廚師魯斯坦騎馬冒險過河，驚險畫面。

國的淡漠，眼神堅定而熱誠。他微笑著道歉自己來晚了；很多團隊剛結束活動，馱馬回家休息不久，一時不易找到合適的，今天只找到一匹，明早還得去看第二匹。

魯斯坦知道了我們沒吃晚餐，趕緊煮一鍋義大利麵。在火車上每天只是嚼點乾糧，現在我真吃不下，但是無法拒絕，只好吃了。我們聊起這次旅行，還有前來阿拉木圖的火車旅程，把三個年輕人逗得大笑。

我心裡懷著鬼胎幾個月了，現在忍不住要證實一下：「我們要經過的北阿克蘇山口海拔多高？」我問冉尼亞。

「四千零六十二公尺。」很準確。「你們倆以前到過多高的地方？」一針見血。

「二千五百公尺。」

也許個性讓冉尼亞不至於臉色大變，不過我還是看出他的眼睛閃了一下。

「沒問題。那很簡單，你們一定可以走過。」

當然最後我們還是走過來了。不過未來七天一百一十公里裡發生的事，不是此刻任何人預料得到的。

八月二十二日，我們即將由哈薩克天山北脈裡的基地營出發。七天裡往南越過海拔三千六百六十公尺的阿拉木圖山口，進入吉爾吉斯共和國境內，沿大克敏河折而往東，再往南溯阿克蘇河而上，過阿克蘇冰河，穿越海拔四千零六十二公尺的北阿克蘇山口，再折往東南直到玄奘筆下的「大清池」——伊塞克湖北岸。

吃過早飯，冉尼亞去看另一匹馬，魯斯坦忙著裝載。我昨晚在帳蓬裡睡了一夜好覺，覺得體力不錯。惠玲一時無法適應，趁出發前假寐。天氣很好，瑪莎和我在草地上曬太陽閒聊。這個暑假是她第一次打工，有這樣的機會在山上跑，感到很高興。

好不容易找到合適的馱馬，整隊出發，已是下午三點半了。今天要走的路不長，三個小時可以走到。

就在出發前，我有輕微腹瀉的症狀，但不以爲意。離開基地往上走了不到一公里，腹部開始劇痛，額冒冷汗，午後的山風吹得我全身發冷，沒有一絲力氣。我在路邊大石上坐下，告訴大家我不舒服，可能是因爲剛才喝了未煮沸的泉水。

惠玲連忙找出中藥膠囊要我吞下，但是此刻大家帶的都是基地的泉水，不能再讓我喝這個。冉尼亞跑回基地帶來一瓶開水。吃了藥，不見好轉；這是當然的，仙丹也沒這麼靈啊。站起來試著走路，還是不行。將近五點了，不能這樣耗下去。冉尼亞問我可不可以騎馬，我點點頭。

他再衝回基地附近的人家，牽回一匹馱馬。牠剛結束任務回來，還很疲憊，不過載我是綽綽有餘了。晚風愈來愈冷冽，我連控韁的力氣都沒有，只好讓冉尼亞牽著走。爲了趕快到達今晚的營地，他往往直接走上陡坡，而不是沿山路盤旋而上。不多久瑪莎和惠玲的腳跟都磨出了水泡。魯斯坦爲了儘早紮營生火，帶著兩匹馱馬先走一步。

疼得好像腸子全絞成了一團似的！我開始懷疑是痢疾。如果眞是痢疾，我根本不應該上路，嚴重起來會要人命的！我試著回憶自己到底吃了什麼可疑的東西，只是在火車上用生水刷牙，我的腸胃比一般人強，應該不至於如此才對，不過誰也有陰溝裡翻船的時候！

翻過一個三千三百公尺的山口，往下方河谷走。這裡是朝西的陡坡，還留有夕陽餘暉。我下馬走了一段，到了陽光照不到的地方又不行了，只好認輸上馬。

到了營地，吐了一次，全身不剩一點熱量。魯斯坦早已搭起了帳篷，惠玲趕快套好睡袋，我鑽進躺下的時候已經連牙齒都打顫了。河谷裡水聲濺

瑪莎騎的土黃色馬，即是逃走的壞馬，現在大伙兒輪流罰牠，讓牠不要精力過剩，半夜又逃走。

濺，彷彿無數口舌講著陌生的語言，一直向我耳邊聒絮。在這次旅行裡第一次，也是唯一一次，我心中有了莫名的恐怖。我把頸子上帶著的金剛杵護符握在手裡，這是在哈爾和林的額爾德尼召得到的，當時我曾祈求這次旅行一路平安。

惠玲倒了熱水沖上點紅糖讓我喝下，還是吐了出來。胃裡什麼也不剩，只有千把小刀亂攢，疼得我忍不住出聲咒罵。不過腦筋還是挺清楚，思前想後，居然開始有點放心：沒發燒、肉眼觀察「檢體」不像被感染，應該只是一時不適應，消化不良。

瑪莎進來看我，拿出一包褐色藥粉：「冉尼亞要你一定吃掉它！這藥很有效的。」我說如果是止瀉劑我就不吃。

「不是，快吃吧。」我吃了，惠玲又給我幾個中藥膠囊吞下。我要瑪莎向男孩子們轉達我的歉意，帶來這麼多麻煩。

「一點也不。你只是一時不適應，明天就沒事了！」瑪莎跟惠玲安慰我。

也許是中西醫藥結合治療產生了效果，或者只是因爲我的腸胃已經空空如也，絞痛漸緩，身上開始暖和起來，迷迷糊糊的，我睡著了。

第二天早上醒來，惠玲對我說：「昨晚你疼得直罵，你知道嗎？」她擔心得一夜沒睡好，一直向恩主公和觀世音菩薩默禱，還恐怕這兩位不知道我們在什麼化外之地，默禱的同時心裡畫著地圖。「我這種無計可施的人只能這樣了。」惠玲一臉赧然。

惠玲一向不易適應新環境，睡眠對她來說很重要，尤其是在這樣需要體力的時候。昨夜在我睡著時，她卻花了大半夜爲我默禱。除了父母以及共患難的好友，還有誰能這樣做？我感激地說不出話。

出了帳篷，我微笑著向他們道早安，沒事了。只是從這天起我不太敢吃東西。奶油、乾酪、巧克力、肉類罐頭等都不敢碰，幾乎只能喝湯啃乾麵包。痊癒後的第一天只喝了一瓶紅糖加食鹽溶液。今天早飯是水煮通心粉加奶粉白糖，我向魯斯坦解釋了原因，沒吃。

上午十點，整隊出發。冉尼亞卻不跟我們走，停在原地給我昨天騎的馬上鞍子。「怎麼了？」我問瑪莎。

「那匹馬是借來的，他要回基地還給人家再趕上來。」

我的天！我停下腳回過頭，帶著一臉歉意望著冉尼亞。

他帶著微笑，揮了揮手，牽著馬走了。

「沒事。他的腳程很快。」瑪莎說。

老天保佑，希望這是我在山上唯一一次出毛病！

旅人星球

★搭了幾天火車之後，飲食習慣也許不如平常，要注意。我的腹瀉其實與飲水無關，而是火車上幾天空腹與山間溫度低造成的消化不良。

★除了喝開水，洗滌餐具與蔬果的用水也要注意。許多西方人真的是全部用開水沖洗，但是對我們來說，除非當地有疫情，應該還不到這種地步。

★痢疾病原有數種，一定要由醫生檢驗才能對症下藥。在野外，痢疾造成的脫水與體力不繼是最大威脅。若是沒有電解質補充劑，可用糖六茶匙、鹽半茶匙，溶入一公升水中隨時啜飲，但只是一時應急。

中高海拔旅行注意事項

★每個人適應力不同，輕微的高山反應也許在二千公尺就會出現，高山症在海拔三千五百至四千五百之間最容易開始，但是在三千公尺處因高山症致死的病例也有。由於交通方便，許多海拔三千甚至四千公尺以上的觀光區都可搭車輕易抵達，前往觀光時，平時心肺功能較差者、高血壓患者、孕婦、兒童及老年人要衡量自身條件。

★以下可能有助於儘快適應高海拔：不要吃油膩食物；多喝水；不要攝取咖啡因或酒精。

★即使睡不著，也千萬不要吃安眠藥。

★洗澡洗頭都可以免了，萬一感冒很危險，可能引發肺水腫，而且惡化很快。

★同樣的高度，高緯度地區比中低緯度地區的氣溫更低、氣候更多變。不能以臺灣或東南亞的經驗來衡量亞洲北方內陸情況。在天山中脈的騰格里峰（高6995公尺）與勝利峰（高7439公尺），登山者的高山反應與喜瑪拉雅山系八千公尺處一樣嚴重。

★一旦出現高山反應：反胃、頭暈、頭痛、沒胃口、沒體力，就要注意，不要再往上走。高山反應或高山症是沒藥治的，只能趕快下山。

★治療青光眼的口服藥Diamox丹木斯，可「預防」高山反應，但是有副作用：口乾、指尖發麻，而且可能掩蓋眞正的不適。曾有致死病例，最好不要吃。

哈薩克族傳統音樂

記得嗎？新疆哈薩克族民歌「都達爾與瑪麗亞」中的有一句「帶著你的冬布拉」，冬布拉(dombra)是哈薩克族常用的傳統撥絃樂器。此外還有二弦拉弦樂器，庫布孜(Kobyz)。傳統音樂形式主要是民歌與口傳史詩演唱，以冬布拉伴奏。人們稱有名的歌手爲「阿肯」（aqin），阿肯彈唱比賽(aitys)是草原上的盛事。推薦CD如下：

★哈薩克族音樂，搖籃唱片。新疆哈薩克族職業樂手錄音。

★日本 King Record的World Music Library系列有兩張哈薩克，哈薩克斯坦職業樂手錄音，風潮唱片進口。

★Turkestn Komuz kirghize et dombra kazakh，Ocora Radio France，哈薩克斯坦職業樂手的冬布拉彈唱，以及新疆柯爾克孜族樂手的考姆茲彈唱。

★Mongolie, Chants kazakh et trdition epique de l, Ouest，Ocora。這是蒙古境內的哈薩克族口傳史詩錄音，可別誤以爲是蒙古族的。

★法國Buda有一張田野錄音，在Amazon可找到。Buda網址http://www.budamusique.com。

第十五章　有驚無險

八月二十三日。今天的路程是從阿拉木圖山口翻越札伊犁斯基山脈，進入吉爾吉斯境內。札伊犁斯基是天山北脈的主脈之一，東西橫亙三百二十公里，最高峰是泰加爾峰，海拔近五千公尺，四千公尺以上的山峰不計其數。我們此行路線在海拔兩千五百公尺至四千一百公尺之間，在林線以上，並與夏季雪線有少部份重疊。

昨晚營地海拔大約是二千七百公尺，今天往阿拉木圖山口必須往上提高一千公尺，一路溯河而上。激流兩旁是寬廣的坡地，層層起伏，坡上遍生短草。不多久，飄起濛濛細雨。走了二小時，雨大了，刮起了風，吹打著我的雨衣嘩嘩作響，惠玲也不得不收起相機。路線變成崎嶇陡峭的山石，還留有昨夜的殘雪，四周千年不融的雪嶺峰峰相連。我把雨衣領扣扣緊，低著頭，一步步往上走，白色的熱氣隨著呼吸出出進進；昨天到現在我一直沒有攝取什麼熱量，靠著口袋裡的一瓶糖水，我得小心運用僅有的體力。

再往上走一個小時，雨衣上的水聲逐漸消失——下雪了！這裡連石縫裡的青草也很少，一片荒涼的高山景象。魯斯坦說阿拉木圖山口就快到了，他先帶著馬過去準備午餐。

在Chonr、Kennin河口紮營，這裡就是滿地都是地鼠洞的營地。喜歡這張照片，有種空靈的感覺。

雪稀疏地下著，抬頭往山口上看，那裡居然聳立著一座大敖包！我一鼓作氣走上去，山口風大，耳邊獵獵作響。敖包位在一道山脊上，往下看，眼前是一個遍佈卵石的極大窪地，也許這本是高山湖泊，現在只剩下中央一個小湖，在陰沉的天空下呈灰綠色，環繞著窪地的雪峰似乎也頂不住沉重的穹蒼。雪停了，風一樣凜冽，卻沒有了聲音。再細聽，四周貞的沒有一點聲音，好像有一只看不見的大手扼住了自然的孔竅……太不尋常了，我回過頭跟惠玲對敖包行禮。瑪莎與魯斯坦覺得很有趣，我說明這是古老的蒙古習俗。

吃了午餐，繼續前進。將要走出窪地邊緣的時候，又刮起了風，開始下冰雹。我回頭看，灰雲四合，在那神秘湖泊上方徘徊不去。

往下走，進入阿拉木圖河河谷。冰雹變成了大雨。我們抵達今晚的營地，是在高出河面十幾公尺的緩坡上。傍晚天色很快暗了下來，我們三個女生開始擔心，這樣的天氣裡冉尼亞是否來得及在天黑前趕到。魯斯坦一面搭帳篷，一面往山坡上眺望。終於看到了冉尼亞的身影，騎馬迎上去接他一程。他的外套全濕透了，人倒是沒事，大家都放了心。

今晚總算全員到齊，誰也沒病沒痛！在溫暖的帳篷裡吃晚飯聊天，男孩子們看了墾丁公園沙灘明信片，興奮地嚷嚷也要去臺灣！他倆來自泰加爾峰下的一個山城，沒見過海洋。從小在山裡跑慣了，難怪走起天山像走灶腳①。

「你們知道**K2**峰嗎？」冉尼亞問。

「知道。」**K2**是世界第二高峰，位於中國與巴基斯坦國界上，全世界最難攀登的一座山峰，歷來企圖攻頂的登山家有三成五在此殉山！

魯斯坦解釋，他們從小一共是死黨四人，最大的心願是有朝一日登上**K2**。

1 閩南語，「廚房」。

「那裝備和補給可是不得了呢。怎麼辦？」話說出口我就後悔了。這是我的毛病，好像什麼事說到了就眞得去做，說風就是雨。

「沒關係。找不到贊助我們就戴棒球帽穿運動鞋去！」大家都笑了。是啊，做做夢不行嗎？

狹小的帳篷裡坐了五個人，再加上爐具和一張小折疊桌，擁擠得像「一口砂鍋裡燉著五隻鴨子」，但晚餐時間仍是每天最輕鬆的時刻，高談闊論加上爽朗的笑聲，往往要聊上三個小時才散會。

半夜裡雨停了，早晨陽光普照。今天要繼續往南走到阿拉木圖河與大克敏河的匯流處，折而往東，進入大克敏河東西向的寬廣谷地，那裡水草豐美，是中海拔山區的夏季牧場。

昨夜裡一匹黃色馱馬掙脫了繩索，在附近不即不離地漫步；到了裝載的時候，牠就愈溜愈遠了。男孩子們用盡方法：食誘、硬捉、全不管用。我們三個女生眼看著牠跑上了高坡，成了一個小黃點，他倆追不上。魯斯坦氣得大罵，冉尼亞要我們三人先出發，說好在匯流處集合。

惠玲說早就看出那黃馬是頭狡猾的畜牲，每次她提著背包接近時，這壞馬就偷眼瞄著躲到一旁，好像生怕惠玲把背包放在牠背上。我想起蒙古牧人是在馬匹前後蹄之間加上絆馬索，馬匹雖能走動，卻無法撒開四蹄奔跑。也許他倆跟這匹馬不熟，不敢造次吧。

此時已是當日徒步健行第8個鐘頭了！每個人（包括馬）累得坐在地上，說不出話來。只希望能多坐久一點，但是坐得越久，身心疲憊度就亦加增高，反倒更不容易再站起來。

往南走，河谷很快地變窄了，阿拉木圖河是一道激流，深深地切入峽谷，往正南滔滔而去。我們走在高達數十公尺的陡坡上，腳下是鬆軟的沙土，一條羊腸小徑幾乎看不見，窄得雙腳無法並立，隨著踏出的每一步，細小的土石不斷往右側二十公尺下的激流裡滾落。天山北脈經常發生地震②，造成落石與崩坍，因此這道陡坡是很脆弱的。昨天下了雨，現在又飄起細雨來，更讓人擔心這道坡負荷不住。安全通過的唯一方法是看清腳下，快步通過，不要遲疑，站著猶豫可能更危險。惠玲自稱平衡感不好，往下看了這萬丈深淵，往往嚇得停步不走，急壞了瑪莎和我。

就在這坡上磨蹭的時候，前方居然來了一位哈薩克牧人，騎在馬上緩步而來，雙方互相問好。他問我們的營地有多遠，出發多久了。幸虧腳下這段還有點騰挪的空間，雙方錯了車，道別而去。

走了二小時，出了峽谷，抵達匯流處。路上一直不見男孩子們趕上來，我們擔心那匹馬可能還沒就範。等了近一小時，雨又大了起來，天色昏暗，瑪莎焦急地往回走上一道高坡眺望。像我們這樣離隊先行是山區活動大忌，現在雖然不至於迷路，但我們三個沒帶帳篷與睡袋，只有一點乾糧與飲水，若是他們沒趕來，我們還是得回去，不能這樣等到天黑。

2 一九一九年的一次地震幾乎造成阿拉木圖全毀。

「他們來了！」瑪莎興奮地跑下坡，「那位哈薩克人和他們在一起！」

今早我們三個出發後，魯斯坦與冉尼亞又和那匹馬周旋了二小時，正是一籌莫展之際，這位哈薩克牧人多瑞克出現了，以傳統的套馬杆子擺平了牠。

天山之行的七天裡，這是唯一一次遇上游牧的牧民，而且就是在我們最需要幫助的時候！也許冥冥中眞有神靈庇佑。我們請多瑞克一起吃了午餐，魯斯坦爲他準備了一袋點心，雙方熱烈握手道別而去。關於這件事，其實冉尼亞還有一個秘密，一直到最後一晚才說出來。我們往東轉進大克敏河谷，這條河夾在南北平行的札伊犁斯基山脈與崑吉山脈之間，谷地開闊，海拔約三千公尺，寬約一公里，呈U字型，是冰河谷的遺跡，兩側是高大寬廣的雪山。現在雨過天青，我們在這草長水清的谷地裡又走了三小時，抵達今晚的營地，在谷地邊緣的緩坡上。正在紮營，惠玲遠遠看見一個身影騎馬渡河而來，原來是多瑞克！他住在谷地對面的坡後，來看看我們是否一切順利。惠玲趕緊找出拍立得相機與他合影，送給他當作紀念。

卸下裝載，男孩們輪流到山上蹓馬，免得牠精力過剩又要搗蛋。接著瑪莎和我也各蹓一次，惠玲則趁著天晴趕快攝影。騎馬時我看到坡上許多小地鼠倉皇而逃，看來我們在此紮營是驚擾了這些無辜的小傢伙③。營地旁一道

3 郭錦衛先生說熊最愛抓地鼠吃，幸好這裡沒有熊。我們本來應該再往前二公里處紮營，但是時間太晚了。

要上冰河囉！準備好衣物。山頭白皚皚覆蓋著，就像是一不小心打翻的冰淇淋或是糖霜。人在疲憊的時候，總是會多出現些奇怪的想像。

高山雪水往下注入大克敏河，冰凍澈骨，瑪莎穿著泳衣進去浸了一下，馬上跳了出來，「太冷啦！」她說。連她也覺得冷，我倆更是只能沾水擦洗一下了。眞正洗了澡的是兩個男孩子，每個夏季他倆要在高山上待四個月，這種條件習以爲常。

似乎是老天爺有意戲耍我們，天山之行從一開始到現在就天天有驚無險！今天總算也是化險爲夷了。就寢時，我如釋重負地鑽進睡袋……ZZZ……

惠玲的聲音：「你剛才敲我肩膀嗎？」聽來有點緊張。

「沒。我睡得好好敲你幹嘛。」我有點不滿，「你睡迷糊了吧？」

「那是誰？啊！又來了！從睡袋下面！」惠玲掄起拳頭猛敲肩頭附近的地面。

腦筋轉了幾轉，我的腦海裡出現一個地層縱剖面圖，加上幾隻小地鼠。

「沒事。那是地鼠。我剛才看到好多。我們堵住人家門口了。人家現在要出來。」

沒動靜。

「咦，沒有了。」惠玲說。

「八成是被你敲昏了：眞可憐。」……ＺＺＺ……

一隻手把我搖醒。「外頭好像有腳步聲！」這回是氣音，還是惠玲。

這是有可能的，而且是最壞的可能④！我一下子清醒了，豎起耳朵。

沒錯，是有緩慢的腳步聲，不是大型肉食動物，也不是人，否則馬匹會有動靜。

「要不要叫醒他們？」我有點擔心。

「不要。他們白天也夠累的了。」

「唰」一聲，好像是繩索甩在帳篷上，嚇了我們一大跳。「是馬。」我猜。

「眞的嗎？」她不太相信我的判斷。我倒是很有自信，又睡著了。

早上起來，果然是那匹乖馬(好險！)在三頂帳篷之間踱步。

惠玲臉色蒼白對我說：「我一夜沒睡！」她形容自己整夜縮在睡袋裡，恐懼地揣想著外面到底是什麼怪物，一會兒是熊，一會兒變成豹，一會兒變成喜瑪拉雅雪人，一會兒有長鼻子，一會兒又加上血盆大口和森森白牙……

「最可怕的怪物，」我幸災樂禍地笑著，「就是人的想像。」

4 據說中亞某些山區牧民青少年有時會騷擾營地，在這種地區的嚮導多半會帶狗。

旅人星球

★走在峽谷陡坡上，注意腳下的路就好了，別像惠玲一樣往河谷裡看。後來她的懼高症是冉尼亞幫著治好的。

★雖然大部份裝備由牲口馱負，每個人絕對要帶著自己的隨身背包。內容請參考專門書。

山區健行裝備錦囊

在專門書中有很多建議。除了在第三章提到的，我們覺得以下也很重要：

★好的睡墊。在臺灣常用的鋁箔隔熱墊不行，至少要傳統的厚泡棉墊。當地登山公司都有裝備出租，可考慮租用，也許更適合當地條件。

★雨衣及雨褲。保暖的襪子、衛生衣、毛衣多帶一套。天山夏季常有驟雨、甚至暴雨，雨後氣溫低。如果衣物單薄，淋溼後無法馬上保暖，可能會造成休克，甚至死亡。我們覺得雪地運動(例如Snow board)專用襪的效果最好，特殊材質與織法可以防濕，但在臺灣不易買到。

★並不是穿得愈多就愈暖，應該注意頭、腳、前胸後背的保暖，腰部紮緊，外套以下的上衣都紮進褲腰。貼身穿一件羊毛或化纖的背心很有用。腿和胳臂幾乎是沒太大關係（到五千多公尺爲止）。

★淨水碘片或碘液，通常在高山上用不著，但還是帶著較保險。我們在天山北脈常喝雪水或泉水，但都是直接由山頂流下，沒有經過人或牲口污染的。在牧區裡就算泉水看來很潔淨，也不要生飲。

★狗用防蚤項圈，也可防扁蝨。在天山山脈不用腳夫，而是使用騾馬、犛牛或駱駝，把項圈放進睡袋或衣物中，可避免寄生蟲。借住牧民家中時也可派上用場，但別讓主人們瞧見。請見第六章。

★背包內的衣物用塑膠袋密封，否則下雨及渡河時容易打溼。有一次冉尼亞等三人的睡袋全在過河時浸濕了，我們的是以防水睡袋套套著，只有表面沾濕了一點。

第十六章　冰河下的一夜

八月二十五日，今天的路程是最輕鬆的，繼續在大克敏河的U型谷地裡往東前進，預定在一個冰河遺留的小湖旁紮營，據說那是整個天山北脈裡最美的地點之一。整隊出發前，魯斯坦有件事要告訴我們三個女生。

「聽說湖裡有水怪。」魯斯坦一臉嚴肅。

「眞的嗎？什麼樣的水怪？」惠玲睜大了眼。

「不知道。可是據說半夜裡會爬上岸活動。」他還是面不改色。

「哇！」惠玲驚慌了幾秒鐘才悟過來魯斯坦是逗著她玩兒的！

天氣也好了。總算不下雨、不下雪、不下冰雹，不下任何東西，我們走著都冒汗了。瑪莎比較怕熱，換了短褲，被谷地裡半個人高的青草刮得直叫疼。

當初安排這趟上天山，是爲了體驗一下南北絲路之間的孔道。天山北脈與中脈以北，也就是今天的新疆準葛爾盆地、西伯利亞與哈薩克斯坦南方，是草原絲路必經之地，北方游牧民族的領域；天山北脈與中脈的西南方，也就是今日烏茲別克的費爾干那盆地一帶，是沙漠綠洲絲路要衝，農業民族定居於此；介於這南北兩大區域之間，則是今日吉爾吉斯與哈薩克之間的塔拉

海拔4200米，前人留下的俄文碑。

斯河與楚河，即唐代漢文典籍中的怛羅斯河與碎葉水流域。北方草原游牧民族往往穿越天山北脈中許多貫通南北的山口，前往南方富庶綠洲，或是交易、或是掠奪。對中國人來說，這些游牧民族裡最耳熟能詳的是烏孫、匈奴、西突厥。在哈薩克東南部的「七河之鄉」、塔拉斯河與楚河流域、以及伊塞克湖沿岸，考古學家還能找到古代游牧部族的遺跡；這些草原民族早已消逝在歷史中，他們的血緣卻也許存在於今日的中亞民族身上。

我們所走的這條路線，就是當年北方游牧民族南下的通道之一。谷地裡很安靜，柔風撫過草原發出細碎的欷訴聲。西漢元封年間，武帝遣嫁解憂公主給烏孫王莫昆。「願爲黃鵠兮歸故鄉！」也許公主也曾經在這天山草原上引領東望吧。

雪水匯成無數激流，從兩側綿延不斷的雪山上沖刷而下，滔滔注入大克敏河，是今天路程裡的唯一阻礙。若是涓涓細流，能夠踩著石頭淌著水過去還好；然而大多數情況下溪水較深，我們必須赤足從冰涼的雪水中快步走過①，稍有遲疑，雙腳就在水裡凍得發麻。有時水面寬廣，水流既深且急，就得騎馬渡河。馬兒下了這樣的水裡也會猶豫起來，偏偏三個女生又是毫無騎術可言，往往急得岸上水裡所有人大喊大叫，熱鬧極了！

我們的隊伍通常是由男孩子帶著馱馬斷後，因爲他們速度快，若是領頭很快就走遠了；瑪莎帶著我和惠玲走前面。只要不下大雨，惠玲就忙著拍照，剩下我和瑪莎邊走邊聊。她是個很有趣純眞的女孩，有年輕人的單純邏輯，我總是聽的時候多。

「你相信有上帝和天堂嗎？」有時她喜歡討論這樣形而上的問題，而且是沒有答案的問題。我對她解釋了中國人的生死觀，中國人是不太在乎宗教的，只管現在過得好不好。

「我是不相信眞有上帝。」她說。我沒再追問。「你看那些不幸的人，連

1 這個地方沒有青苔，不會滑跤。

基本溫飽都沒有，可是壞人還是有手段賺大錢，如果有上帝祂爲什麼看不見？」瑪莎的語氣帶著茫然。我想起聖彼得堡街頭行乞的老人們，這眞是上帝的錯嗎？

不多久，她也就把低落的情緒拋開，要我講講工作和旅行，不時地發出好奇與驚異的歎息。對她來說，這個世界還很大，總有一天要出去闖闖，十年前我不也是這樣？

草原上還長野蔥，頂上開白花，我告訴瑪莎這是中國人每天必吃的佐料。她馬上一臉期待地拔起一根蔥葉就往嘴裡放，我攔都來不及！

「呃！」她馬上又拿了出來，臉上皺成一團。我哈哈大笑：「要煮熟了才能吃！」

今晚在大克敏河源頭的傑西爾湖畔紮營，突厥語是綠湖之意。本來一路溯大克敏河而上，傍晚快到湖畔時這條捲著白浪的河居然被一座碎石丘硬生生截斷了，河水到底是哪兒來的？冉尼亞指給我們看，這座碎石丘橫亙谷地，截斷了水流，在另一面截堵出傑西爾湖，但是湖水仍從這一面腳下流出，繼續由原有河道滾滾西流！他用了「moraine」，「冰磧石堆」這個字，但惠玲和我認爲這是強烈地震造成的，不過登山術語中moraine也包括一切碎石坡。

這奇特地形之形成，是經由地震後砂石滾向河流的出口，而卻又堵不住河流向外延伸的生命力。

湖並不大，水呈碧藍色，水溫極低，它的源頭是一座冰河，從湖畔往東望近在眼前。第二天早上到湖邊取水盥洗時，發現湖面在夜裡結了一層薄冰。瑪莎和我還拿起一大片冰給大家瞧瞧。惠玲屏氣凝神等待晨曦的最佳角度，當陽光照上湖邊垂直的花崗岩壁的時候，冰河與整個湖上都籠罩在透明的藍光裡！數分鐘後太陽上升、光線轉強，奇景消失。

八月二十六日，這一整天我們將折而向南，溯阿克蘇河往崑吉山脈上走，直走到阿克蘇冰河下方紮營，海拔約三千五百公尺。冉尼亞說那裡比前面的營地都來得冷，要有心理準備。

一轉入狹窄陡峭的阿克蘇河谷，就與前兩天水清草長的大克敏河谷完全不一樣了。兩側岩壁緊逼，谷裡亂石堆積，午後不見陽光，強勁的冷風從四千二百公尺的雪山上往下直灌，毫無屏擋。在一道少見的甘泉旁，我們吃完午餐，忽然冉尼亞問惠玲和我，是不是今天別往上走了，就在這兒紮營。我們有點詫異，雖然這是一個紮營點，但現在才下午二點多，沒理由不往前走。

「因爲這是路上最後一道泉水了。若是現在往上，要到最後一天才有比較乾淨的水可喝，現在開始我們只能喝阿克蘇的河水，他擔心你們喝不慣，」瑪莎繼續翻譯，「河水裡全是砂石，很渾濁。突厥語裡『阿克蘇』的意思就是……」

「White water（白色的水）。」我接下去。他們一臉驚訝：「你

右方羊腸小徑，就是我們前往Jasyal-kul湖的道路。

知道？」我笑笑，沒告訴他們這個名字從小在課本上就學過，整個中亞不知有幾十個「阿克蘇」呢。翻譯成中文該說是「濁水溪」吧。

傍晚在強風中紮營，原來就不甚牢靠的帳篷給吹掙了線，大家用我帶來的寬膠帶七手八腳黏了半天。營地後方稍有巨石屛擋，但是在帳篷裡仍凍得人發抖，我們趕快到溫暖的「餐廳」幫忙準備晚飯。

魯斯坦感冒了，喝完湯就回帳篷睡了。今天一整天他的氣色都很差，卻不肯吃藥，逞強不肯休息，我們都爲他擔心。午餐時，我對他說：「只有被寵壞的小孩才不吃藥。」他一臉理直氣壯：「我本來就是小孩。」

我好氣又好笑，從外套口袋裡掏出一片西洋參遞過去。「你不是問我人參的事嗎？這是其中一種，感冒了也可以吃。含在嘴裡。」他乖乖照辦。

這幾天相處，我已經把他們三個脾氣摸熟了。魯斯坦可能是遺傳了父親的藝術家個性，看來憂鬱羞怯，實際上熱情激動，心裡有什麼全放在臉上，開心時笑容最燦爛，不如意時(尤其是那匹壞馬一路搗蛋的時候)就忍不住咒罵；想到什麼就說就問，有幾次瑪莎微笑皺眉不肯翻譯，大概是嫌太莽撞了。

冉尼亞可能是擔任幼兒園教師的母親從小管教甚嚴，一言一行極有分寸。與好友魯斯坦相反，最困難的時候在他臉上看不到焦急，最輕鬆不拘的時候他也沒有一句唐突的話。

魯斯坦和瑪莎喜歡問我們關乎個人的問題，冉尼亞對社會、政治、教育有興趣，而我一向很少起頭。某晚當我應要求講述了自己的家族源流之後，忍不住問：「你們兩個呢？你們家到中亞多久了？」瑪莎一家是十年前才來的，我已經知道了。

「我們的父母都是在中亞出生的。」魯斯坦回答。

他接下去：「我的父親是韃靼人，母親是俄羅斯人。」我看著他深褐色的圓臉與綠色眼睛，想到普希金筆下的敖德薩。一九四二年，克里米亞的十八萬韃靼人被押往中亞的流刑犯居留地，另外五千人送往莫斯科附近的煤礦場，還有六千人送往前線。我不知道有多少雙熱情而憂鬱的眼睛此生沒有機會再看見澎湃的黑海。

「我的母親是俄羅斯人，可是祖父是烏克蘭人，祖母是日耳曼人。」在手電筒的微光下，冉尼亞的頭髮帶著烏克蘭金秋麥田的顏色，我發現他的雙眼是很深的普魯士藍，在東斯拉夫人裡很少見。

「我父親和我自己兄妹三個的民族登記都是日耳曼人。」直到蘇聯解體，流放中亞的日耳曼人仍承受著異樣的眼光，有些當地人甚至以爲他們是二次世界大戰中的德軍俘虜與後裔。

「我們有許多親戚都到德國去了，」他不說「回到」。「祖母不會說俄語，小時候在家我們說德俄兩種語言，可是長大後就忘了。」

「眞可惜！德語很難呢。我學過半年，現在全忘了，不用功。」我微笑著說，想讓氣氛輕鬆一點。

「後來我在學校裡又學了五年。」冉尼亞看著我，「不過現在我要努力學英語了。」他微笑。

但是也在這兩天裡，我發現惠玲愈來愈沉默。晚上閒聊的時候她總是坐在一旁，不開口，也沒有表情；然後以疲倦為由，早早回帳篷去，卻又不睡，亮著手電筒寫日記。我明白她有心事，但是問她也不說，今晚也一樣。我不想找麻煩，明天就要登上此行最高海拔了，我想睡個好覺。可是發難的是她：「剛才我要問那個問題，你為什麼不准我問？」語氣很嚴厲。

「什麼問題？」想了一下，原來是今天我們才知道整個行程比原來的計畫多一天，一共是八天，但冉尼亞說一向是八天，何況他已經和接人的公司機約好了，八月二十九日上午十點。惠玲擔心小鬍子要以此為由加收一天費用，剛才想問冉尼亞是否能趕路，把行程縮短，但是被我攔住了。「這根本不用問。我保證他會告訴你可以趕，但是我們三個會累得半死！而且就算小鬍子要敲我們一筆那還能怎麼辦？」這種事値得生氣到現在？「這根本是個蠢問題。」我不假思索地加了一句。

惠玲的反應激烈得嚇我一跳：「就准你自己講話，不准我講話？我自己蠢要問蠢問題不行嗎？」連聲音都發抖了。

我也來氣了：「什麼我不准你講話？你自己每天臭著一張臉不知道誰招惹你了！說是要休息爲什麼又不睡？日記一天不記就忘光了嗎？就値得你硬把手電筒帶走，害我們都坐在一團漆黑裡？」我實在生氣惠玲不知道照顧自己，但怒上心頭也顧不得把握重點了。

「這是我的手電筒！我就是要用！我就是要拿走！」黑暗中我看不見，但是我知道她的表情跟語氣一樣激動褊急。

無理取鬧，這是我最恨的態度，即使當時我自己也理智不到哪兒去。「你就是無理取鬧！我告訴你，有什麼事不說出來，誰也解決

馬兒行到此，也身心俱疲。

不了！你有本事不說就別往別人頭上出氣！」

忽然傳來瑪莎的聲音：「你們還好嗎？」我一下子冷靜下來：「沒事。對不起！」

「沒關係。快睡吧，明天很辛苦呢。」

我知道惠玲一定有什麼困擾，但是她自己拒絕面對，誰也幫不上忙。「剛才蠢不蠢的那些算我說錯了可以吧。你明天一早就去問，愛問一百一千個問題我絕不攔你！現在讓我睡覺，你也快睡，累的時候吵架是吵不出什麼結果的。」

惠玲和我都不再出聲。明天就是最困難的一關了，為什麼不能讓我平心靜氣睡個好覺？

旅人星球

★寬膠帶太有用了！對我來說，這是僅次於瑞士小刀的重要裝備。
★在中亞，民族問題頗為敏感，不熟的朋友最好不要提。
★可準備橡膠長靴或到膝蓋長的鞋套，涉水時就不必脫鞋襪。

第十七章　登上四千一百公尺

第二天早上起來，魯斯坦的感冒已經痊癒了，爲大家準備的早餐是牛奶麥片粥；果然是「阿克蘇」，粥裡的砂石讓人牙磣，只好囫圇吞下肚。早餐時，惠玲問冉尼亞：「我們可不可以今天就走到最後一個營地？」冉尼亞有點驚訝，當然可以，但是要走十小時以上，你們三個女孩支持不了的。我在一旁聽著，沒說話，也沒往惠玲臉上看。

今天是八月二十七日，惠玲和我從北京出發滿二個月的日子，我們即將面對此這次旅行裡最高的挑戰，北阿克蘇山口。陽光普照，雪峰及冰河反射的紫外線很強，大家都擦了防曬乳，戴上太陽眼鏡。男孩們破例加上夾克，待會兒一定很冷。

今天繼續溯阿克蘇河而上，愈接近冰河源頭，峽谷裡的冰磧石就愈巨大，堆積也愈厚，走起來爬高竄低非常累人，若是不小心滑進石塊之間的縫隙很容易受傷。我們小心判斷路線，特別崎嶇的路段留有前人以小石塊堆起的標記，指示出安全路線。我想起地理課本上整整幾章的冰河地型術語，怎麼那時沒人告訴我一塊冰磧石可能和一個房間一樣大？

約二小時後，河水與石塊漸漸消失，冰河前緣融化的雪水涓涓，前方出

清晨時分，湖面已結上一層薄冰，想必是夜裡的低溫形成的，突然想到「如履薄冰」這句話，一定是忐忑不安。才五分鐘光景，湖面又被強風吹縐，原來的美景全都消失殆盡。

現一片銀色冰原，寬度約二百公尺。我們小心翼翼走上去，冰面上陣陣寒氣上竄，我能感覺到臉上凍得發麻，好像走在一個大冰櫃裡，這就是阿克蘇冰河。冰河長度約四公里，到上方的北阿克蘇山口還得走上二小時。

據說全長二千五百公里的天山山系裡共有七千八百條冰河①，最雄偉的一條是吉爾吉斯天山中脈的南英格利契冰河，長六十二公里，寬三公里半，深二百公尺，下游注入新疆的塔里木盆地。跟這樣的大傢伙一比，阿克蘇冰河只是忝附驥尾，充數而已。這是一條完全不流動的冰河，厚度約一百公尺，等於一塊其大無比的天然冰。由於沒有縫隙，走在冰面上很安全，但是沒有什麼著力點，表面融化的冰水到處流淌，我們的速度很慢。瑪莎穿的是普通靴子，又沒有經驗，走著戰戰兢兢，生怕一滑跤就溜下好遠；二個男孩子也沒有任何裝備，但是已經習慣了，照樣面不改色。我低頭看著腳下淡藍色的冰河，一面走，一面胡思亂想這大冰塊裡凍著什麼東西，該不會又有一個和阿爾卑斯山一樣的「冰人」吧。我抬頭看看惠玲，她也是專心一步步往上走。

1 我懷疑這麼多怎麼可能數得過來。

海拔逐漸提高，我們已接近冰河源。源頭三面環繞冰峰，好像一只巨大的冰碗，反射出的炫目白光令人無法正視，這裡是崑吉山脈的山脊，阿克蘇冰河就是由這萬年不融的冰雪堆積擠壓而成。我們走上冰河旁的冰磧石坡，往山口前進。坡上仍有冰雪，路線崎嶇陡峭，每一步都深深陷進細碎的砂石裡，爬起來十分費力。

海拔上昇至四千零四十公尺，眞沒想到最後的二十公尺這樣長！冰河上本已寒氣懾人，山口上凜冽寒風吹透前胸後背，感覺好像什麼也沒穿；呼吸急促到不能再快，還是無濟於事！當我和惠玲終於走上四千零六十二公尺的北阿克蘇山口的時候，瑪莎帶著燦爛的笑容對我們說：「Molodyets②！你們現在已經比臺灣最高峰還高了！」

在山口上環顧四周，東西向的綿延山脊一片銀白，我們已經在雪線上方三百公尺了。五個人合影之後，我幫惠玲收起腳架，心情輕鬆地坐在地上休息。惠玲低頭收拾相機，一面對我說：「我想通了。」

「想通什麼？」我很想知道她有什麼發現。

「反正我就是笨，做什麼都不對；你就是聰明，什麼都知道！」說完拿起腳架就往瑪莎他們那邊走了！

2 俄語，「了不起」、「好樣的」。

我一口氣堵在胸口，狠狠地把手裡團成的一個雪球往山下擲，喊了一聲，怒氣沖沖站起來走過去。

午餐擺好了，就等我一個。走到面前，才發現三個年輕人全仰臉看著我，瑪莎小心地問：「你還好嗎？」

我這才警覺自己一臉不善。不對，不能這樣讓自己的情緒影響別人。馬上換上笑臉：「很好啊。」三個人也笑了：「吃飯吧。」我坐下來，冉尼亞把葡萄乾和堅果移到我面前。自從病好了一直不敢吃不易消化的高熱量食物，每次吃飯就拿葡萄乾和堅果，他好像誤會了，以爲我只愛這個。我感激地對他笑一笑，心裡想著爲什麼老朋友反而讓我不好過？

午後山口上的天氣眼看要變，往西邊山脊上望去，風起雲湧，快下雪了。我們整隊出發，沿東邊大阿克蘇河谷（又是一條阿克蘇！）前進。這條大河發源於冰河，一路往東南方下山，最後注入天山北脈南方的伊塞克湖。

下了山口，寬闊河谷裡全是灰白色沙石，河水灰濁，景色荒涼無趣，與剛才的冰河谷成對比。回頭看，剛才還在腳下的雪山如在天上！

惠玲一直走在我前頭，誰也沒搭理誰。忽然她腳步慢了下來，等我走到身邊時對我說：「對不起。你說的有道理，我的問題還是要靠自己解決，不應該帶給別人麻煩。」

走到此，有種不虛此行的振奮，身心再疲憊，全都拋到九霄雲外。

我的語氣也緩和了：「不能這樣講。這不是你自己的問題，跟大家都有關。你爲什麼不說出來，咱倆想辦法解決呢？」

惠玲遲疑了一下，才開口：「我每天都非常累，這種沒經歷過的環境、還有體力消耗，這幾天我都是天亮了才睡著，根本無法恢復。」

我很驚訝！轉過臉看著她：「眞的？你怎麼不告訴我？我全沒發現！還一直罵你。我這人神經也太『大條』了。對不起！」我想起自己剛上山生病時惠玲的關心，感到很內疚。「那怎麼辦？要不要讓大家走慢點？」

「沒關係，反正只剩明天。這不能怪你，你睡著了怎麼發現？是我自己愛吃香瓜。」惠玲笑了，我也笑了，因爲她曾做過一個報上的小測驗，發現自己愛吃香瓜就表示好面子。

「那你爲什麼不吃完晚飯就回去休息？不要愁眉苦臉坐著啊，又不是晚點名非到不可。」

「不是這樣。其實我自己很想參與。可是，你知道嗎？你周圍的人會自然地喜歡你、親近你，在蒙古的時候達娜是這樣，現在這三個小孩也是。我就是沒法跟你一樣。」惠玲的語氣好像有點遺憾。

「是嗎？我一直覺得你比我隨和多了呢，對什麼新事

夕陽西下，湖面變化萬千。

物都很好奇，願意嘗試。我好像總是嚴肅過了頭。」我不太好意思。

「可是我眞佩服你的耐性，哪怕他們對你說的話再沒有章法、幼稚到極點，你還是專心聽下去，最後他們很自然就把心裡的話告訴你；我就不行。」

「聽起來好像我應該當心理醫生。」兩個人都笑了。「可是這只是我的習慣。我才佩服你再大的壓力下還是隨遇而安，我們在薩拉朵夫的時候，你居然還能每天拎個布袋上街討價還價買這買那……」想到當時情景，惠玲和我都大笑，「……我才眞是服了你了！」

「還有一件事，」惠玲面帶詭譎的笑容，「你生起氣來眞可怕！罵起人來堵得我一句話都說不出來！」。

「彼此彼此！你那股渾勁發作也是逼得人發瘋！」我也回敬一句。二人又笑起來，連呼：「這是什麼組合啊！眞要命！」

我問惠玲：「沒事了？」。

「沒事了。」。

「和解？」

「和解。」惠玲停了一下，又說：「我看剛才在山口上三個小孩被我們嚇得大氣也不敢出。」

「說不定他們反而鬆了口氣呢，心想這兩個爬到這裡還有力氣吵架，肯定不會再出毛病！」

我們兩個互相拍打著肩膀，心裡非常欣慰。今天是一個值得紀念的日子，不只是因爲我們出發旅行滿二個月，也不只是因爲我們成功越過了北阿克蘇山口，更因爲我們學到了出發前從未想過的東西。最大的挑戰不是高海拔，也不是徒步一百一十公里，而是如何面對自己，幫助朋友。惠玲從未想過自己會在體力與情緒雙重壓力下變得自我封閉而不講理，一向走到哪裡都能適應的我也從未反省自己是否不知體諒又獨裁專斷；現在我才領悟到，其實她更有毅力，在如此不利的情況之下，她仍然完成了艱難的路程，而且做得比我還好！這樣的旅行中必須解決的壓力與張力，是在安定的環境中一輩子也遇不上的。很高興我們倆一起來了，遇上了，也一齊克服了；這就是旅行的目的。

第十八章　道別

八月二十八日，是這次健行最後一天。昨夜也許是心情輕鬆，或是因爲山脈南坡比較溫暖，惠玲的睡眠狀況好轉，早上很有精神。我卻感到心跳急促而無力，但是沒說。今天的海拔漸低，氣溫較高，應該可以應付過去。六年前我不時出現心悸症狀，因此放棄了咖啡、巧克力及可樂，茶的攝取量也減少，後來一直沒問題。昨晚不應該破例喝了兩杯極濃的巧克力，太大意了。

早餐時，我還是和大家談笑，卻完全沒有胃口。忽然，坐在對面的冉尼亞問我：「你是不是心臟不舒服？」我只好承認。

他要我馬上回帳篷再睡一下，並宣佈出發時間延後一個半小時。就因爲這個延誤，我們抵達最後一個營地時已是暮色四合，大家幾乎得摸黑紮營。我感到很抱歉，因爲自己「有始有終」拖累了所有隊友。

昨夜營地海拔約三千五百公尺，今天將順大阿克蘇河而下，降低至二千五百公尺左右。這條河寬廣湍急，荒涼的峽谷兩側是灰白色岩壁，峽谷裡有大量落石堆積，和上冰河前的情形很類似。今天我覺得特別累，無法找出呼吸韻律，落後瑪莎與惠玲一段距離，她倆不時停下來等我。我懷疑自己究竟

海拔4200米的北阿克蘇山口，是9天天山北脈健行的最高點，這裡最值得紀念的是旅行滿兩個月；在多月身心疲憊的狀態下，爆發旅行來言語最大的衝突，當然，這照片是在衝突前拍的。（相片中爲冉尼亞、右二瑪莎、右一魯斯坦）

是心臟毛病所致，還是因爲意志已經鬆懈。惠玲說我是憑意志控制體力，也許眞是這樣。

約二小時後，我們走出峽谷，前方是開展的河谷，淺綠色緩坡起伏，坡上出現了少許松柏，這是上山以來第一次見到森林。這裡已是天山北脈南坡，氣候較北坡溫和，又有伊賽克湖的豐沛水氣，因此林線較高，夏季來此放牧的吉爾吉斯牧民較多。

我正慶幸路程已趨平緩，應該不至於像剛才一樣上氣不接下氣，從後方趕上來的魯斯坦卻問我要不要騎馬。我

我們腳踩在深達200米的不動冰河上，人更顯出他的渺小。除了隨時注意腳下所踩的每一步，因爲有些是正在溶化的冰塊，若不小心滑一跤，恐怕也沒任何遮避物可以抵擋，一路滑到原始點，可不是件好事！

從海拔4200米往下鳥瞰，眞不敢相信，我們連Taiwan第一高峰玉山都沒去過，居然能徒步走上這裡。左邊羊腸小徑，即是我們即將下山的道路。

有點驚訝，而且稍微感到被輕視的不悅，男孩子們好像戰戰兢兢生怕我不行了！因此雖然騎馬很有趣，但我謝絕了，告訴他倆我還能走，如果需要我會說的。

豈知他倆直搖頭：「No！No！」他們不是這個意思，而是魯斯坦帶的這匹壞馬總是不服管，得有人騎著指揮牠。我略爲懷疑地看著魯斯坦與冉尼亞的表情，他倆再一次要求我「幫忙」，我心軟了，管它是眞是假，騎上馬讓他們放心也好。這匹馬沒帶馬鐙，魯斯坦扶著我爬上去。馬背兩側掛著兩大包裝備，我騎著看來很像轉場遷移的牧民，男孩子們也笑著說我眞是有哈薩克人的架勢了。

來自都市的瑪莎對騎馬很有興趣，不久也騎上另一匹，我們並騎聊天。這兩天瑪莎總是露出疲倦的神色，我問她是不是太累了。她這才告訴我，每天夜裡冷得睡不好，公司發的睡袋太薄了，冉尼亞把自備的較好睡袋讓給她，又讓她睡在比較溫暖的中間鋪位，還是不行。我知道瑪莎雖然白天不怕冷，畢竟耐力還是不如兩個男生，這次上山眞是苦了她了。

「你們的老闆似乎很苛刻。」我想到這家公司的高收費，還有小鬍子的進口大轎車。

瑪莎清澈的眼睛看著我：「嗯。你知道嗎，冉尼亞有三個夏季的經驗，一天的工資只有五十騰格，魯斯坦和我是他的四分之一。」

我很快地心算了一下——我的天！當時五十騰格約等於美元六毛，在阿拉木圖的普通餐廳只能喝兩杯不加檸檬或牛奶的純紅茶；四分之一我就眞不知道還能買什麼了！

「我看他也沒替你們保險吧。」一旁走著的惠玲說。

「沒有。」

「唉！『別人的囡仔死不完』！」惠玲用閩南語對我說。「反正全阿拉木圖不知幾千個大學生，就算三百個工讀生全部掛掉，小鬍子也不怕找不到人頂替。」

惠玲和我不忍心把這段話全讓瑪莎知道，只告訴她公司應該爲工讀生保險。「你們爲什麼不換一家？」我問她。

「可是它是阿拉木圖唯一一家！」瑪莎的語氣帶著無奈。

「當然不是！我的導遊書上就有好幾家！晚上再抄給你。」要是小鬍子知道惠玲和我正在「策反」，肯定又要加收好幾百塊美金。

中午二點多，我們望見一家牧民的小屋，門口草地上一個十多歲的男孩子正在假寐。主人喊住了狗，我和瑪莎遠遠下了馬走過去。這是一對吉爾吉斯族父子，家住伊賽克湖畔，夏季來山裡牧馬。馬群在對面坡上，夜裡有狼，必須輪流放哨，所以趁白天休息。

主人邀請我們小憩一下，喝點茶、吃點麵包。嚴酷的大自然裡求生不易，大家得互相幫助，因此牧民總是很好客；在山間萍水相逢也得聊幾句，互相祝福，何況是走到了家門前的客人，不坐一下吃點東西再走簡直是奇恥大辱。魯斯坦和冉尼亞額外準備了糖果、點心、茶葉、香菸，可以送給這些熱心的牧民。

主人很健談，頻頻詢問臺灣的情況，自製的麵包很香，還有堅硬的酸奶球，跟蒙古牧民吃的一模一樣。喝的是溫熱的紅茶，從一個俄式茶炊倒進與臺灣飯碗一般大小的茶碗裡。最後大家熱熱鬧鬧地照了相，稱謝而去。

谷地愈來愈寬廣青翠，坡上已全是森林，走出河谷時，惠玲和我回頭對遠方一片銀白的雄偉山峰投以最後一瞥，那是我們一步一步走過的地方，也許此生永遠不能再見！

暮色蒼茫中我們趕到了最後的營地，位於一個小湖畔，湖畔鮮草碧綠。瑪莎趁著天還沒全黑，帶惠玲和我到附近樹林裡採野生蘑菇。俄羅斯人對於蘑菇有種天生的狂熱，每到八月就成群結隊進森林找野生蘑菇，而且絕不會採錯。我們找到好多，再加上一包惠玲帶來的酸辣湯粉，煮了一大鍋鮮美的蘑菇湯。

雖然一路上波折不斷，大家還是一起走過來了。男孩子們說這是最有趣的一次健行！希望我們再來天山，要帶我們到更高更美的地方。身爲嚮導的冉尼亞問惠玲和我，看過了天山、看過了冰河，八天下來的感想是什麼？惠玲看著我，要我發言。

要說的太多，我沉吟了一下才開口：「瑪莎，記得你問過我是否相信上帝嗎？」她點點頭，我繼續：「走在這樣美麗雄偉的大自然裡，我開始相信眞有一位造物主，創造了我所見的一切。」

冉尼亞聽著，臉上出現了罕見的激動與驚奇，說了一大串俄語，瑪莎聽著張大了雙眼，趕快翻譯給我們聽：「馱馬跑掉那一天，我們三個出發以後，男孩子們花了二小時都抓不到牠，天氣又轉壞了，下起冰雹。」這一段我們是知道的。瑪莎繼續往下講：「冉尼亞既擔心又無助，他冷靜下來，在一塊大石下對上蒼祈禱。祈禱完站起身，冰雹停了，那位牧人正騎著馬渡河而來！」

眞是太不可思議了！「而且，」瑪莎還沒說完，「更奇妙的是那天牧人多瑞克出門並不爲什麼，只是心血來潮就往我們營地的方向走！」這一切除了是上蒼的安排，還能是什麼？在自然的力量下，人力能做到的只是一部份，其他的還是得交到老天爺手裡！

這是最後一晚，每個人心裡都有不捨，卻不肯說出一句。大家心裡都想

我常笑稱這是張十足「絲路之旅」的照片。杜蘊慈因身體不舒服騎馬前進，遠看彷彿就像千年前，唐三藏帶著徒子徒孫一路遠征，當然，其中誰是孫悟空、沙悟淨或豬八戒，我們也不再多做猜想。

著明天，明天再也不必早早整隊出發了。我從三個年輕人的眼睛裡看到了以前沒有的東西。

「別這樣，高興點！誰唱個歌吧！」我說。

「你唱！」三個人齊聲要求。「你唱上次那些好聽的民謠，他倆還沒聽過！」瑪莎央求我。

我唱起歌。每唱完一曲，冉尼亞就看著我的眼睛說：「More，please！」於是再唱，一首接一首。

八月二十九日，陽光燦爛。早餐時，接人的司機到了，準備二小時後出發。

男孩子把大部份裝備裝上車，他倆要帶著馬回基地。他們腳程快，又是抄近路，兩天就到。惠玲爲一路辛苦的馱馬拍照；我和瑪莎把昨天向附近牧民換來的酸奶灌進空瓶裡，讓他們帶走，這是他倆喜歡的食物。大家安靜地做自己手上的事，營地不像從前那般熱鬧了。惠玲和我爲男孩們在明信片上以中英文留言，他倆也在我們的筆記本上留言；魯斯坦熱情奔放的詩篇祝福我們，「永遠像山谷中最美的花朵一樣美麗」；冉尼亞從容不迫的字跡說出將來和我一起旅行的願望，「我永遠不會忘記你」。

昨晚惠玲問三個年輕人，大學畢業了要做什麼。瑪莎也許當老師；學農的魯斯坦說了一個專有名詞，瑪莎翻譯不出。「很好」，我說，「當絕大部份人不知道你說的是什麼的時候，那保證是個偉大的職業。」大家都笑了。接著，出人意料的，總是有條有理的冉尼亞說的不是什麼職業或工作，他要旅行。

「嘿！」瑪莎很興奮地對我說，「你將來不是也要旅行嗎？太好了，你們倆可以結伴去旅行！」她很滿意自己的安排。

終於到了離別的時候。一次又一次的擁抱與吻頰，雖然到現在還是沒有一個人願意說再見，彷彿這樣我們就可以再有一點時間，再有一點點時間。

「讓我們彼此祝賀到了岸，
歡呼吧！不是嗎？

早該說再見！」①

我們三人上了車，男孩子仍圍在車窗旁交代一路保重。那雙深藍色的眼睛裡有了淚水。

車往前開，大家不斷揮手。轉過彎前，我看到冉尼亞很快地擦了一下眼睛。我回過身來坐好，望進前方。

別哭，冉尼亞。你會忘記的。很快。

---

1 普希金作品《葉甫蓋尼．奧涅金》第八章。

烏茲別克

據說希瓦建城已有二千五百年之久，一直是沙漠絲路上的一個點。十六世紀帖木兒汗國分崩離析之後，阿姆河下游地的花剌子模地區成爲一個獨立小汗國，希瓦是它的首都。絲路貿易與奴隸市場帶來豐碩的稅收，城中蓋起了優美壯觀的伊斯蘭式建築，因此在中亞流傳著一句古諺：「我願以兩袋黃金的代價，但求看一眼希瓦。」

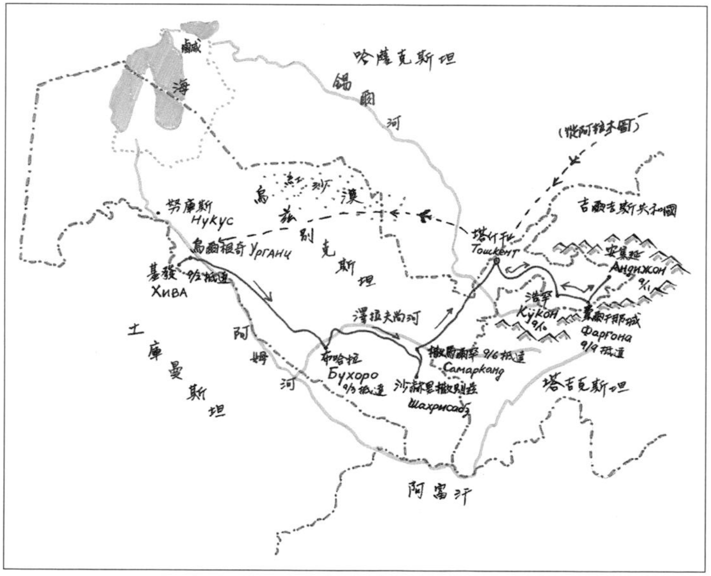

第十九章　飛到塔什干

我們的車沿著深藍色的伊塞克湖北岸往西，在天山北脈較低處轉而往北，進入哈薩克南方草原，折而往東，回到阿拉木圖時已將近晚上九點。一進乍看之下頗爲豪華的旅館房間，瑪莎驚歎：「哇！你們現在跟女王一樣了！」她留了電話號碼，說好我們離開哈薩克前再聚聚。終於到家了，她一定既興奮又輕鬆吧。

惠玲和我卻比以前還沉重，也許我們倆都希望最好一輩子別下山，免得又要面對還沒解決的問題：付款糾紛。剛才櫃台給我一張留言，前幾天父親打電話來了。時間還不太晚，我馬上打電話回家。

電話那一頭是焦急的聲音，二老簡直以爲我被綁架了！父親曾電傳要求旅行社說明匯款情況，回信卻語焉不詳，只三番兩次要求再付一次；他已經向臺灣的匯款銀行查詢了，還沒有回音。父親說是否有什麼駐外單位可以求助，中國大使館也行。這種化外之地還有什麼駐外單位，最近的也在莫斯科吧；中國大使館要不要管這閒事就得看他們的心情了。現在就是繼續催我們的銀行，原本預計八月三十一日離開哈薩克，還有一天，看看有什麼進展吧。

撒馬爾罕聞名的三大神學院。

講完電話，我壓抑住滿腔怒火，對惠玲轉述。這件事已經不光是錢的問題了！這些傢伙居然膽敢驚擾我千里之外的家人！我非跟他們周旋下去不可！

這一夜本該是艱辛路程之後甜美的休息，我們兩人卻無法合眼。現在唯一希望就是臺灣匯款銀行的回音，證明這筆錢的確是匯入了這家公司帳戶。但是如果他們存心敲詐，根本否認到底，我們也沒辦法，這是惠玲最擔心的。我還是認爲不至於如此惡劣，但也可

基發汗國的甜瓜，俗擱大碗，一個約新台幣5塊。

能是公司內部問題，這筆錢神不知鬼不覺進了什麼人的口袋，我們和小鬍子卻兩頭被瞞在鼓裡。總之，若是這兩種情況，我們是逃不過再被剝一層皮了。

第二天上午，公司一位導遊打電話來問我們是否要出門走走。沒這心情，婉拒了。接著她問是否明天可以跟小鬍子見一面，解決付款的問題。那當然，我們求之不得，於是約了明天上午十點。下午公司秘書打電話來，已訂了九月一日往塔什干的機票，哈薩克簽證過期沒關係，這五國之間有三天轉機緩衝期①。那好吧。本來想搭火車離開哈薩克，現在我們是走得愈快愈好！臺灣的銀行還是沒消息，父親說真不行也只得付了。最後是瑪莎打電話來，邀請我們明天參加她的生日晚會。哇！太好了！一定去！就這樣，明天定生死，結束後再怎麼不成人形也得去見瑪莎。這天我們在旅館的豪華自助餐廳吃晚飯，一人十五美元（冉尼亞得打工二十五天！）；吃好一點，明天狠狠打一仗。

1 現在哈薩克、烏茲別克與土庫曼已廢除「七十二小時轉機免簽證」。

八月三十一日早上，那位導遊準時到了，哈薩克族，頗熱心。知道我們還沒吃早餐，又下樓端回兩盤麵包及水果。她把護照還給我們，前幾天烏茲別克簽證已辦好了。小鬍子大概生意好得忙不過來，遲遲未到。等待時她講了不少阿拉木圖的歷史與景點，建議我們下午可以去看看。

小鬍子來了。先無關痛癢地詢問我們在山上一切可好，接著轉入正題。他是完全信任我們的，所以還給我們護照。我瞄了惠玲一眼，知道她想的跟我一樣：我們這兩個人加上兩個大背包，要溜出旅館不被發現還眞不容易，你們在櫃台早就有眼線了，你以爲我們兩個是被哄大的？

小鬍子面不改色繼續。有趣的是這次不是帳戶號碼少了一號，而是該帳戶已停用，因此匯款到了卻沒人能動，現在只要我的銀行出面，我們就可以把錢拿回去，接下來唯一合邏輯的結論就是我們可以放心再付一次錢。

我實在忍不住：「上次你不是說帳號錯了？」小鬍子額上略爲見汗：「是停用了，停用。」

匯款擱置是有可能，而且的確可以拿回來，但銀行不可能不通知匯款人。我和惠玲也懶得繼續挑毛病。不過衝著這一點我幾乎可以確定他不是刻意敲詐，騙子比這聰明，即使在哈薩克也應該是。

我和惠玲商議了一下。反正都得付錢，若第一筆匯款眞的能退回臺灣，那也可以，只是接下來我們的經濟狀況會很緊，搞不好會卡在半路上。但我們現在沒有幾天可以耗，小鬍子也吃定這一點。

惠玲問：「我們怎麼才能確定錢還在銀行裡沒人動？總要確定可以拿回來才能付第二次吧。」

小鬍子聽出語氣有所鬆動，很高興：「那當然！我們現在一起去銀行，銀行可以馬上查給你們看。」

翻譯先走一步，我和惠玲坐上小鬍子的乳白色大賓士，惠玲看到擋風玻璃上好長一條裂紋，幸災樂禍地對我說：「大概有不少人對他懷恨在心。」

在銀行耗了半小時。先查電腦裡的資料，又翻了半天檔案夾。沒有，找不到。三個人都洩了氣，小鬍子面露不滿，好像真抓住了我們欺騙他的證據。我心想這銀行真夠糟的，不管錢是入了帳戶或是擱置，才二個月前的事，居然一點蛛絲馬跡沒有？我簡直要開始擔心那筆錢是在半路上失蹤了。行員反倒要我們問問匯款銀行，有沒有當初匯款的電報。這是個方法，不過就算今天能電傳過來，急的又不是這些行員，到時又給我個「查無此款」，那還不是一樣？

小鬍子大概決定對我們加以看守，建議到公司打電話回臺灣。到了辦公室，果然氣派。惠玲和我注意到一件事：小鬍子走進辦公室的時候，所有在

在烏茲別克，適婚年齡幾乎都是在16、7歲左右，照片中這對新人，感覺就像辦家家酒似的。

場職員與工讀生全都觀察著他的臉色，噤若寒蟬。我們用的是一個職員尤麗亞的電話，她就是當初和我連絡的那個女孩。我發現她的臉色特別蒼白，大概已經挨了小鬍子好幾頓罵了。惠玲遞給我一個眼色，心裡大概又在撰寫她的「呆伯特——哈薩克篇」吧。

出人意料的是瑪莎也來了，小鬍子交代她待會兒送我們回旅館，他下午再打電話給我們，說完用著老闆的架勢走了。這下可好！我心想，要是我跟惠玲眞想溜出阿拉木圖，瑪莎非遭連坐法不可！我看看她那雙清澈的藍眼睛，顯然只是爲我們擔心，還沒想到小鬍子的心計。唉！可憐的小孩！

現在已是中午一點半，臺灣時間是下午三點半，銀行裡正是忙碌的時候。我打電話回家給父親說明了，然後和惠玲像等著法庭宣判一樣等待著。現在就指望臺灣銀行界的效率了！距離父親第一次向銀行查詢已有十天，若是上蒼垂憐，也許今天就能得到回音。尤麗亞端上了茶，一臉歉疚，我對她投以同情的微笑。

半小時後，傳眞機嘎嘎響起，我們圍著等待紙頭一點點吐出來，一臉期盼與渴望，好像看扶乩的六合彩賭徒……是銀行公文，「The Bank of New York……」。出來了！我撕下一看——好樣的！這一刻我們可能比在薩拉朵夫買到票還興奮！這是中間銀行的公文，證明該款在六月某日已經進入該帳戶，雙方名稱、帳號均無誤，不同的是金額扣了十幾元手續費，我馬上知道這就是他們找不到入帳記錄的原因！會計翻出六月份帳簿——果然！銀行匯款通知上頭有我的名字與匯款國，一切清清楚楚！只是金額少了十幾元，腦筋就轉不過來了！這是什麼工作效率！難怪蘇聯會垮！要是再不改，這些獨立小國也差不多了！

惠玲和我氣得什麼也不想說，打了電話告訴父親沒事了，推開門就走。瑪莎送我們回到旅館，約好傍晚見面。

小鬍子當然沒再打電話來。

傍晚，惠玲和我散步到約定地點。阿拉木圖是個頗怡人的城市，街道寬廣整齊，許多參天大樹，低垂的枝葉輕撫地面。瑪莎穿著一件漂亮的洋裝，秀髮披肩。她的家在市區西北方的公寓區，父親是醫生，母親是鋼琴老師，很親切地接待我們。我們送給瑪莎的禮物是一盒水果香味的護唇膏，她從未見過這種東西，驚喜地拿給父母看。其他朋友們送的是卡片與花束，也許這才是他們負擔得起的禮物。晚會是和幾個朋友一起上餐廳吃飯慶祝，瑪莎點了許多俄國菜，還有直冒氣泡的果汁香檳、「蘇聯式」蛋糕—質地非常乾而粗，不過上頭居然有巧克力花飾。和這幾個小朋友一樣，惠玲和我頗能欣賞這些難得的餐點。

晚餐結束後，大家在街頭漫遊到半夜兩點。瑪莎送我們回到旅館，三個人在大廳裡擁抱著直掉淚，警衛伯伯微笑地看著我們。這次眞的是道別了！

我們會再見的！

旅人星球

★這幾年中亞軍警與海關逐漸改善，刁難的情形很少了。而且女性幾乎不會遇到這種事。若是遇上了，以下方法也許有用：先握手（我們發現中亞年輕男性很喜歡握手，不管是彼此之間或是對外國人）。態度友善但是堅定，不要離開現場。他們不太可能對你拉扯，若眞的有暴力舉動，可大喊引起別人注意。不要讓他們有機可乘，所有簽證登記、收據、票根全部保存好；護照、簽證及簽證登記都影印幾份，若是要求檢查證件，則出示影本，告訴他們正本在旅館（如果此時你不是背著包在路上）。

如何選擇旅行社

什麼樣的旅行社符合自助旅行者的需求？我們有如下心得。

★最大的未必最好，我們的哈薩克旅行社從專業登山到觀光團大小通吃，區區幾個人的小生意根本不放在眼裡。後來到了新疆喀什，喀什登山協會說以前也有幾次從哈薩克過來的西方旅人抱怨該旅行社服務態度太差。

★專接自助旅行與商業旅行的小旅行社最適合，但是要先確定是有經驗的公司。

★若是要野外活動，例如我們在哈薩克與吉爾吉斯的健行，還是要專業登山公司，但是要確定接待自助旅行者的經驗足夠。或是地區性的專業嚮導，也可考慮，但是他們沒法發簽證邀請函。

★若是旅行社有網頁，先看看他們的專精範圍，沒有網頁的就要求提供公司及一般行程簡介。提出自己想要的東西與活動，要求對方排個行程瞧瞧；進一步要報價，好的旅行社報價很詳細。

★上旅行者網站問問與這家旅行社合作的經驗。這是第一手資料，而且最具時效。

★同一旅遊線上的鄰近國家或地區往往有合作夥伴，比如蒙古與貝加爾湖，中亞五國之間。若是覺得找的這家不錯，可請其介紹在鄰近國家的合作夥伴，這樣作業與銜接也比較好。

★我們的烏茲別克旅行社資料：SAN-BUH Travel，電話：998-71-2549538，電傳：998-71-249174，e-mail：sales@sambuh.com，網頁：http://www.sambuh.com。

第二十章　兩袋黃金的代價

從阿拉木圖飛往烏茲別克斯坦首都塔什干的旅程小有波折，阿拉木圖機場海關說我們的哈薩克簽證過期了，必須繳罰款，一人五十美元。

我們早有心理準備。在這些獨立不久的國家旅行，也許連管事的相關人員也弄不清有什麼規定，寧願錯殺一百，也不願放過一個，罰款總沒錯。送我們到機場的旅行社秘書與他們分辯，我們有烏茲別克簽證，在哈薩克就有三天轉機時間，沒有結果。我和惠玲不吭聲，因爲當初是公司自己說沒問題的。秘書打電話請示小鬍子，總算他還上道，由公司代付，我們才順利上了飛機。

由於訂位太晚，只剩下頭等艙座位。我們作夢也想不到自己居然跑到這地方來搭頭等艙！航程不過兩小時，頭等艙和經濟艙之間不過是以布幔隔開，但服務人員的確笑容可掬，頻頻送上飲料。

抵達塔什干國際機場準備出關，讓我們提心吊膽了一陣子。之前被導遊書危言聳聽了幾個月，描述的塔什干國際機場簡直是人間地獄：雜亂無章、表格也要花錢買、專找外國自助旅行者的麻煩，還有隨時準備敲詐幾塊美元的海關人員，這些書老實不客氣形容他們是「貪婪、刁難、肆無忌憚」，此外還有許多最高級負面形容詞。

新落成的機場寬敞明亮。惠玲打頭陣，移民官員對她的護照挺有興趣，翻了半天，問有沒有烏茲別克當地旅行社的邀請函；我馬上拿出來，當然有，沒這個根本不能辦簽證；他看了一眼就蓋章通過了。

還有海關要過。排隊時，我們膽戰心驚看著旁邊一個商人模樣男子的行李被細細搜檢，耗了好長時間，想到自己帶的兩個相機、幾十捲底片、成藥及注射針筒；離開阿拉木圖前一晚打包時我們特地把一些小玩意放在背包最上層，計算機、打火機、鑰匙圈、瑞士小刀等等，用意不言而喻。輪到我們

撒馬爾罕三大神學院內部。

了，戰戰兢兢遞上一張報關單（免費的），烏茲別克族的官員不緊不慢地說：「Two, please。」應該填兩張。我馬上再填了一張，他耐心十足地等著，寫完交過去——「O.K. That's all!」蓋上章就放行了！

走出大廳，我們兩個還如在夢中。也許是這幾年國際旅客增加了，服務隨之改進；或者很多時候其實是某些西方旅行者太過大意，以西方法治標準判斷其他制度與文化，才給了一些人可乘之機。在中亞旅行的確會有不少麻煩，卻不是針對外國旅客，而是所有人都有可能遇上，真正是行路難！因此我們籌劃中亞行程時就決定交由當地旅行社安排交通與住宿，以後再來就自己跑吧。

我們的烏茲別克旅行社規模不大，辦公室就在自己的家庭旅館裡，年輕的烏茲別克族兄弟倆從英國留學回來。進了辦公室，負責跑外務的哥哥接待我們，他打扮新潮，很機靈，頗得人好感。他再次解釋了我們在烏茲別克的行程與收費，我和惠玲得動用剪刀才能把藏起的美鈔掏出來付錢，他暫時迴避了，臉上帶著有趣的表情。

基發旅館早餐。

明天先飛到西北方阿姆河下游三角洲的烏爾根奇，那兒將有一位駕駛等著我們，以八天時間溯阿姆河而上，探訪沿途絲路古城。今天住的是公寓，抵達時，斯拉夫裔的主婦已經開了冷氣，帶著兩個孩子出門，把這個兩房一廳的公寓留給我們。木製家具陳舊卻結實，好像有用上幾十年的打算，可能是蘇聯時代連公寓一起分配的。客廳裡有不久前的英國報紙，看來最近有過其他住客。廚房有以火柴點燃的瓦斯爐，我們燒上水泡了茶，現在剛過中午，氣溫起碼三十五度，沒法出門。

在開著冷氣的臥室裡睡了一覺，已是傍晚。我們到陽台上觀望。塔什干是中亞第一大城，這一帶是蘇聯建造的新城區，有不少公寓。馬路上電車叮叮響著，帶回下班回家的人們。塔什干的天空與氣息和阿拉木圖完全不同。阿拉木圖濃蔭處處，從容不迫，感受得到天山的清涼；塔什干帶著沙漠的塵囂，似乎絲路帶來的生命力仍蠢蠢欲動。

惠玲再次執行起她每到一地的第一個任務：出門採買。半小時後回來了，布袋裡裝著饢和蕃茄，居然還有雞蛋。她興奮地告訴我發現一家副食店，門外還有幾位老大娘賣自製食品，要我別再發懶了，趕快跟她去瞧瞧。黃昏的街道上很悠閒，路邊幾家賣烤羊肉串的餐廳，食客露天而坐。副食店裡正忙著招呼下班時間湧入的客戶，幾位店員還是很有耐心地爲語言不通的我們服務。買了通心粉、紅茶和其硬無比的散裝餅乾，又向門外的老大娘再買了幾個饢，加上從臺灣帶來的速食湯，這些就是今天的晚餐，也是接下來幾天的行糧。

九月二日一大早，我們飛往烏爾根奇，再搭車轉往希瓦。哈薩克斯坦西南部、烏茲別克斯坦中部與土庫曼斯坦幾乎全是沙漠。沙漠中的生命線是注入鹹海的阿姆河與錫爾河，這兩河之間稱為「河中地區」。河中地區與綠洲是絲路貿易重鎮，也是文化與宗教中心，數千年來歷盡異族入侵、殺伐、破壞與重建，這些綠洲城市之一就是「舊」烏爾根奇。十六世紀，阿姆河下游河道遷移，舊烏爾根奇因此失去了水源，居民往東南一百五十公里處遷移，建立起今日的烏爾根奇。

不論新舊，今日的烏爾根奇再也引不起世人多大興趣，然而它的中文舊名「玉龍杰赤」，卻曾經代表了血腥的屠城與滅亡，它是十三世紀花剌子模帝國的舊都。花剌子模蘇丹摩訶末對東方新興起的蒙古帝國下了錯誤與輕蔑的判斷，西元一二一八年，他的軍隊得到默許，在歐塔剌劫殺了一支蒙古商隊，包括商隊中由成吉思汗派來表示友好的使節。西元一二一九年，盛怒的成吉思汗親率二十萬大軍從巴爾喀什湖東南出發，先攻取了禍首歐塔剌，接著一路征服花剌子模帝國的繁榮城市，包括河中地區的布哈拉與撒馬爾罕，戰爭的慘烈前所未有。西元一二二一年四月，順阿姆河而下的蒙古大軍最後來到玉龍杰赤，和其他已經被征服的花剌子模城市一樣，守軍與嘗試抵抗的游擊隊全遭處決，往日的生命之水變成了毀滅的工具：蒙古人破壞河道，使得阿姆河水潰決淹沒了城牆。玉龍杰赤的工匠與部份人口成為奴隸，被送往蒙古高原，蒙古軍隊實行了高效率而有系統的破壞與掠奪，只為僥倖存活的市民留下一座空城。

摩訶末在撒馬爾罕投降前夕出亡，逃往波斯境內尋求庇護，成吉思汗的兩名驍將哲別與速不臺一路追蹤，將這個地區一樣納入蒙古帝國版圖之下。西元一二二〇年中，走投無路的摩訶末逃入裡海的一個小島；十二月，這位因爲自大與輕敵而惹來亡國之禍的末代蘇丹，就在小島上因病死去，病榻上只有一張氈子。

然而西方的恐懼才剛剛開始。成吉思汗繼續往南越過興都庫什山，攻取阿富汗；哲別與速不臺從波斯繼續往西，進軍高加索與黑海北岸，再轉往北方大敗羅斯公國聯軍，然後取道伏爾加河回到亞洲，與留在中亞的成吉思汗大軍會合。當成吉思汗回到蒙古高原的土拉河畔，已是西元一二二五年了。這就是第一次蒙古西征。

在蒙古帝國與其後分封的四大汗國統治下，歷經毀滅與屠殺的城市迅速復興，畢竟這並不是第一次，也不是最後一次。從俄羅斯到阿拉木圖的火車旅程上，我們經過了這一串連鎖反應的起源、如今屬於哈薩克斯坦的歐塔刺，其地只剩一片荒涼的乾草原。漫漫黃沙上的血跡總是很快就被吸乾，不留痕跡，只在堅毅的沙漠

布哈拉回教建築及其內部。

子民的腦海裡留下慘酷的回憶。從烏爾根奇往古城希瓦的公路兩旁盡是棉田，阿姆河帶來的生命至少在這裡仍源源不絕。

據說希瓦建城已有二千五百年之久，一直是沙漠絲路上的一個點。十六世紀帖木兒汗國分崩離析之後，阿姆河下游地的花剌子模地區成爲一個獨立小汗國，希瓦是它的首都。絲路貿易與奴隸市場帶來豐碩的稅收，城中蓋起了優美壯觀的伊斯蘭式建築，因此在中亞流傳著一句古諺：「我願以兩袋黃金的代價，但求看一眼希瓦。」

回教古時參拜之所。

當我們接近希瓦古城的時候，卻有點失望。這座沙漠環繞的城市一逕是土黃色的，稍有頹圮的泥磚城牆讓人想像不出當年的富庶與繁忙。投宿的家庭式旅館就在城牆外，是傳統民居。外有泥磚砌成的高牆與門樓，兩扇狹窄的木門旁有可供納涼休憩的紅色坐墊，是一片土黃中的點綴；推開門走進去，天井裡是一架淺綠的葡萄，一畦茶盞大小的玫瑰，沿牆蔭涼處放著一溜甜瓜，木雕門廊下鋪著鮮豔的毯子；惠玲和我眼睛一亮——果然有想像中絲路綠洲的風情！

我們的房間不大，兩張傳統木雕裝飾的單人床，一套書桌椅。軒敞的天花板上裝著吊扇，向外的牆上高處有通氣窗。向天井的牆上一扇木櫺玻璃窗，往外推開，進來一室濃蔭，是那斜架的葡萄，既涼快又隱密，主婦剛在天井裡和走廊上灑了水，緩和一下這攝氏四十度的氣溫。

午飯時間到。我們脫了鞋，走上鋪著毯子的門廊，進了寬敞的客廳，這是我們第一次進入傳統烏茲別克民居。進門後左手邊是略爲高出地面的一區，木造地板上鋪著地毯，中央一張長矮几，四周放著鮮豔的坐墊，大家席地而坐。幾扇大玻璃窗上白紗簾長可及地，顯得明亮而涼爽①。桌上許多碗盞，裝著乾鮮果品，少不了的是甜瓜，三角洲的名產。每餐必備的是綠茶，以傳統茶碗取用，西方遊客往往要求換成紅茶，但是對我們來說，一壺熱騰騰的綠茶正是求之不得。主食之一是饢，今天中午的主菜是munti，羊肉餡的大蒸餃，沾醋食用。在中亞及新疆的兩個月裡我們幾乎只吃羊肉（或只有羊肉可吃），惠玲很慶幸自己在蒙古時已經磨練習慣了羊味！

吃完午飯，正是昏昏欲睡，約好的導遊來了。其實在這樣的小城未必需要，但是時薪不貴，又可藉機聊天，了解一點點當地生活。她是艾西亞，三

1 烏茲別克族與維吾爾族的民居非常類似。

十出頭，身穿連身洋裝，打著陽傘，講話細聲細語，走路從容輕巧；我覺得她不像烏茲別克族。

一進城門，迎面而來是一對身著西式結婚禮服的新人，稚氣未脫，看來都不到二十歲，不少親友簇擁著，正在拍照留念，還有V8伺候。九月是烏茲別克的結婚旺季，因爲氣候宜人，又不必忙於農事。艾西亞說這是希瓦一帶的風俗，婚禮當天新人一定要來城門附近走走並拍照。惠玲也趕上去拍，親朋好友還頗爲愼重其事地將我們兩個老外攝入鏡頭。

「花剌子模」意爲「太陽的土地」。在這樣的氣溫裡，在下午兩點出門，簡直是不經大腦的決定。這個沙漠中央的城市，建築物全是泥磚砌成，再抹上還是土黃色的泥灰。有本書上形容撒馬爾罕是藍的，布哈拉是黃的，我眞懷疑作者沒來過希瓦。當我們爬上舊宮殿的最高點鳥瞰整個古城的時候，我實在忍不住了，問艾西亞：「希瓦不是綠洲嗎？怎麼一棵樹也沒有？」樹還是有的，不過都在郊外。沒錯，來希瓦的路上我們看到不少果樹。「所以在以前木料特別貴，一般民居用不起木料裝飾。」話是不錯，可是我仍然不知道爲什麼城裡不能種幾棵樹，也許本來是有的，後來砍光了。

我和惠玲再往上爬一層，這是個露臺，據說往昔希瓦汗不時在此俯瞰他的都城，享受君臨天下的樂趣。現在眼前一片泥黃，在正午的陽光下特別刺眼，四十度的熱風把我們的長袖襯衫吹得蓬鼓鼓的。很遺憾我們兩個都無法發現什麼樂趣，我眞要開始懷疑那兩袋黃金的諺語了。

希瓦原有不少清眞寺與經學院，蘇聯時期大都改爲博物館。在博物館裡服務的是當地婦女，穿著中亞民族偏愛的鮮艷寬鬆洋裝，紮著花花綠綠的頭巾，不少還帶著兩三個孩子，艾西亞來了紛紛打招呼。看來這小城的導遊人數不多，他們都很熟了。

也許是時間不對，沒人出門，除了博物館裡的婦女兒童，以及舊宮小廣場旁賣冷飲的小販，整個希瓦城空無一人，彷彿它的生命已被榨乾了，而這些保存完好的建築只是博物館裡的標本。我心裡非常疑惑，在這巷弄兩邊的高牆之內，應該還有蓬勃喧鬧的日常生活才對，只是我們不得其門而入。後來我們凡是在綠洲城市一概有這種被孤立的感覺。爲了適應自然環境，也因爲數千年來異族入侵的教訓，綠洲城市的民居一定是高牆重門深鎖，外牆上絕對沒有一扇窗戶。正午走在這些巷弄間，經常有進入了一座空城的錯覺。這種經驗與草原上或高山上的遊歷完全不同，在那些地方，俯瞰一切的是大自然，誰都是掙扎求生的角色，誰都有開誠佈公的義務；在這裡，一圈簡單的高牆就足以點出你我的區別。然而若是有幸推開其中一扇高大的木門，進了牆後那個充滿生活氣息的世界，旅人的孤寂就暫時消失了。

艾西亞帶我們進了一扇精細雕花的門內，這是城裡的木匠家，我們旅館房間裡漂亮的木床就是他們的傑作。有些小擺飾供遊客選購，幾個西方人正在欣賞。院子裡大小學徒唰唰推著刨子。走出來，掩上了門，歸於寂靜。耀眼的陽光下一個著紅的苗條身影閃進一扇門裡。我不知道到底那是幻影，還是我自己才是沙漠裡的游魂。

艾西亞指著前方巷弄盡頭，一座閃閃發亮的藍色穹頂，上頭戴著一彎金黃的新月，在一片寂寥的泥黃中特別吸引人，就像沙漠裡的泉眼。那是帕赫拉萬•馬穆德的陵墓。我們走進高牆環繞的小巧天井，四周花木掩映，清風徐來，心頭頓感寧靜，艾西亞說這是希瓦城中她最喜歡的地方。

我們坐在門邊遊廊下，聽她解釋這位聖徒事蹟。帕赫拉萬•馬穆德本業是一位裁縫，也是一位詩人、哲人、勇士與虔誠的穆斯林，終身服膺眞主與穆聖。西元一三二六年去世之後，他成爲希瓦的保護聖徒。十九世紀，希瓦汗重修陵墓，並將自己的家族墓園安排在緊鄰。這棟精美的伊斯蘭式建築滿布天藍色的碎磁鑲拼，我們脫鞋進入，左側一片繁複的波斯式鏤刻木雕之後就是聖徒的墓室，許多朝聖者將紙幣當作奉獻投入，祈求保佑。

中亞的穆斯林大多屬於遜尼派中的正統派，但是也受到蘇非派的神秘主義影響，因此允許聖徒存在，聖徒崇拜非常興盛，有權勢的家族都把墓園安排在「麻扎」②旁，以求最後審判來到時能與聖徒一起進入樂園。這個庭院中有一口井，前來朝聖的穆斯林正在以井水做祈禱前的小淨。傳說這是聖潔之水，飲下第一杯可延壽百年，第二杯可再延壽百年，貪心不足的第三杯則會使人當場斃命！

從陵墓出來，心情略有不同。也許是宗教撫慰與寧靜的力量，或是因爲已是下午，陽光不那麼刺眼了。兩位烏茲別克族婦女和艾西亞打招呼，笑著

2 阿拉伯語，mazaar，「聖墓」。

走了。艾西亞說她倆打趣今天她可找到姐妹了，原來艾西亞是鹹海一帶的卡拉卡帕克族人，血源與語言接近哈薩克族，因此臉孔比較像蒙古人種。她來自努庫斯，烏茲別克北方卡拉卡帕克自治區的首府，不過丈夫是烏茲別克族，因此定居希瓦。

努庫斯在二三十年前還是個頗有希望的新城，當時整個阿姆河口三角洲都是。蘇聯大規模發展阿姆河與錫爾河的灌溉系統，烏茲別克與哈薩克的沙漠變成了棉田，人力戰勝自然。然後是自然的反撲，比存在千年的沙漠還要兇猛、還要絕望。由於主要水源在半路上就被劫奪，從七〇年代起，鹹海面積與水量逐漸萎縮，而且速度愈來愈驚人，西元一九八七年，它已經分成兩個不相連的湖泊，兩條大河下游只是斷斷續續注入；到了九〇年代中，原本位於湖邊以魚撈爲業的城市，就再也望不見昔日藍色的鹹海了，因爲湖岸已經退縮了不只四十公里！

漁業無以爲繼只是這場浩劫裡很

布哈拉舉世聞名的布偶，你是否也注意到了？老闆的長相和布偶頂像的！

小的一部份，當初蘇聯專家怎麼也沒想到在天然條件嚴酷乾燥的中亞，位列世界第四大湖的鹹海有多重要的調節作用。鹹海萎縮的同時，乾旱也愈嚴重，降雨量也愈少。原來位於湖畔的城市氣候劇烈改變，冬酷寒、夏酷熱。發展農業時大量使用的殺蟲劑與除草劑，一路順流而下，最後擱淺在昔日的河道與湖床上，毒害著居民與土地。

最後我們到巴扎③，地攤上全是翠綠與鵝黃的瓜，艾西亞幫我們各挑了一個，捧在懷裡沉惦惦的。她說回去湃在一盆冷水裡，晚上就能吃了，她的小兒子最愛這個。回旅館前，我們和她道別，送給她一張臺灣的郵票爲紀念。「眞漂亮！我兒子會很喜歡的。」她祝我們一路順風。古城的巷弄中，我們看著艾西亞在斜映的餘暉下走遠，裙襬在晚風中悠然飄動。

3 波斯語，bazaar，市集。

旅人星球

★沙漠裡很熱，但在沙漠裡首要是隔熱。戴上有帽簷的帽子，衣物寬鬆，長袖長褲，上衣最好有衣領，既通風又隔熱。

★在俄羅斯及中亞最容易買到的瓶裝水是Bon Aqua，有氣泡。無論如何要習慣。

★烏茲別克與新疆的瓜都很有名，物美價廉；但吃多了容易消化不良。最好不要在晚上吃，而且吃完不要馬上喝茶。惠玲有慘痛經驗！

★在烏茲別克與塔吉克族聚居處，注意言行及衣著保守。

★基發旅館資料

Hotel Argonchi，地址：Pahlavon Mohammed 10，電話：998-362-52230。但這家人似乎不諳英語。

第二十一章　伊斯蘭的棟樑

九月三日，今天要沿錫爾河穿過紅沙漠，抵達烏茲別克中部的名城，布哈拉。它曾是中亞伊斯蘭文明的中心，「當別處承受著來自天上的的光輝時，唯有神聖的布哈拉從塵世榮耀著天堂」。

布哈拉與撒馬爾罕一帶第一次進入中國人的世界觀，是在西漢武帝時期。張騫從今日費爾干那盆地歸國之後，帶回了西域的消息，當時河中地區的土著居民是著名的商業民族粟特人，中國稱這一帶爲康居①。定居於綠洲城市的粟特人文化發展很尚，曾經征服粟特人的游牧民族向他們學習了書寫文字與城市文明的字彙，日後的蒙文與滿文字母也是由粟特文字演變而來。②

隨著中國積極往西發展商業與軍事活動，粟特商隊不辭艱辛地往東越過沙漠、翻越雪嶺，進入中國的勢力範圍，遠達洛陽，從事貿易或長期居留。河中地區始終是絲路中道的重要地段。在漫長危險的旅程中，指引保祐他們的是祆教、摩尼教、景教與佛教諸神。南北朝時期，來自河中地區的佛教僧

1 其自稱爲Sogd。英文是Sogdien，因此河中地區Transsoxiana又被稱爲Sogdiane。

2 後來回鶻人用粟特字母拼寫自己的語言，就是畏兀兒文。十三世紀蒙古人向畏兀兒人學習這種字母，創製蒙文；明末滿族人又從蒙古人處學來，創製了滿文。

費爾干那賣香料的小販，讓我想起了小時候塗鴨用的彩色筆。

侶在中國翻譯了不少佛經。粟特商人或雙手合十禮佛、或跪地奉獻供品的虔誠身影，一直留存在吐魯番的柏孜克里克千佛洞的壁畫中，直到二十世紀初被德國考古學家剝除運往柏林，最後在第二次世界大戰中毀於同盟國轟炸。

然而中亞的主要統治者一直是來自四周的民族，包括來自西方的波斯與馬其頓，來自東方的匈奴、烏孫與月氏。當漢朝結束之後不久，中原陷入了與北方草原民族的混戰，開始了一段毀滅與重生的時代；與此同時，漸漸進入中亞的新勢力是北亞草原的新主人，突厥汗國。

經過群雄並起、逐鹿中原，中國的唐朝誕生，它的皇室與部份統治階層也具有北方草原民族的血統。接下來的一段歷史是我們都清楚的：唐太宗滅東突厥，高宗滅西突厥，大唐帝國實際極西疆域遠達塔什干城東，整個河中地區隨之賓服，這時中國統稱其爲「昭武九姓」，其中布哈拉稱爲安國。從安國傳入的音樂與歌曲是「安國樂」，從北朝到隋唐一直在中國受到喜愛。

玄宗天寶十年，西元七五一年，唐朝軍隊在怛羅斯城大敗於阿拉伯與吐蕃聯軍，從此中國的影響力在中亞衰退，當地佛教信仰逐漸消亡，代之而起的是伊斯蘭的時代。即使是橫掃中亞的蒙古鐵蹄，也沒有再動搖中亞的伊斯蘭信仰與文明。在這數百年間，來自北亞的突厥部族仍繼續移入，與當地人融合，中亞的語言與血統逐漸突厥化，因此中亞又名爲突厥斯坦。

穿越沙漠的公路路況極差，氣溫很高，極目四望只有沙礫與若干耐旱植物。從布哈拉到希瓦將近五百公里，途中沒有較大的綠洲。地勢較高處可以望見十數公里外閃亮的錫爾河。我們的駕駛名叫馬龍，是一位沉默的烏茲別克族年輕人，認眞可靠。小車是韓國的現代集團與烏茲別克政府合資車廠製造。也許是因爲中亞有來自蘇聯遠東地區的朝鮮族人，中亞獨立後，南韓的企業觸角很快地進入，尤其是在烏茲別克，汽車與電器幾乎都是南韓品牌。

下午，我們先在距離布哈拉西北十公里處的一個聖墓暫停。這個遺址建於四百年前，來龍去脈已不可考。馬龍在樹下等著，我和惠玲往遺址的清眞寺走去。場上荒涼空曠，高大的清眞寺與經學院已開始頹壞，大門深鎖，不過清眞寺還有宗教活動，門口一塊黑板上寫著阿拉伯文。廣場對面一間矮房裡走出一位身著傳統服裝的老人，略駝著背，顫顫巍巍地開了兩座建築物的大門，收了極少的門票錢，讓我們自由參觀。脫了鞋進清眞寺一看，穹頂雖然高大軒敞，泥灰與油飾剝落得很厲害。經學院的走廊迂迴曲折，有數不清的房間，我們在屋頂上看著定居在此的鴿群翻飛，往昔這應該是個很美的地方。

離開廣場，我們走上東邊一條修葺過的小路，才發現這裡全是家族墓園，屬於數百年前的權勢人物。原本高敞的墓室都已坍塌，少數殘存的門廊上仍有天藍的碎磁拼鑲，泥磚砌成的墳頭掩沒在野草裡。這是一個屬於逝者的世界，現在他們又死去了一次，這次是永恆的死，因爲世界上已經不再有人記得他們的音容、他們的名字。③

當我們進入布哈拉綠洲的範圍，已近黃昏了。金星伴著一彎新月出現在深紫色的夜空中，晚風輕吹，我很高興地想著，這眞是抵達布哈拉古城的最佳佈景。

旅館位於古城中心的舊住宅區巷弄裡。我們敲開高牆上厚重的木門，走

3 此處名爲Chor-Bakr。

下幽暗的玄關，眼前出現的是一個流泉琮琤的天井，泉水旁開著玫瑰；天井四周一面是對外的夯土高牆，一面是廚房，兩面是呈L型的兩層樓傳統建築，只有五個房間。建築主體是泥磚抹上白色泥灰，簡潔可愛；露臺與門廊以雕花的木料建成，鮮艷的油飾與白牆成對比。在稀疏的星光下往二樓露臺上望，似乎應該有位玲瓏的黑髮女子倚柱淺笑。

進房門，天花板有傳統的木條結構與油飾，牆上則滿佈繁麗多彩的石膏花飾與工筆繪畫，畫的是波斯風格的幾何圖案與花卉；一面主牆上有許多鏤空的小龕，好像一面多寶格，是準備放進不同擺設的。房內的傢飾全是傳統烏茲別克與塔吉克風格，鋪滿鮮豔的地毯與座墊，深藍絨布床罩上以五彩絲線繡滿花卉。整個房間在一盞小巧水晶燈的照耀下，幻麗難言，惠玲和我一時目瞪口呆，好像進了寶山的阿里巴巴！

布哈拉翻譯諾拉的姨媽七十多歲，還能做出相當丰盛的午餐。

主人是一位蘇聯時期國旅的導遊沙夏，他是塔吉克族，生得高大體面，說一口優雅純正的英式英語；女兒列娜是他的助手，一位高挑新潮的美人。由於我們沒訂晚餐，沙夏建議我們跟著馬龍到附近的茶屋吃點東西。

出了巷口，一個小廣場東西兩頭各有一座優美的伊斯蘭建築，分別是經學院與道堂，建於三百多年前布哈拉汗國強盛時期，建築正面現存帖木耳當時的拱門建築。

鮮豔的碎磁拼鑲在夜裡看不清楚。廣場上是一座同時興建的石砌方形水池，有四十公尺見方。池邊幾棵古老的桑樹，樹下就是傳統茶座，日間在此閒坐品茶的老人已經回家了，換上前來用餐的布哈拉居民。蘇聯統治之前，布哈拉曾有超過兩百個水池，以渠道相連，是城市的供水系統，如今只剩下兩個，這一個位於古城中心地帶，仍是當地日常活動的中心。④

淨手後入座，跑堂送上一壺綠茶與茶碗、幾個饢，馬龍爲我們點了烤羊肉串，婉拒我們的邀請，自己坐了另一桌。入境隨俗，惠玲和我先用茶水稍微涮洗茶碗，再倒上半碗熱茶，把饢掰成幾小塊，以右手取食。香嫩的烤羊肉配上鮮甜的小洋蔥絲和白醋，吃得我們都說不出話來！茶座生意很好，烤肉架上白煙陣陣、香氣四溢，食客悠閒品嚐，高談闊論；水池四周飯後納涼的居民彼此招呼閒談，孩童追逐嬉戲。我們這才看到池裡還加了幾個噴水頭，不時噴水助興，水裡鴨子也上岸來，在茶座中搖搖擺擺地乞食。茶座上的收音機傳出了弦管急促繁複、歌聲抑揚婉轉的傳統音樂。半晌，惠玲才滿意地對我說：「這就是『安國樂』了！」

4 此處名爲Labi-hauz，塔吉克語「水池四周」。

第二天早上，和導遊諾拉一起出門。她是沙夏的老同事，講起英語又好又快，簡捷的話音好像刀切蘿蔔。她說我們眞幸運能住進這裡，這大概是全烏茲別克最受歡迎的旅館了，旺季裡要提前幾個月訂房。這一帶是古城的猶太區，來自中東的猶太人最早在十世紀就在此定居，不過蘇聯解體後絕大部份已移民以色列。我告訴諾拉中國也有猶太人，大部份是元朝時期由中亞遷入，到清朝十九世紀中已完全同化了；她非常驚訝，我告訴她我也想不通，顯然中國人的標準迥異於其他文化。

如今布哈拉與撒馬爾罕是烏茲別克斯坦的驕傲，但這一帶的居民一直以塔吉克族爲主。諾拉也是塔吉克族，老家在布哈拉，但是在塔吉克首都杜尙別出生長大。塔吉克族屬於印歐人種，在語言上屬於印歐語系伊朗語族；中亞其他土著民族則是突厥人種，語言屬阿爾泰語系突厥語族；比較起來，塔吉克族膚色較白，輪廓較深。諾拉有點傷心地告訴我們本來她也是很白晰的，都是因爲烏茲別克的太陽！

繼西元八世紀阿拉伯軍隊征服中亞之後，於九世紀興起的是來自波斯的薩曼王朝，從這時候起，布哈拉建起了壯麗優美的伊斯蘭式建築，飾以波斯風格的花紋與色彩，它擁有一百一十三所經學院與三百所清眞寺，容納了來自中亞、波斯與中國的虔誠穆斯林和伊斯蘭教義學者，並產生了幾位伊斯蘭世界中熟知的詩人、數學家與天文學家。布哈拉的美稱，「伊斯蘭的棟樑」，就是那時開始流傳的。

我們走到高四十六公尺的卡蘭宣禮塔下，清眞寺門口幾位熱情的年輕人邀請我們一起坐下歇歇腿。我們依言坐下，仰臉看著表面遍佈拼磚與雕磚花紋的高塔。此塔建於西元一一二七年，據說它舉世絕倫的美令成吉思汗也不禁感動，下令保留此塔，因此能夠逃過一劫留存至今。蒙古西征軍在布哈拉屠殺了所有企圖反抗的宗教人士，大清眞寺也毀於戰火。現在布哈拉最大的可蘭清眞寺是十六世紀中於同一地點重建，可容納一萬人祈禱，特別設計的二百八十八個小穹頂是爲了引進涼風，促進空氣流通。今天不是星期五⑤，沒有前來禮拜的民眾，也沒有遊客，惠玲和我站在寺院的廣大中庭裡，一片寂靜，對面經學院的巨大穹頂是耀眼的藍，映在清朗的藍天中，像是沙漠上的海洋。

蒙古人帶來的破壞與劫掠雖然慘烈，卻爲時不長。蒙古帝國建立了完善的傳驛系統，很快地掌握了商業與稅收的重要性。東至中國海、西接阿拉伯半島的廣大領域全在蒙古統治之下，對於隊商與外交使節來說，比起之前群雄並起的情況似乎是簡單多了。絲路貿易在過去四百年間因各國不相聞問或互相爭戰而中衰，現在再度繁忙起來，直到十七世紀東西海路交通大開才又逐漸沒落。從前在學校裡唸到這一段，總以爲絲路從此無存，其實這是錯誤的印象。絲路是最古老的陸上貿易路線，早在史前時期就開始發展，這個貿易網絡至今不曾消亡；傳統駱駝隊商直到五十年代仍來往於中國與巴基斯坦的宏雜地區之間，直到七十年代還存在於帕米爾周邊地區；只要當地居民需要這樣的補給方式，它就能繼續存在。從八十年代開始，絲路沿線國家又有

5 伊斯蘭教的禮拜日。

重修舊好之勢，這仍是出於實際需要，不過現在絲路上的主角不再是穿越沙漠與高山的行商，而是公路上的大卡車了！

現在布哈拉還有十六世紀留下的三座室內巴扎，一進入巴扎的穹頂下，頓感清涼。內部兩條呈十字型的主要走廊兩旁是商店，商店正面以鏤刻的木雕裝飾，出售傳統工藝品與古董：絲線繡品、金線繡品、木雕擺設、珠寶、地毯……每家小店都是鋪天蓋地放得滿滿的，在幽暗陰涼的巴扎裡顯得特別誘人，再怎麼堅定的心志到了這兒也會動搖！惠玲和我終於決定當一次絲路上的行商，挑幾件東西扛回東方去。當然這些「善商賈」的粟特後裔早已鼓起如簧巧舌，雖然語言不太通，可是似乎我們每個人都有一千個理由買他一張地毯。不過惠玲和我還未喪失理智到這種地步，只選了小化粧包、椅套之類。買兩張頗有年頭的刺繡桌巾時我們兩個「殺」聲震天，最後店主追出門來接受惠玲的出價，連諾拉也覺得興奮有趣！畢竟中國人在絲路上也算有一點經驗的！

過去布哈拉的巴扎有十幾座，分門別類從事不同交易，香料、寶石、衣物、繡品等，攤販櫛比鱗次，長達數公里。商人來自數十種不同的民族，各自穿戴著不同的服飾，以南腔北調的突厥語互相交談；買主挑盡商品的毛病，賣主竭力辯稱自己的貨好，講價時卻是雙方不動聲色在袖筒裡握手⑥。巴扎附近是旅舍，來自高加索、伊朗、阿富汗、印度與新疆的各族隊商，分

6 這是中亞一帶到中國北方的講價方式，可以不讓外人知道講價內容及過程。

別投宿不同旅舍。旅舍廣場上有一路跟隨主人出生入死的騾馬與駱駝，悠閒地享受暫時的休息。

傍晚從巴扎走回旅館時，諾拉指著一棟小房，說那是以前來自中國的商人從事放款匯款等事務的銀號。穆斯林因宗教信仰的關係，不可放款獲利，過去這是猶太人的專業；我很驚訝居然還有中國人來此從事，而且顯然並不是回族或其他信仰伊斯蘭教的少數民族，很可能是漢人，留待專家考證吧。

走回旅館外的大水池旁，諾拉要我們注意樹上巨大的鸛鳥巢。從前布哈拉的供水系統存在時，大量的青蛙與昆蟲吸引了許多鸛鳥於遷移途中在此休息，布哈拉人認為這些益鳥可以帶來好運。自從水池與供水系統被毀，鸛鳥也離開了這個古城。由於布哈拉地處沙漠中的綠洲，地下水鹼性較強，一旦失去了古老的渠道與水池加以疏通，這些水開始侵蝕古城建築的基礎，這又是蘇聯專家始料未及的問題。

幾個小男孩嘩嘩往水池中跳水，一面大叫著跟我們打招呼。茶座上穿著傳統服裝的老人還未下完今天的最後一盤棋，低著頭思索該走哪一步；有的則是推著骨牌，「啪」地一聲，打出一張牌來。傍晚納涼的居民走出夯土高牆，坐在水池畔閒聊。古城裡的一天，就像百年前、千年前的任何一天，又過去了，成了千年記憶裡又一個平凡的日子。

第二天中午到諾拉姨媽家作客。傳統泥磚屋裡很涼爽，客廳不大，卻很

每年9月，是烏茲別克結婚的旺季，到處可見新人繞城一周。圖爲帖木耳的雕像。

舒適。自從到了烏茲別克，我們就想回家後依樣畫葫蘆，把家裡佈置成烏茲別克風格！矮桌上仍是一貫好大的陣仗：乾鮮果品、以醋調味的各式冷盤、酸奶、自製的饢。姨媽的孫女、一個大眼睛的十來歲小姑娘幫著送茶上菜。同桌的還有同一旅館的一對美國夫妻。主菜是中亞傳統食品中最有名的抓飯，老太太以小牛肉代替羊肉，先醃一夜入味，炒飯時再加進數種乾果、葡萄乾與香料，米粒炒得既鬆且透，整桌上大概就屬我吃得最多！似乎到了烏茲別克就不能不享受吃，「人生唯口腹，何懼過流沙！」⑦ 也許是從七月中在俄羅斯開始，到現在一個半月給饞壞了。惠玲說：「總算又有肉塞牙縫的感覺！」

晚上在旅館吃飯時，與一對英國老夫婦同桌。老先生是退休歷史教師，大家講起張騫的故事與中亞歷史都是眉飛色舞，老太太說：「你們現在也是跟著張騫的腳步來了！」是的，兩千年後，我們終於來了！

7 耶律楚材詩「寂寞河中府」在撒馬爾罕時所做，河中府即撒馬爾罕。

旅人星球

★紀念品小販都喜歡和觀光客換美元，而且黑市價格是官價的兩倍！他們都挺誠實，可以換。多帶美元現金，一定要新鈔，換錢與買東西都方便。

★布哈拉旅館資料：

Sasha & Son B & B，地址：Ishoni-Pir St., Bldg. 3，電話：998-365-2244966，e-mail：sashlen@bukhara.silk.org。訂房愈早愈好！

★參觀宗教建築時穿著要保守，長袖長褲，款式寬鬆，長裙要到膝蓋以下。進清眞寺要脫鞋，腳底或襪底要乾淨，所以最好別穿涼鞋，襪子也別幾天不換洗！不可從祈禱中的民眾面前走過。祈禱、禮拜、講經時不可照相。不要大聲喧嘩、指指點點。

中亞的巴扎

巴扎bazaar，來自波斯語，市集之意。最普通的是食物與家用雜貨，更盛大的就什麼都有了！既然中亞以絲路貿易聞名，中亞的巴扎也就是旅客必到之地。上巴扎有許多可看的，也可採購食物與紀念品。目前中亞最大的巴扎是新疆喀什的週日巴扎，食衣住行、養生送死，無所不包！

第二十二章　就爲了妳

十三世紀中，統治中亞的蒙古察合臺汗國分裂爲東西兩國，西察合臺汗國在名義上繼續統治中亞，但是可汗大權旁落，地方貴族林立，彼此攻戰；在這樣的戰國時代裡，自稱有成吉思汗血統的帖木耳以九年時光東征西討，統一了中亞，征服高加索、東土耳其、敘利亞、伊拉克，並將曾屬於伊兒汗國的波斯也納入版圖。這是中亞最後一個統一帝國，帖木耳帝國；帖木耳祖孫兩代傾全力經營的帝國首都，就是今日的撒馬爾罕。

帖木耳的故鄉沙赫甲撒別茲，意爲「綠城」，古名渴石，在撒馬爾罕南方七十公里處。這一帶是河中地區通往帕米爾與阿富汗的要道，再往南就是有名的鐵門；公路盤山而過，蕭瑟的初秋景象與陽光下的沙漠綠洲完全不同，海拔一千七百八十公尺的山口在冬季裡是積雪封閉的。二十年前，蘇聯的軍隊就是從這裡進入阿富汗。

綠城只是個小城，並沒有因這樣的歷史染上什麼肅殺之氣。帖木耳以二十四年時光建造的夏宮，只剩下一座巨大的拱門，高達四十公尺，滿佈藍金二色的碎磁；遺址已改爲公園。在過去，就像西方世界看待成吉思汗，帖木耳被渲染成一個可怕的暴君與野蠻人①。蘇聯解體後，獨立的烏茲別克需要一個凝聚民族自尊心的偶像，於是帖木耳的形象改變了，烏茲別克的許多街

數大便是美！甜椒亦是。這也是我最喜歡照片之一。

道與建築以他爲名，身著冑甲的帖木耳銅像也漸漸多了起來；這公園理當有一尊，氣勢頗雄偉，座前有兩對新人與親友剛拍完照，正走下臺階，看到惠玲邊跑過去邊舉起相機，又特地再站回去爲她擺一次姿勢，我在一旁不禁莞爾。

帖木耳將早逝的兩個兒子葬在老家，並預先爲自己建造了一座簡樸的陵墓，

1 過去西方世界稱其爲Tamerlane，「跛子帖木耳」。雖然他的確因作戰受傷而跛了右腿，但這是輕蔑的稱呼，現在已廢棄不用，在烏茲別克尤其忌諱。

「自營生壙」，是帝王必有的舉措。西元一四零五年冬，他在東征明朝中國途中逝於今天哈薩克斯坦的歐塔剌，免於從征異域的軍士一定都鬆了口氣。歐塔剌是蒙古西征的起點，卻是帖木耳東征的終點，歷史的巧合有時眞是不可說！由於冬季冰雪封山，帖木耳無法歸葬故鄉的陵園，而是葬於華麗的都城撒馬爾罕。

撒馬爾罕位於費爾干那盆地的西邊入口上，澤拉夫尙河從東北方流過，沃野平陲，三面山脈環遶，地理環境與位置明顯優於沙漠綠洲，從紀元前就是粟特文明的重心。亞歷山大大帝曾征服此城，當時它的名字是馬拉坎達；到了西元七世紀，《大唐西域記》中記載它的名字是颯秣建，也就是「撒馬爾罕」的異譯，形容其地「土地沃壤，稼穡備植」②，其人「性勇烈，視死如歸，戰前無敵。」又稱爲康國，唐朝宮廷十部伎中有「康國樂」。

和多次在原地點重建的布哈拉不同，玄奘曾停留過的撒馬爾罕歷經阿拉伯軍與蒙古鐵騎兩次破壞，如今早已無存，只有挖掘出的遺址，位於今日撒馬爾罕的北郊。新撒馬爾罕壯麗的伊斯蘭建築，是十五世紀帖木耳帝國全盛時期的傑作。

我們在九月六日傍晚抵達撒馬爾罕，旅館在舊城區。這裡與綠洲城市的建築不同，巷弄不那麼狹窄曲折，家戶的外牆不那麼高，樹木也多了；雖然

2《大唐西域記》第一卷。

是舊城區，至少旅館這一帶的房子都是水泥或磚造，而不是泥磚建築。旅館主人法哈是塔吉克族，略通英語，豐富的表情彌補了語言不通的困難；大庭院裡的兩層小樓是住家，也是旅館，不過我們住的是另一處平房，再往巷裡走十分鐘，姑且分別名之爲本館與分館吧。分館有個小天井，房間很現代，非常像臺灣農家新起的水泥厝，有種簇新而滿足的氣息。

我們在本館庭園大樹下喝茶休息，同座的是一位在塔什干工作的澳洲青年，頗有闖蕩江湖的經驗，一眼就看出我們穿的是越野專用短靴，問是不是上天山健行了。他穿著短褲涼鞋，又是西方人面孔，難怪之前馬路上警察攔他問話。撒馬爾罕的外國遊客最多，據說找麻煩的警察也最多，但我們沒碰上，也許是因爲行事低調，又是女性。

晚上就在本館大樹下吃飯，桌上多了蜂蜜、新鮮的無花果與葡萄，撒馬爾罕的名產；「林樹蓊鬱，花果滋茂」，此言不虛。

第二天先到古爾．阿米爾陵。我們在烏茲別克參觀的陵墓可能比在哪國都多，但是這個與眾不同，這裡躺的是帝國的主人，帖木耳；這個城市之所以存在，全是爲了榮耀這位征服者。

在陵園庭院外等待約好的導遊時，我感到背脊與額頭發冷，原因不明，站在陽光下才好點。安娜準時來了，她是俄羅斯人，四十來歲，頗高大，衣著整齊，還提著公事包，有濃厚的俄語口音，不過要聽懂並不難。她先介紹了陵園歷史與建築風格，領我們進入穹頂下的墓室。

撒馬爾罕市集中，賣葡萄乾的老先生，一聽到要拍照，馬上站得筆直。

雙眼需要一段時間才能適應幽暗的光線，然後，眼前出現的是前所未見的光輝燦爛。陵墓內牆下半由大理石砌成，上半以彩磁鑲嵌出青綠色幾何圖案與阿拉伯文書法裝飾，高敞的穹頂滿是寶藍、雪白、水紅的琉璃與瑪瑙，色澤渾厚的「布哈拉金」③在寶藍底色上鑲嵌出可蘭經文，支撐穹頂的結構小龕貼以布哈拉金箔，繁複的藍金二色圖案襯在雪白的琉璃上，好像貴婦頸上一片珍飾；高處開著天窗，引進一束陽光，點亮一室輝煌，金飾、壁畫、寶石交相輝映，瑰麗莫名。

這是來自波斯、中亞與印度的建築師與工匠在西元一四〇四年至一四〇五年間完成的，原是帖木耳爲了早逝的兒孫所建造，完成不久後，他也歸葬於此；四十四年後來此相伴的是帖木耳的愛孫兀魯伯，他是一位學者與天文學家，在宮庭的權力鬥爭中被自己的兒子謀殺④。

西元一九四一年六月，蘇聯考古學家葛拉西莫夫打開了帖木耳的棺槨，裡面有幾行銘文：「驚擾吾永眠者！汝將遭逢敵寇，其可怖更甚於吾！」隔天是六月二十二日，希特勒進軍蘇聯。

3 含銅量較多，色澤渾厚古樸。

4 兀魯伯別克是帖木耳長子的兒子，本名穆罕默德達拉嘉。帖木耳去世之後，他幫助父親取得帝國汗位，分封在撒馬爾罕；之後繼承汗位。

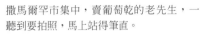

撒馬爾罕三大神學院內每晚固定的表演，讓我們不禁想起唐朝「胡旋舞」的傳入。

銘文的事只是個傳說，從前我也聽過。此刻在幽暗陰涼的墓室裡，面對著這位征服者簡樸的綠玉墓石，我開始眼前發黑，背脊上與額角上那股寒意又上來了。

我撐著聽完安娜的介紹，惠玲已經看出我的臉色蒼白得可怕，於是她們先送我回旅館，再繼續別處的遊覽。壯志未酬的帖木耳地下有知，對於這個中國人不明原因的反常表現一定是掀髯大笑吧。

回到旅館，法哈一臉驚慌，還以爲是供應的早餐出了問題，趕緊送來暖胃的紅茶和專治腹瀉的鷹嘴豆。但是什麼毛病也不是，我鑽進暖和的被子裡睡了一覺，沒事了。中午惠玲和安娜回來，問我是否要再出門。經過這場莫名的折騰，我還是決定在家休息，也許期盼了十六年的撒馬爾罕之行只能到此爲止了。

午後法哈送來新茶，在天井裡灑了水，初秋的天氣很舒服。我坐在天井裡的桌前喝茶寫日記，扭開牆上掛著的收音機，轉出一個傳統音樂節目，嘈嘈切切的彈撥爾緩緩流瀉。天井裡的電話架子下有本大書，是彩色攝影專集，大約是七〇年代末出版，印刷已褪色。書裡介紹烏茲別克斯坦的歷史古蹟與祖國的建設：塔什干與撒馬爾罕新建的廣場及劇院；沙漠成了萬頃棉田；鹹海漁船滿載而歸；驕傲的老農在豐收的葡萄園裡，手捧朱碧交映的果實；在「偉大的祖國保衛戰爭」——第二次世界大戰中出生入死的烏茲別克族老兵，胸前掛滿獎章；來自莫斯科的教授在大學裡指導考古學與農藝……。歷史的迷人之處，就是時間造成的對比。

傍晚惠玲回來了，顯然有非常豐富的一天，但現在來不及說，趕快跟她去觀賞傳統歌舞！走出巷口，過一個大路口，就是烏茲別克斯坦的代表建築，列基斯坦廣場。西、北、東三面各是一座經學院，落成於十五及十七世紀，建築表面懾人的寶藍碎磁拼鑲已成爲撒馬爾罕的象徵，在蒼茫暮色中仍熠熠生輝。我們在聖彼得堡的冬宮美術館裡曾看到十九世紀俄國畫家的水彩寫生，記錄了當時廣場上生氣蓬勃的巴扎。帖木耳帝國衰亡之後，撒馬爾罕臣屬於布哈拉汗國，聲光漸爲布哈拉所掩。蘇聯時期維修古蹟，將整個廣場與經學院四周掘地三尺，才清除了數百年來堆積的塵沙，重現完整原貌。

我還來不及細看，跟著惠玲進了東面的「猛虎」經學院，中庭裡十幾張傳統茶座，呈半圓形排列，中央是表演場地，已放置了地毯、座墊與樂師的座椅。一位中年人爲我們送上熱茶、饢與茶點，一人收費美金三元。很快滿座了，大部份是來自歐美與日本的旅行團。

表演很有趣，主角是一對熱戀的青年男女，女孩的父母則是要寶的配角，故事當然就是雙方一見鍾情、女方父母反對、眾人暗中相助、最後有情人終成眷屬，大量歌舞穿插著噴火等雜耍，各國遊客看得又笑又叫。表演者中一位美目盼兮的女舞者，身穿水藍色傳統衣裙，披掛著垂帶長紗，最引起我的注意。

「胡旋女，出康居」⑤，唐朝開元中，河中地區進獻胡旋舞女，一時風靡全國，從宮廷到民間競相學胡旋。這位撒馬爾罕女孩腰身纖細柔軟，舞姿急旋如風，按著手鼓的節拍愈轉愈快，伴奏的笛聲金石可裂，彈撥爾與獨它爾聲若風雨，在偌大的古城裡激盪。「弦歌一聲雙袖舉，回雪飄搖轉蓬舞」，誰道千年後猶能重現！

表演結束，四周商店小販招呼意猶未盡的遊客上門。我們回到旅館吃晚飯，高興地開了一小瓶本地產的甜葡萄酒，即使送到口邊的不是夜光杯，撒馬爾罕的一天也已值得紀念了！

第二天一早，惠玲迫不及待領我出門散步，昨天安娜帶她看了好多有趣的東西。安娜非常熱心，和小販工匠都能打交道，幫惠玲製造不少拍照的機會。她的本業是大學副教授，但是在前蘇聯這不是什麼有錢途的職業。不可諱言地，斯拉夫人在烏茲別克斯坦與哈薩克斯坦感受到的壓力比較大。她的兒子已到莫斯科唸書，夫婿也回去了，找不到工作，全家靠她一個人。莫斯科的物價之高連我們也感到待不下去，他們要留在莫斯科就更辛苦了。

早晨空氣清新，往巴扎去的人很多。通往巴扎的舊街有許多行道樹，人行道上有不少攤販。我們發現一個小攤賣的東西從未見過，米白色桿狀物，二三十根一捆，非常像整理過準備出售的甘蔗，但是中亞是不可能有甘蔗的，再說這玩意兒是中空的，而且我們連它是不是食物都無法確定。正狐疑

5 白居易詩，以下引文同。

間，一位帶著小孩的媽媽買了一捆，孩子抽出一根往嘴裡放，咬下一口，嚼了嚼，吞下肚。很好，我們一下子解決了兩個疑問。走上前，攏攤的婦人請我們一根嚐嚐，接在手裡很輕，表面略爲凹凸不平，很像是……「乖乖」！沒錯，吃起來也很像，沒什麼調味，淡淡的香甜。我們買了一捆，決定先回旅館吃早飯。「中亞乖乖」沾上蜂蜜，滋味挺好！法哈看到我們吃小孩的零嘴，也覺得好笑。

吃完飯，馬龍說時間還早，既然我昨天沒出門，趁今天離開前再到附近走走，他可以等，於是我們再往巴扎前進。

巴扎位於帖木耳爲妃子建造的清眞寺旁，從任何一個角落都能望見清眞寺的天藍穹頂。巴扎很大，以食物佔大宗，還有日常雜貨，分門別類各有專區。今天是週末，陣勢更甚平日，男女老幼手提「鸚鵡牌」尼龍購物袋⑥，紛紛湧入。

神學院內的吞火表演。

6 中國大陸品牌，似乎全中亞都用這個！

進門不遠處左手邊是最古老的部份，以木雕樑柱支撐的天篷有二百年歷史，目前這區出售的是各種大小花樣的饟、冰糖與糖食。中亞市集上的冰糖都是完整結晶的一大塊，淡黃半透明，我們在家用的碎冰糖到了中亞都是次級品。舊唐書上記載，善商賈的粟特人生了兒子，就餵以「石蜜」，也就是冰糖，希望小兒長大了甜言蜜語、生意興隆。現代中亞民族還是偏好冰糖調味，巴扎裡總有攤子專賣冰糖。

惠玲要我看糖食攤上一堆紅白相間的豆子，一細看，不就是臺灣過年吃的裹糖殼的花生嗎？閩南語裡叫做「生仁」。這種獨特的零食存在於兩個完全不同又遠隔萬里的文化中，而且是一模一樣？昨天安娜特別介紹這是烏茲別克人在喜慶節日吃的獨特食品，請惠玲嚐一個，結果兩個人都大吃一驚！

自練自唱販售樂器。

我們穿過米區、麵區、豆麥雜糧區、乾果區、葡萄乾區、蜂蜜區、乳酪區，穿過堆積如山的蕃茄、青紅椒、洋蔥、石榴、無花果、甜瓜，繞過鐵鉤和肉案子上無數新鮮淡紅的全羊腔子……逛了將近一小時。「流奶與流蜜之地」大概就是撒馬爾罕了，在這裡絕對餓不死。

惠玲決定買個西瓜帶走。攤主是一位塔吉克族男子，看到惠玲東挑西揀，問她是日本還是韓國來的？都不是，從臺灣來的。他從攤後拿出一個瓜送到她手上。惠玲敲打了半天，準備付帳。他靦腆地搖搖手，不必給錢，這是送給我們的禮物！我們一時之間還弄不清，周圍小販都興奮地圍上來幫著翻譯，雖然說的也還是俄語；他們似乎都很驕傲，可以參與這樣熱情好客的一項行動，倒是攤主有點「爲善不欲人知」，仍舊繼續招呼顧客。我們趕快到車上拿出拍立得，回來送給這位攤主一張合照，左鄰右舍開心地傳觀，而他微笑著依照傳統禮節將右手放在胸前，對我們稍稍鞠躬爲禮，表示感謝，之後又拿出一個大西瓜塞到我手上！

接下來是一樣的遭遇，惠玲拜訪昨天結識的攤販，送照片，結果又拿回雙倍的報答，有蜂蜜、巴旦木（炒熟的桃仁）、鷹嘴豆、葡萄乾，再不走人，巡邏的警察要以爲我們兩個騙吃騙喝了。

出了巴扎，我們回到列基斯坦廣場，爲的是再看一次三座經學院的彩磁。昨晚看歌舞的「猛虎」經學院特別著名，它的正面彩磁拼鑲是兩頭鬚牙畢現的猛虎，觸犯了穆斯林不可描繪動物的禁忌。由於中亞與波斯比鄰，所受伊斯蘭文明的影響幾乎都是來自波斯，而非阿拉伯，因此建築與藝術是波斯風格，並不禁止描繪動物。布哈拉大水池旁的經學院正面也有兩隻展翅翱翔的鳳凰圖案，這兩處都是十七世紀中由來自波斯的建築師設計的。走進中庭，昨天結識惠玲的商店小販紛紛上來招呼，其中一位少婦要幫她介紹當地男友，這樣她就可以長住下來啦。「再待幾天，我看你就是地頭蛇了。」我開惠玲玩笑。

回塔什干的公路經過撒馬爾罕東北的丘陵地，古代撒馬爾罕位於這一帶。往下看，蔥鬱的林木上浮現的是寶石般的天藍穹頂，閃閃發亮。現代的撒馬爾罕不如布哈拉古老，它經歷過太多的殺伐與破壞，不是任何一個民族單獨承受得起的。但是撒馬爾罕仍然吸引著重回絲路的遊子，這個往昔雄霸中亞的城市以自己的生命力在古老的絲路上一再復興。「爲了妳鬢邊的美人痣，」十一世紀的波斯詩人哈非茲熱情洋溢地向他心中的戀人傾訴，「我願奉獻整座撒馬爾罕！」哎，詩人！你奉獻出一座撒馬爾罕，時光與撒馬爾罕人將打造出第二座、第三座，每一代的撒馬爾罕都是這樣美麗，這樣充滿生氣。

烏茲別克與塔吉克音樂

今日烏茲別克斯坦地區的音樂與舞蹈在歷史上一向享有盛名。唐朝宮廷「十部樂」中的「康國樂」及「安國樂」，就是分別來自今日的撒馬爾罕與布哈拉，長安有名的西域琵琶樂師通常是從撒馬爾罕附近遠道而來；唐朝流行的西域舞蹈（柘枝」與「胡旋」也傳自今日的塔什干(Tashkent)、撒馬爾罕與布哈拉一帶。中亞突厥化之後，烏茲別克族的音樂接近波斯音樂，不過學者認爲可能仍保有突厥化之前的元素。

常用彈撥樂器熱瓦甫（rubab）及獨它爾（dutar），可獨奏或爲歌者伴奏，小合奏則加上嗩吶（surnai）與不同大小的手鼓。我特別喜歡的彈撥爾（tambur）通常用於古典樂獨奏。烏茲別克族及塔吉克族也有「木卡姆」套曲，但結構不如維吾爾的複雜，曲譜也較少。推薦CD如下。

★Asie culture: Traditions classique，Ocora Radio France。一套兩張。標題是中亞音樂，但內容是烏茲別克族及塔吉克族，有歌唱、一般器樂及木卡姆。

★Ouzbekistan, Monajat Yultchieva，Ocora。傳統女歌手。她的音樂學派受到伊斯蘭教蘇菲派影響，有一種恍惚的感覺。

★Ouzbekistan, les Grandes voix du passe，Ocora。是費爾干那盆地樂手在1940至1965年之間的錄音。

★Tadjikistan, Maqam Nava，Ocora。塔吉克木卡姆。

★Music of Central Asia, Uzbekistan，King Record。風潮進口，烏茲別克器樂與民謠。

Ocora 還有兩張烏茲別克的器樂，包括熱瓦甫、獨它爾與彈撥爾。Buda 有一張帕米爾塔吉克的錄音，聯合國教科文組織UNESCO也有一張，包括塔吉克斯坦境內及新疆境內的帕米爾塔吉克。

在烏茲別克，傳統音樂的卡帶很容易買到，先試聽，兩面都要試！

★撒馬爾罕旅館資料

Hotel Furkat，地址：105，Mullokandov St.，電話/電傳：998-3662-353261。距離雷吉斯坦廣場只有幾百公尺。

旅人星球

★撒馬爾罕的甜葡萄酒很有名，不妨一試。

★新鮮無花果吃法：先掰開確定沒有蟲，再把兩半互相擠壓，讓甜味散發，吃起來才清甜。通常都是連皮吃的。

第二十三章　天馬徠兮從西極

九月九日，我們出發前往天馬的故鄉，費爾干那盆地。

費爾干那盆地夾在天山西脈與帕米爾阿萊山脈之間，北、東、南三面雪峰環繞，即使是最低平的西面出入要道，也得翻越二千公尺以上的隘口。因此這個農產富饒的廣大盆地自古就是易守難攻。西漢貳師將軍李廣利兩次遠征，耗時四年，折損兵員數萬，只不過與當時的大宛國訂立城下之盟，得良馬數十匹。

但是它位處絲路中道要衝，往北是游牧民族控制的碎葉水與怛羅斯河流域，往西通河中地區，往東連接新疆絲路的大站喀什葛爾，往來東西的商旅仍得取道費爾干那盆地。歷史上第一個來到中亞的中國人，就是翻越天山，由東方進入費爾干那盆地，再往西到達河中地區；這位堅毅的探險家就是西漢時的張騫。

我們的旅程正好與張騫的方向相反，由西往東進入費爾干那盆地。我們的活動範圍只是屬於烏茲別克斯坦的部份。當年史達林對中亞的用心從他分割費爾干那盆地就可以看出來：圍繞盆地的山區屬於吉爾吉斯，塔吉克斯坦從盆地西南方分一杯羹①；古城歐什與烏茲根扼盆地東面出口，居民中烏茲別克族佔絕大多數，卻被故意劃進吉爾吉斯境內，蘇聯解體前夕當地吉爾吉斯族與烏茲別克族之間曾發生嚴重的流血衝突，官方公布的死亡人數是三百人。

中亞五國獨立後，若要拜訪整個盆地，需要三國簽證，而且還是多次出入簽證，令人啼笑皆非。比如歐什是吉爾吉斯第二大城，卻位於極西，從首

費爾干那地區，到處可見的傳統茶屋，眞希望能引進Taiwan。這也是我最喜歡的照片之一。

1 塔吉克與烏茲別克在吉爾吉斯境內還有孤島式的領土。

來陵墓參觀的母子。

都比什凱克前往需時一天，山路海拔高達三千公尺，還不如從烏茲別克費爾干那盆地的安集延過去，路程只有五十公里。或者在古代撒馬爾罕的粟特遺跡看得不過癮，想前往距離七十公里的粟特大城片治肯特？抱歉，那是在塔吉克斯坦，剛剛過了邊境不遠。我們策劃費爾干那盆地行程的時候，不得已放棄了不屬於烏茲別克的城市。雖然名義上有七十二小時免簽證的規定，但烏茲別克與鄰國吉爾吉斯和塔吉克的關係都不甚好，尤其是與前者，本來就有文化差異；我們不想捲入是非。

從塔什干到費爾干那盆地的費爾干那城必須繞過塔吉克的領土，穿過海拔二千二百公尺的卡姆契克山口，四周高山已有初雪。錫爾河上游通過赭紅色的峽谷，水流渾濁湍急，某些河谷路段遭到嚴重沖刷，不易通過。在我們所到過的中亞三國之中，烏茲別克公路上的崗哨最密集，而這條路上的崗哨之多，又居全國之冠，荷槍實彈的士兵不時攔下可疑的車輛盤查。自從中亞獨立後，激進的伊斯蘭原教旨主義瓦哈比派在費爾干那盆地發展很快，曾發生幾次暴動與鎮壓，再加上與鄰國邊境的緊張情勢，難怪烏茲別克政府如臨大敵。

出了峽谷，進入費爾干那盆地，氣溫顯著昇高，盆地裡地勢低平，田野一望無際。過中午，抵達費爾干那城，這是帝俄兼併中亞後建造的新城市，中亞氣息很淡，高大樹木很多。我們住的是奧麗加經營的家庭旅館，她是一位斯拉夫裔金髮女孩，與母親住在郊區的公寓裡，旅館就是住家樓上另一個公寓單位。

奧麗加說最近限水，到下午才有水洗澡，這倒無所謂。這又是一個蘇聯式公寓，格局與我們在外蒙、西伯利亞、莫斯科與阿拉木圖待過的都沒兩樣，可是它被孤伶伶地遺留在亞洲內陸，這裡連天空都帶著不馴與蠢蠢欲動的氣息，更顯得這個城市和包圍它的背景之間格格不入。公寓裡有幾架俄文與德文書籍，大部份是農業專著，還有文學作品。陽台櫃子裡十來個大玻璃罐，是斯拉夫人每年用來醃泡菜的。

到了下午涼快多了，我們決定出門走走。導遊維西瓦是一位烏茲別克族青年，正職是航空公司職員，同時在大學唸書，當導遊只是興趣。他的英語雖然慢，發音與語調卻很純正，原來他的父親是水利專家，曾在埃及亞歷山大城工作，他也在當地唸了幾年英語小學。

費爾干那城可看的就是一座博物館，可是似乎前蘇聯的每個博物館都恨不得沒人上門，大家好早早下班，我們下午四點到那兒就已經大門緊閉了。維西瓦有點尷尬，我們告訴他別介意，並提議去巴扎逛逛。

巴扎不小，瓜果蔬菜供應很豐富，雖然接近黃昏，小販和顧客都還沒有鳴金收兵的意思，許多人對我們投以好奇而友善的眼光，顯然費爾干那盆地的遊客不如河中地區多。惠玲照老習慣先逛瓜攤，攤主削下一片片甜瓜請顧客試吃，維西瓦幫我們挑了一個；這也不難，就是選捧在手裡挺沉的、表面紋路多的，我告訴他在臺灣也這麼選。接下來買饢，這就有學問了。只見他一個個攤子問了價，又拿起饢在手裡掂掂，沉吟的表情好像在做高難度心算，最後才選定其中一個攤子。我忍不住問他到底有何訣竅，他說饢的大小尺寸差不多，各家價錢卻高低不同，其差異就在重量，因此選擇時要拿在手上掂掂。

我注意到幾個擺攤的婦女是蒙古人種面孔，她們是被史達林流放到中亞的西伯利亞朝鮮族人，賣的是是自製辣椒醬與泡菜，這似乎是她們的專業，沒有別族跨行。我們試吃了一口，相當辣！惠玲買了一小包辣椒醬準備塗在饢上吃，新發明。

採買完畢，維西瓦帶我們參觀大學。建築很舊，大約有五六十年歷史了。校工伯伯很幫忙地打開其中一間教室讓我們進去瞧瞧。成列的木製桌椅，教室前方一塊大黑板，黃昏時暗沉沉的，我一下子想到自己唸的中學。校園公佈欄貼著剛發表的期中考成績，倒是電腦印表的，維西瓦發現自己過了，鬆了口氣。我們告訴他這個惡夢已經離我們很遠很遠了！

惠玲提議找地方吃晚飯，維西瓦帶我們到一個露天的現代茶座。他跟工作人員好像挺熟，大家都上來招呼。點了烤羊肉串與麵絲湯，少不了的是綠茶和饢。用餐時，維西瓦問我們：「對於費爾干那盆地有什麼想問的？」沒有，沒什麼問題。「這樣我有點失望！西方遊客總是問我很多問題。」我告訴他別失望，我們知道的比那些人多多了，說不定反而能告訴他一些沒聽過的呢，明後天一起出門就知道了。

賣manti的老先生，是我們繞著大半圈子，唯一遇到的中國人，在1959年從新疆到此，還請我們吃他做的羊肉包子。若沒經過翻譯的引介，恐怕我們還眞不易看出他是中國人！

他和馬龍也聊起來了，也許這兩個年輕人還比較有話講。他倆說的是烏茲別克語，不是俄語。在烏茲別克，即使城市裡的本族年輕人也能說頗流利的烏茲別克語，與哈薩克斯坦不同。這個事實代表了正反兩面的意義，不言而喻。

吃完飯，維西瓦很殷勤地問要不要再來點冰淇淋或汽水。不要了，謝謝。惠玲準備掏錢付帳，豈知維西瓦說不必付了，因爲這家店的主人就是他！我們不太相信，問他是不是偷偷付了帳。眞的沒有，他是合夥人之一，請一頓飯沒問題。我和惠玲對望一眼，眞不眞不管，總之這個年輕人還頗有門路！

第二天先到瑞墟頓，一個塔吉克族聚居的小鎮，以出產陶器聞名。維西瓦認識的這位陶藝家烏斯瑪諾夫先生在日本開過個展，與當地陶藝界互有往還。我們參觀了他的作坊，然後到雅致的客廳喝茶。我指出客廳中一個彩磁大盤似乎是中國清朝製品，他很高興我們看了出來。烏斯瑪諾夫先生對於鈷藍色陶釉研究特別精到，據他自己解釋是受到中國古磁的啓發，並出示了在浩罕出土的中國碎磁。

接著往西到浩罕城。對於中國西北近代史學者來說，這個名字並不陌生。十八世紀初，浩罕汗國從布哈拉汗國分裂出來，疆域以整個費

拜訪費爾干那陶藝家。

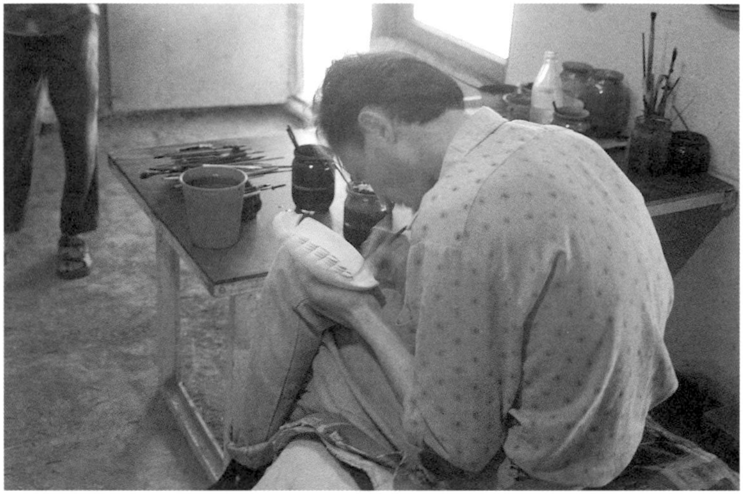

爾干那盆地爲中心。西元一七五九年，乾隆二十四年，清朝統一新疆，浩罕上表稱臣，爲清朝藩屬。但是到了十九世紀道光年間，浩罕開始暗中支持新疆南部一連串宗教與民族衝突，最嚴重的一次是佔領了大半個新疆達十四年的阿古柏政權，直到西元一八七八年，光緒三年，左宗棠才將之殲滅，收復新疆；浩罕汗國則已於兩年前被俄國兼併建省。乍看之下似乎不可思議，小小的浩罕怎敢與中國作對？其實它的背後有兩隻大手，一隻是大英，另一隻是帝俄，這兩大帝國在中亞與帕米爾的鬥爭就是惡名昭彰的「the Great Game」，浩罕與中國新疆之間的糾紛只是這場大競逐其中一個戲碼。

昨夜下了雨，今天盆地四周的雪山彷彿近在眼前，我們的車在平坦的公路上奔馳。當年張騫孤獨的身影，也曾在這裡踽踽西行。無法想像是多麼堅忍的心志支持著他，在被俘十年後逃出匈奴，翻越冰山，來到這個聞所未聞的異域，奔走於風土各異的民族與城池之間。西元前一三九年，漢武建元二年，張騫持節出關，隨從上百；十三年後終於返回長安，相隨的只剩下匈奴妻子與一名匈奴嚮導。

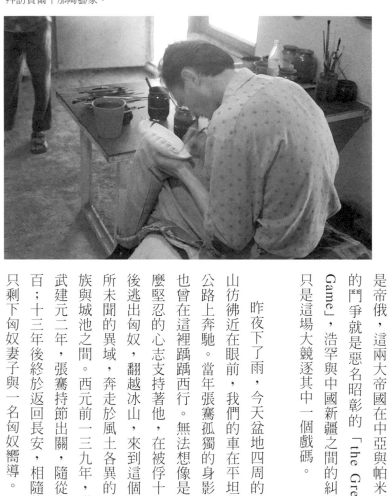

我告訴維西瓦這個兩千年前的中國人的故事，他感到不可思議，問我們來此是否爲了尋找一點當年的蛛絲馬跡。這當然是找不到的，我們也不存此想。

本來浩罕就不是布哈拉或是撒馬爾罕那樣的大城，沒有古老壯觀的伊斯蘭建築。十月革命之後，共產黨血腥鎮壓了企圖獨立的浩罕穆斯林組織，破壞城中大部份經學院與清眞寺，因此古蹟所剩無幾；即使是舊宮也不過是十九世紀的遺物，無論是年代或規模都無法與河中地區古城相比。但是舊宮正面的彩磁拼鑲配色鮮麗，另有一種俗豔的趣味。裡面是博物館，沒別人參觀，館長很熱心地親自說明，還特地讓我們上城樓鳥瞰。往下看，又是一對新人在親友簇擁下到此拍照留念。

我們穿過舊城曲折的巷弄，找到一處浩罕汗國皇室陵園。其中葬著一位十九世紀中葉的王妃，是有名的詩人。維西瓦說當時他的家族裡一位女詩人與王妃是好友，彼此有作品唱和，現在還有詩集呢。陵園旁一座十八世紀的經學院，在烏茲別克獨立後，經過沙烏地阿拉伯的瓦哈比派資助修復，曾經開始講學活動，但是已被政府勒令關閉。瓦哈比派的主要政治目標是建立政教合一的伊斯蘭國家，反對西方意識型態，宣稱爲達目不惜發動聖戰，中亞各國的民族情勢本來已極端複雜，而且獨立未久，腳步不穩，如何經得起這種激進思想折騰？烏茲別克政府在費爾干那盆地曾關閉不少瓦哈比派的活動地點，但是私下聚會仍然活躍。費爾干那盆地是全國烏茲別克族比例最高的地區，因此穆斯林信仰最虔誠，民風最保守。維西瓦想帶我們參觀一座經學院與清眞寺，但寺內人員拒絕我們進入，讓他很生氣，簡直是拂袖而去。惠玲和我倒是不在乎，清眞寺本來就是不許異教徒進入的，但是部份派別規定不嚴，只要不是祈禱時間，異教徒也可入內參觀，只是必須衣著保守整齊。

已過中午，又到了惠玲和我頭痛的時候：該吃飯了。以前和馬龍一起用餐，他總是不讓我們付帳，兩次以後我們學乖了，還沒吃完就先搶著去付錢。現在除了馬龍，又來一個維西瓦，我們可能搶不過他們兩個。

果不其然，維西瓦說什麼也不讓我付帳。他說這是習慣，烏茲別克族男性不能讓女性付帳，他自己有工作，請這點東西無所謂。惠玲對他曉以大義，我們請一位導遊來可不是讓他請吃飯的！好說歹說，最後各付各的。這是一個樹林裡的茶座，食客很多，大部份都是男性，看到東方人有點友善地好奇。惠玲和我不忘先到洗手臺淨手，我可以看到四周人們偷偷地觀察我們的動作。在中亞與新疆，這是很重要的禮節，許多外國人往往不淨手就直接入座，在穆斯林看來是很令人不快的；奇怪的是我們的導遊書上完全沒提到這一點。

最後一天，我們要到盆地東邊的城市安集延，小時候看地圖總是對某些地名印象特別深，安集延是其中之一。它在中亞歷史上並沒有赫赫聲名，卻產生了一位改變了阿富汗與北印度歷史的征服者。十五世紀末出生在安集延的帖木耳後裔巴布爾，在帖木耳帝國滅亡前的戰亂中敗走，往南方續求發展，最後創建了統治北印度的蒙兀兒帝國；北印度優美的伊斯蘭風格建築，

費爾干那路旁常有免費的葡萄可供摘取。

就是蒙兀兒帝國的產物，最著名的是泰姬瑪哈陵。

從絲路位置上來說，女集延地處新疆喀什葛爾與中亞往來要道。十八世紀中葉開始，來自河中地區與費爾干那盆地的烏茲別克族商人從安集延出發，前往新疆從事貿易，是新疆商界一股不小的勢力，中國人將之統稱為「安集延回回」，當時安集延人就是烏茲別克族的代稱。維西瓦聽了覺得很有趣，因為他出身於安集延人族，當年家族裡說不定也有人到中國作生意呢。

但是維西瓦本人對安集延不熟，他決定讓一位朋友穆罕麥提和我們一起去。他三十多歲，烏茲別克族，戴著傳統的小帽，在費爾干那觀光旅館經營藝品店，住家是郊外的傳統民居，他請我們先到家裡坐坐再走。穆罕麥提家是平房，庭院很大，架著葡萄，種了一些蕃茄與甜瓜。屋裡舒適整潔，客廳一角堆著折疊整齊的鮮艷毯子，這是烏茲別克族的習俗，愈多愈是富足；女主人的房裡更多，幾乎要碰到天花板。他有四個兒子，都還是青少年。他不無驕傲地指出孩子書房裡的阿拉伯文書籍，他們在經學院學習阿拉伯文，對於伊斯蘭教義非常有興趣，書房裡還掛著一幅聖地麥加的照片。

賣饢的小孩。

往安集延的公路兩旁是粗壯的桑樹。費爾干那盆地是烏茲別克斯坦的絲織中心，在這條路上的城市馬爾吉蘭，有規模龐大的絲織工廠。維西瓦說小時候每年必有一天老師帶著學生去工廠做活，把蠶繭下大鍋煮過抽絲，也就是中國人說的繅絲。我說小時候每個小學生都得在家養幾隻蠶，這下他可傻眼了。我告訴維西瓦大唐西域記裡的故事，敘述一位遠嫁于闐的東方公主如何把蠶繭和桑種藏在髮髻(或帽子)裡，從此西域才學會了桑蠶的技術。一些烏茲別克的歷史學家堅持中亞的桑蠶技術不是由中國傳入，卻沒有什麼可靠的證據。

不過中國的葡萄倒是從費爾干那盆地傳入的，我安慰維西瓦。這裡每家門口都有葡萄架，找了一家停下車，素不相識的女主人熱心地端出梯子讓我們上梯摘採，粉紫色的葡萄用水沖沖就可以吃了。果然其甜如蜜，帶著清香，與後來我們在新疆吃的葡萄比較起來豪不遜色。

我們先到安集延的巴布爾文學博物館，不巧整修中，只看到庭院中一座銅像，巴布爾做低頭沉思狀。他在晚年曾撰寫一本回憶錄，表達思鄉之情。

安集延的市面很熱鬧，一座公園巴扎與比鄰。公園門口有披紅掛彩的馬車，招徠遊玩的兒童乘坐。維西瓦說尤其是前往慶賀婚禮的小孩，都得坐這種馬車。今天大概又是黃道吉日，坐車的小孩很多，紛紛向我們招手問好，馬兒頸下的一串銅鈴直響，很喜氣。大宛國以天馬留名，現代的費爾干那盆地卻不產馬，這幾匹大概也不是天馬的後代了。

公園很大，種著許多玫瑰，林木蒼鬱。小湖上不少青年划船，對我們直招手。還有兒童遊樂設施，我們看到一位父親把穿著紗裙洋裝的小女兒抱上旋轉木馬——不對，是旋轉駱駝！而且是雙峰駱駝！眞是富有中亞色彩！

我們走進巴扎，費爾干那盆地的豐富農產在這裡一覽無遺，我總算知道什麼是「滿坑滿谷」，蕃茄、洋蔥、青紅椒、西瓜像海洋一樣，每一攤的小販蹲坐其間，簡直快被淹沒。也有不那麼粗放豪爽的小攤位，賣的是比較嬌嫩的蔬果。穆罕麥提選了幾個其色深紅，子實晶瑩剔透的大石榴。石榴又稱安石榴，據說是從西域安國、即撒馬爾罕一帶傳入中國。我們在撒馬爾罕吃的石榴還不如這個，也許是不知如何挑選。

香料區也很有趣。在河中地區的巴扎裡，香料小販總是向遊客叫賣番紅花，因為那是西方人唯一聽過的香料。不過惠玲和我也強不到哪兒去，各種香料其色各異，研磨或完整的都有，裝在小布袋和塑膠袋裡。我們只認得出小茴香、花椒和八角。花椒袋子上印著中文，是四川出產。

最後穆罕麥提鄭重為我們介紹一位賣manti的小販，因為他是中國人！老先生姓馬，戴著小白帽，一望而知是西北回族，講的西北腔調漢語，惠玲完全聽不懂。他說自己是五〇年代離開中國的，在此定居四十年了。離開巴扎時，維西瓦還一臉不可思議地告訴我，在安集延的巴扎上看著馬老先生和我突然說起中文，這一景象真是太奇怪了！

穆罕麥提帶大家到一家很講究的傳統茶屋，它有一座四面白磁的廚房，座位在庭院大樹下，鋪著鮮艷的座墊。我們先到廚房點菜，幾位身穿白袍的大廚很歡迎惠玲拍照。點了常吃的烤羊肉串、燉肉丸加粟米、羊肉濃湯，又加了幾杯酸奶，是用饢沾著吃的。像這樣的大型茶屋，顧客可以自備原料烹煮，穆罕麥提把剛買的菜蔬在廚房裡洗洗切切，擺了幾盤沙拉；再把石榴皮切開剝下，一個個大石榴擺在盤中像朵紅寶石花。我們照傳統脫鞋坐在矮床上，旁邊幾桌有人正高談闊論，也有人和我一樣只是享受著涼風與秋光，九月是烏茲別克最好的季節，我想起在希瓦的時候導遊艾西亞說的。

穆罕麥提問惠玲和我：「Choyhona（茶屋），good?」

「Good!」

「Andijan（安集延），Good？」

「Very Good！」

汗血寶馬已無跡可尋，但是我確信，二千一百年前，當張騫由東方穿越翰海、翻過天山，來到這個異鄉的時候，費爾干那盆地也曾經以它的豐饒物產與純樸人情，撫慰了我們孤獨的先驅。

旅人星球

★陶藝家的地址如下，也許有讀者希望與他連絡：

Rustam Usmanov（魯斯坦．烏斯瑪諾夫）
230, B. Ar-Roshidony str.
Rishtan 713330
Ferghana region
Republic of Uzbekistan
Tel: 7-37345-21585

★在費爾干那城的旅館

Olga & Valentine Guesthouse，電話：998-73-230413/250635。Olga（奧麗加）說英語。可事先聯絡讓她到車站接人。

★這兩年烏茲別克斯坦與塔吉克斯坦、吉爾吉斯共和國的邊境情況更不好了。從安集延到吉爾吉斯境內烏茲根的公車已停開，從西邊進入費爾干那盆地也不能經過塔吉克領土，一定要繞道走卡姆契克山口。

吉爾吉斯

再往東走，地勢漸高，氣溫降低，我們已經進入吉爾吉斯境內。天黑了，這時是陰曆七月底，沒有星月；路旁沒有聚落人煙，沒有路燈，偶爾有對面來車。我坐在前座往前望著已經四小時，不知是冷還是累，覺得頭疼。夜裡趕路是最耗人心力的，看不到盡頭，連身在何處也看不到。

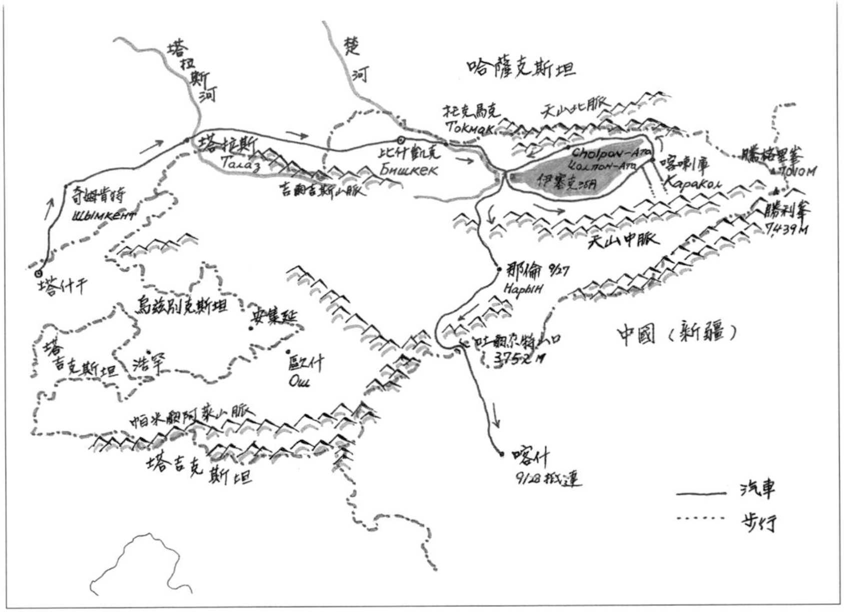

第二十四章　造紙術的秘密

在烏茲別克充分休息了十來天，接下來該往吉爾吉斯走了。沒想到這時候哈薩克小鬍子還是陰魂不散。

其實也是意料中事。辦中亞各國簽證需要旅行社的邀請函，我們離開臺灣前就安排好了，請烏茲別克旅行社將邀請函電傳到哈薩克旅行社，當我們在哈薩克天山健行的時候，小鬍子的屬下就能幫我們辦烏茲別克簽證。

簽證是辦了，卻是他們自己找來的邀請函，最糟的是停留期限只有十天，而我們在烏茲別克的預定停留長度是二十天。當時以解決付款糾紛為優先，沒有精神多糾纏此事；兵來將擋，水來土淹吧。

烏茲別克政府規定很嚴格，即使是同一位邀請人出面申請延長簽證都不太可能通過，何況我們根本不知道小鬍子找的是何許人？在前蘇聯買火車票必須附證件，若是簽證過期，很可能就出不了烏茲別克大門；即使有門路買到了車票，遇上軍警檢查更可怕，我們可不想被敲詐幾百美元或坐牢。

烏茲別克旅行社的年輕經理試過了簽證延期，不准。搭火車到吉爾吉斯首都比什凱克，他認為路線不安全。買長途汽車票，售票處要收罰款，其實也就是敲詐，並不保證上車就一路沒事。他堅定地告訴我們：「別擔心，我

「七隻公牛」傳說所在。最喜歡的photo之一。

有辦法！」奇怪的是我們對他很有信心，既然一開始敢擔下來，他就應該能做到。

這幾天我們就住在家庭旅館裡，忙著消耗在全國各地採買的土產，看衛星電視(我們已經與外界隔絕兩個多月了)，並以電子郵件和電話與比什凱克旅行社保持連絡。對方是一位年輕女孩絲帝芬妮，對我們不確定的行程不以爲忤。她說我們的臺胞證已經到了，但是吉爾吉斯與新疆之間的吐爾尕特山口在九月底至十月初關

這裡就是傳說中詩人李白的出生地——托克馬克。

閉，我們的入關許可卻還沒辦下來。現在先不忙這個，過五關斬六將，先過烏茲別克這一關再說！

九月十七日下午，經理回來了，一臉興奮地告訴我們他想到個辦法，明天上午就走！

程序是這樣：旅行社司機送我們出塔什干，過國境到哈薩克境內，我們有吉爾吉斯簽證，可以過境哈薩克，哈薩克海關不會刁難；在那邊有另一位司機送我們到哈薩克的大城奇姆肯特，城裡有長途汽車到比什凱克；若是沒有合適班次，他的司機可以幫我們找一輛叫客的小車。

聽起來很合理，困難部份是在烏茲別克與哈薩克國境上，但是這一段仍由他負責，既然他認為可行，就應該沒問題。我們興奮緊張地開始打包，準備明天溜出烏茲別克斯坦。

上午十點半出發。這才知道是由他本人開一輛車帶惠玲和我先走；一位司機開另一輛不起眼的舊車，行李廂裡放著我們的大背包。這一關可能不如想像中簡單！否則也不會如此慎重其事，還得兵分兩路，擾亂邊境軍警耳目。

塔什干距離國境不到二十公里，一會兒就到了。在烏茲別克這邊所有車輛都得停下，哨上軍警是否心血來潮要求檢查我們兩個的證件，那就看老天保不保佑吧。

士兵檢查了他的證件，問了幾句，朝我們兩個看看，接著要求打開行李廂……什麼也沒有，我們可不是偷渡。經理下車進海關辦公室做了例行登記，出門來不慌不忙上了車就往前開！三個人都想趕快離開這個是非之地，但是又得故示從容，短短五十公尺顯得這麼長，誰也沒回頭。

進了哈薩克，約好的第三輛車已經到了。我們在路邊等行李車等了二十分鐘，該不是東窗事發了？

他決定回去瞧瞧。沒事，至少我和惠玲不知道是否發生了什麼事，但是人及行李都毫髮無傷地過來了。我們握手作別，感謝他這次出色的專業表現！

哈薩克這邊的軍警果然沒有刁難，只是對臺灣來的旅客很好奇，王哥柳哥兩位士兵輪流與我們熱烈握手。鬆口氣，把呼吸調整過來，往一百公里外的奇姆肯特出發！

這裡是哈薩克的西南角，兩個沙漠間的乾草原，地勢開闊，略有起伏；一個月前從俄羅斯搭火車到阿拉木圖曾經過這裡，誰知道現在又回來了。我們的車很快，到奇姆肯特不過中午。三號司機進了一家旅行社，跟著出來的是一位說英語的女孩麗薩，一起到長途車站去查班次。

很不巧，今天沒有直達車，得先到阿拉木圖再轉，這趟就得十三個小時。我們可不想搭十三個小時長途車，然後又得想辦法離開阿拉木圖！還是包一輛小車吧，車站附近不少，幾乎都是老舊的蘇聯車。找到一位中年哈薩克族司機願意跑比什凱克，三號司機和他講價，最後敲定全程整車一百美元，先付一半；五百多公里的路，也差不多，我們同意。到比什凱克需時約六小時，大約晚上七點就到。麗薩會馬上通知比什凱克的旅行社這個消息。

這輛伏爾加很舊，上了前座才發現座椅就是這麼「放」在車裡，我只得雙腳抵地保持平衡，才不至於前仰後合。上路之後十分鐘，惠玲和我都察覺出有點不對勁了：這車怎麼也開不快，儘管司機大爺使勁踩油門，引擎響得像裝甲車，我往儀表板上一瞅，還是不超過五十公里。我不禁發愁，照這樣不是要十小時才到得了——如果這老爺車支持得住的話？

可是這位四號司機好像打定主意就這麼開到比什凱克，急也沒用，我想絲帝芬妮會等我們的。愈往東走，我們離開了草原，進入溪流潺潺的谷地。路面不太好，也沒什麼車，這裡比塔什干或是奇姆肯特都涼快不少，如果不是在這種情況下，我會更有心情來欣賞的。

9月中旬的伊塞克湖，天山中脈已經白雪皚皚了！

車開進一座敝舊的城市郊區，建築不多；最後在一座似乎是車站的地方停下，這裡也很冷清。司機問要不要吃飯，我們不吃，他就獨自往站旁的小吃店走了進去。我們下車透氣，這才看到車站上的大字：「塔拉斯」（蘇聯時期名爲詹布爾）。

塔拉斯就是唐朝時的怛羅斯城。西元七五一年，唐朝天寶十年，唐朝大軍在怛羅斯城一帶大敗於阿拉伯阿拔斯王朝的東征軍，被俘的中國造紙工匠被帶往撒馬爾罕，從此中國造紙術傳入中亞，再轉往阿拉伯與西方。

正在與惠玲大發思古之幽情地聊著，四號司機帶著一位年輕人回來了，他倆把行李搬上一輛紅色的日本車，再請我們換過去，四號司機大爺的任務就到此結束啦。我們雖有點詫異，但是看看這五號日本車比起舊伏爾加可是好太多了，現在只要能愈早到比什凱克就愈好！四號把比什凱克旅行社地址給了五號，比手劃腳示意，我們到了比什凱克再付給五號另一半車資。五號司機還特別在紙上寫下「US$50」確定一下，似乎比乘客還怕上當，看這模樣我們也就放心了。

新車果然不同，開得飛快。出了城，順著一條河流往東南方走，路旁木牌上寫著塔拉斯河。河面並不寬，水也很淺，田野上清朗的藍天掩映在金秋的疏林之間，誰想得到這野曠天清的平原當年也是煙塵莽莽的戰場？怛羅斯一役，決定了東西兩大帝國勢力在中亞的消長。隨著唐朝的衰落，中國的政治影響力自此沒有再跨過帕米爾以西①。

這一帶突厥古名「千泉」，《大唐西域記》中描寫爲「南面雪山，三陲平陸，水土沃潤，林樹扶疏。」②當年身佩鈴環的群鹿悠遊林下，突厥可汗十分愛惜，下令不可傷害。傍晚的涼風吹進車窗，蜿蜒的小河與溪流靜靜穿過蘋果園，收割後的麥田與樹林一片金黃，農舍散佈田間，偶爾有農家小孩坐在路旁樹下，腳邊是一兩只堆滿蘋果的小鋁桶，等待過路的顧客。

再往東走，地勢漸高，氣溫降低，我們已經進入吉爾吉斯境內。天黑了，這時是陰曆七月底，沒有星月；路旁沒有聚落人煙，沒有路燈，偶爾有對面來車。我坐在前座往前望著已經四小時，不知是冷還是累，覺得頭疼。夜裡趕路是最耗人心力的，看不到盡頭，連身在何處也看不到。

晚上九點，我們終於開進一座城市，稀疏的燈火看來竟是如此輝煌！車在一個廣場旁停了下來，前方建築物上寫的是比什凱克長途汽車站。五號司機下了車，手裡拿著旅行社地址，和一旁幾個聊天的計程車司機搭了幾句話，大概是問路吧。

1 這是指直到清乾隆統一新疆南北路之前。
2 《大唐西域記》卷一。

他回來告訴我們，比什凱克到了，下車吧！我們一臉錯愕，不是說好到旅行社的嗎？只見他拿了行李，又往其中一輛計程車上一放！老天，出現了第六號車！這場長途接力總該結束了吧！

五號司機要我們看看行李已經全搬過去了，又當著面數了三張當地鈔票給六號司機，表示交接完畢，我們不必再付計程車錢；簡潔的風格，跟他開車很像。我們也滿意地付了五十美元。第五號任務結束，我們上了第六號車。

六號司機約三十來歲，一臉笑容，略通英語，很自豪地問我們覺得他的車怎麼樣。這是一輛從德國來的二手賓士計程車，我們很老實地告訴他，今天連行李車我們已經換了六輛，就數他這部車最豪華！他很樂，繼續跟我們聊天。他的父母是五〇年代來自新疆的維吾爾人，我仔細看了一眼，果然長相與吉爾吉斯族或烏茲別克族都不同。十九世紀末與二十世紀中，有不少新疆維吾爾人遷往中亞，尤其以吉爾吉斯境內伊塞克湖東岸爲多，因爲當地適宜農耕，符合維吾爾人生活習慣。

約十五分鐘後到了旅行社，在市區南方一片寧靜的木造平房住宅之間。一位金髮女孩開了院子大門，我們和絲帝芬妮總算見了面！她一直擔心我們是否發生意外了。不是的，我們告訴她，只是有點曲折而已！七百公里路，六輛車，十一個小時。現在大家該去旅館的去旅館，該回家的回家，明天再好好聊吧！

第二十五章　地圖上的藍眼睛

休息了一夜，第二天我們又回到旅行社。今天要和絲帝芬妮討論接下來在天山中脈與伊塞克湖的行程，還有最麻煩的一件事：我們出現經濟危機了。

我們離開臺灣時多帶了預算五分之一的現金，但是在俄羅斯一個多月的花費實在超出預算太多，雖然我們幾乎都是以電湯匙煮食通心粉果腹；而且在北京時惠玲因工作需要買了一只鏡頭，即使只有臺灣售價的三分之一，也是一筆額外開銷。離開俄羅斯之前我們已警覺到這個問題，到了九月中在塔什干的時候，又仔細地算了一次，結果很可怕：我們連新疆都待不久，只能乖乖買張機票回北京；說不定連北京也不能去，得直接從新疆到香港。

在塔什干我與絲帝芬妮連絡時很老實地告訴她這個困難，我們不願意向家人求援，唯一希望就是公司接受信用卡付款。可惜她們還沒有這種服務，絲帝芬妮要我別擔心，由她來打聽是否有其他辦法。

這家登山公司從所在位置就與眾不同，一棟有大院子的老舊木造平房，根本看不出這是中亞兩大專業登山公司之一（另一家就是阿拉木圖小鬍子）。進了屋子，滿壁登山地圖，間或幾張天山風光海報、國外寄來的卡片與明信片，還有一溜獎牌；我仔細一看，是騰格里峰單人攻頂年度比賽的前三名獎牌①，看來這家公司的員工與嚮導已數年名列前茅，令人肅然起敬。幾張舊書桌上文件與電腦雜陳，映著一窗濃蔭，一隻小黑貓毫不客氣地在桌上到處悠遊；氣氛溫馨隨意，很像學生宿舍。今天來上班的還有一位中年斯拉夫人，也許是老闆，坐在隔壁一個小辦公室裡；一位人高馬大剃了個光頭的

1 每年吉爾吉斯共和國登山協會舉辦這項國際性比賽。騰格里峰位於天山北脈，海拔6995公尺。

吉爾吉斯牧民的女兒，很會擺Pose，待我一按下快門，她馬上跑開了！

男生，活像美式足球選手，走在街上絕對沒人敢惹，正在和老闆以俄語激動地辯論什麼。

絲帝芬妮告訴我一個好消息：她打聽到了我的信用卡服務處，可以預借美元現金，可是詳細手續與金額限制還不清楚，她也沒把握眞能借到錢。即使如此，絲帝芬妮和同事還是親切地接待我們，讓我們使用電子郵件與家人及新疆的郭錦衛先生連絡；要知道這時我們連一毛錢都還沒付！

本來絲帝芬妮已經安排了一條天山中脈健行路線，最高海拔是三千八百公尺，但是上星期下了一場雪，山間牧民已經往下轉移了，我們很可能雇不到足夠的馱馬或挑夫，因此必須自己背負十五公斤的裝備。還有一個意外狀況是惠玲的消化系統功能明顯退化，這幾天一直不明原因腹瀉，體力不足。因此我們決定取消原訂計畫，加帶一輛吉普與司機，每天轉移陣地做一日健行或其他戶外活動。那個男生亞力幫著出主意。出人意料的，他溫和而有耐心，英語非常流利，跟剛才吵架的樣子完全不同，我們總算有膽子站進他周圍半徑一公尺以內。

最後敲定整個行程來回六天，明天出發，在伊塞克湖岸及天山中脈裡活動，絲帝芬妮把每天所有費用鉅細靡遺地條列出來給我們。回到比什凱克的隔日，也就是九月二十七日，我們就必須往中國出發，趕在九月二十八日進中國；邊境上的吐爾卡特山口將從二十九日關閉至十月六日②，若是沒趕上，屆時我們的吉爾吉斯簽證就到期了。中方入關許可剛辦下來，之前似乎沒有臺灣旅客從吐爾卡特山口出入中國③，郭錦衛先生花了許多工夫打聽手續。中方邊防單位特別規定我們不可單人入關，而且不可使用公共交通入關，也就是說一定要有合格旅行社在邊境接人。就算中方沒有這項規定，吉爾吉斯的邊防單位也會要求我們必須有續行交通證明，這筆花費是跑不掉的。

九月二十一日上午，絲帝芬妮先帶我們去信用卡辦事處，在一家新落成的四星級旅館裡。之前她和辦事處通過電話，因此順利地拿到錢，我們很感謝絲帝芬妮幫忙。她說以前曾有幾次旅客付不出錢，要求回國後再付，之後卻杳如黃鶴。我們把哈薩克的遭遇告訴她，她十分詫異，畢竟那也是家大公司。這兩家公司在騰格里峰上都有登山基地，彼此算是競爭對手，作風卻完全不同。「這就是你們老闆沒有大賓士的原因，」惠玲對她說。

回到辦公室，我們見到了嚮導及司機。嚮導伯洛克是吉爾吉斯族，三十來歲，中等身材，圓圓的笑臉，雙眼黑白分明。司機弗拉基米爾，可能是斯拉夫人，戴著一副茶鏡，他的車是一輛三菱吉普。

中午出發，今天要趕的路很長，從比什凱克往西，沿著楚河到伊塞克湖西岸，再沿著人煙稀疏的伊塞克湖南岸，到達天山中脈裡的營地。離開比什凱克前，伯洛克特地買了一小袋米，預防惠玲不能吃其他食物。出了城，先

2 平時週末關閉，其他假日也有可能關閉。這次是中國國慶日加上中秋節。

3 在我們進中國前二週有一位臺灣遊客搶先一步，是從莫斯科飛比什凱克，再進吐爾卡特山口。

紮營旁的吉爾吉斯氈房。

在一家小餐廳吃午飯，伯洛克爲大家點的是牛肉燴飯之類。桌上有一碟油浸辣椒粉，伯洛克特別警告這是非常辣的，一面往自己盤裡加了一大匙。弗拉基米爾則是一點也不碰。惠玲此時腸胃不好，不敢多放。我也算是能吃辣的了，吃到嘴裡還是嚇了一跳，雖然聽說吉爾吉斯人吃辣，沒想到功力這麼深！之後我們發現在吉爾吉斯的餐廳桌上必有這麼一碟油浸辣椒粉，吉爾吉斯族甘之如飴。

從比什凱克往東約五十公里，我們經過托克馬克，從這裡開始就是楚河流域了。往北望，天山北脈的餘脈不斷，平原上則是一片沃野，不似草原景象。楚河在中國文獻上稱爲碎葉水，沖積平原是東西絲路往來要道，也是北方草原民族南下牧馬之地，自古聚落密集；從蘇聯時期開始發掘出幾座文獻上記載的古城遺址，其中之一是托克馬克附近的碎葉城，唐高宗時安西四鎮之一，中國實際疆域的極西點。

我們沒有時間去古城遺址，再說也不是專家，似乎沒有必要非去不可，能夠在這一帶徘徊片刻也就夠了。想想一千二百年前中國能夠在此用兵，從都城長安開始，一路上關驛系統運作如臂使指，眞是不容易！

關於唐代碎葉城有一件發生在二十世紀的往事。七〇年代初，正是中國與蘇聯在東北邊境劍拔弩張之際，兩方對於古代與現代疆域之間的關係也各執一詞。就在此時，中國大陸的學術巨頭郭沫若「考證」出唐朝詩人李白的出生地是碎葉城，蘇聯領土上的托克馬克。雖然李白家族有西域血統已是定論，但是這個考證結果現在已不爲大陸史學界採用。爲了今日的擾攘，把一位偉大的古代詩人「發配邊疆」，也是中國歷史上一件奇事。

沿楚河往東南，漸漸進入一道峽谷，灰綠色的水流湍急，山路曲折盤旋，某些路段相當險要，這是穿越天山北脈西段的要道。出了峽谷，景象與楚河平原完全不同了：赭紅色丘巒起伏，白草遍生，北風卷地，雲天四垂。這裡一條岔路往南穿越天山中脈，那就是回到中國的路。

不過現在我們繼續往東南沿伊塞克湖南岸而行。南岸不若北岸適宜農耕與旅遊，只有幾個村落從事放牧，路況較差，明顯比北岸冷清，幾乎沒有其他車輛。黃昏時分，我們停下車小息，伯洛克要惠玲和我在湖水裡浸一下雙手。水是溫的，比起傍晚的氣溫暖和許多，這就是湖名的由來，突厥語裡「Issyk Kul」的意思是「熱海」。伊塞克湖是高緯度的高山湖泊，洪濤浩瀚，冬不結冰，自古有許多神秘的傳說。此時夕陽西沒，荒無人煙的湖上一片紫色氤氳，不免讓人想起書上記載的「龍魚雜處，靈怪間起」④，惠玲和我不約而同打了個寒噤：快上車吧！

到了湖東南方天山中脈裡的營地，已經是夜裡九點了。我們的鄰居是一

4《大唐西域》卷一，書中名爲「大清池」。

家吉爾吉斯牧民，住在傳統的吉爾吉斯氈房裡。明天一早還要活動，大家隨便吃了點乾糧與充做沙拉的青紅椒就睡了

這裡海拔約二千五百公尺，雖然已是九月下旬，比起一個月前在天山北脈還是比較溫暖，而且林線明顯較高。我們所在的河谷裡松柏蒼翠，短草鮮綠，與荒涼雄奇的天山北脈成對比。昨晚惠玲和我都睡得很好，今天伯洛克要帶我倆往山上走走。

順著營地旁一條山澗往上，進入一個寬約五百公尺的谷地，谷地東側有另一條溪流，一家氈房，牧民正在往東邊山坡上放羊。我們沿谷地西側往上走，穿過高大的松柏林下，準備爬上已有初雪的山峰。

也許是前半個月在烏茲別克舒服慣了，現在陡然回到中高海拔，在哈薩克訓練出來的體力此刻居然無影無蹤，惠玲和我走得直喘氣，大概伯洛克都要開始懷疑我們是不是眞的爬過比這還高的地方了。我們建議他到此爲止吧，別再往上走了。於是轉往東邊，到一片鳥瞰伊塞克湖的坡地上午餐。雖然位置絕佳，可惜這一帶空氣中水氣豐沛，遠方湖面只是隱約可見；後來幾天裡這一直是惠玲拍照時最大的困擾。

午餐時，伯洛克看見我的瑞士小刀上帶著的鑰匙，告訴我那是很好的門鎖用的。他曾是一位警官，走過前蘇聯許多地方，連波羅的海三國也去過。爲登山公司工作是去年才開始的，他有三個兒子，最大的剛上中學。中亞的

軍警是自助旅行者的障礙之一，據說吉爾吉斯偏僻山區裡的海洛因產銷與軍警也有關。總之，在中亞當警察是絕不會找不著門路的，可是伯洛克卻捨此不取，我們並沒追問原因，惠玲和我都不是記者或作家的料子。

午餐完下山，我們選了一條小路，卻迷失在數十公尺山崖上的灌木林裡，惠玲倒是從這個難得的角度拍了不少照片。崖下是溪流，沒有路徑，又不能攀岩而下，只能往回走。坡很陡，帶刺的灌木尤其討厭，不但攔人去路，連視線也受阻；沒多久，惠玲和我發現伯洛克居然消失了！我們叫著他的名字，山裡只有風聲。

「該不會掉下去了吧？」惠玲有點擔心。

「不會吧。如果掉下去應該有『啊……』一聲。」好像不怎麼嚴肅，不過我也沒說錯。

如果伯洛克沒掉下山崖，應該能自己回到營地，就怕他忙著找我們兩個。我和惠玲繼續往坡上走，回到一片高山臺地上，由於剛才在樹林裡鑽了很長一段路，現在上來的地點是我們未曾見過的。幸好方位還記得清，惠玲也帶著指南針，結論是我們現在的位置在早上牧羊谷地的東邊，但距離不明，至少目視無法看到牧民的氈房。總之，現在得往西走，只要找到那條溪流與那家牧民，我們就能回到營地。

天山中脈健行。

吉爾吉斯「叼羊賽」。

「要是他們搬家了呢？」惠玲總是有許多奇怪的想法。

「那條河總不會也跟著搬了吧！」跑得了和尚跑不了廟，怕什麼！只是我們不知道到底要走多遠，而現在已是下午四點了。

我們按計畫往西走，找到一條山徑，沙上的馬蹄印與羊群遺留的羊糞還很新，順著這個痕跡，果然找到了一條溪流。往下游走，找到羊群渡河的地點，氈房卻一直未出現。這時太陽已西斜，山裡吹起晚風，我不禁焦躁起來，難道記錯了，這裡並不是我們要找的那個谷地？

走在前面的惠玲忽然回過身對我喊：「沒錯啦！我看到炊煙了！」

就在此時，背後響起伯洛克的聲音！回身一看，他還在溪谷對面的山徑上，顯然走的是同一條路。

總算鬆了一口氣！我們和他招招手，繼續往前，經過氈房，再往下走，回到了營地。雖然沒爬上山，今天的運動量可也不少！

伯洛克緊接著也到了，很不好意思地道歉。我們告訴他沒關係，反正路也不難找，我們就自己回來了！

要說有什麼不滿意的，大概就是我們的晚餐了。伯洛克身兼嚮導與廚師，眞沒什麼時間做飯，我們的三餐總是麵包、乾酪、米飯、生紅蘿蔔、生青紅椒、臘腸、燻肉等冷食，連速食麵都算是一大享受。

「唉！一到晚飯時間我就懷念魯斯坦！」惠玲雖然鬧著肚子，還是不免抱怨，「我總算知道他每天做那麼熱騰騰的一道大湯、擺一大盤沙拉有多了不起了！」

「嗯。這幾天他一定被你唸得耳朵很癢。」我也很想念他！

接下來兩天，我們繼續更換營地，並在山中健行。這裡非常像德國阿爾卑斯山區，比起天山北脈少了一股蒼茫之氣，多了幾分水秀。第四天傍晚，我們終於到了伊塞克湖北岸。

我們的車離開湖濱公路，往北方天山北脈裡走，順著滔滔人河而上，要找一個今晚的營地。惠玲狐疑地轉過臉看著我，我知道她的意思：一個月前我們走過這條路，就是從天山北脈出來的時候，這條河就是我們曾經從源頭而下的大阿克蘇河！照這樣走下去，豈不是要走到當時的最後一個營地？伯洛克要找的營地該不會就是它吧？

天色已晚，沒法再走，我們找了一處較寬廣的草地紮營。這裡比天山中脈冷多了，第二天早上起來帳篷上已結了一層薄冰！

伯洛克還是不死心，這天上午繼續帶著大夥兒溯流而上。「有個很美的小湖。」他告訴我和惠玲。但是今天時間不夠，最後還是放棄了。我們兩個都鬆了口氣，要是真的費了好大勁到了那個湖畔，真不知臉上該做何表情，總不能告訴他一個月前我們就來過了吧！

中午從山裡出來，我們投宿在湖畔的度假木屋。

由於風景好，又有溫泉，這個小鎮在蘇聯時期是非常熱鬧的療養與度假中心；由國家出錢來此度假是一種獎勵，夏天裡一位難求。當時全蘇聯不知有多少這樣的天堂！黑海、高加索、伏爾加河、貝加爾湖。現在有些地方，比如黑海，也許比從前還要熱鬧，不過出入的換成了新富階級和外國遊客，一般俄國人及中亞居民連食衣住行也要費心張羅，怎麼負擔得起全家長途旅行的開銷？伊塞克湖這個地點，本地遊客驟減，外國遊客增加不多，這幾年就明顯沒落了。

園裡種了不少樹，成排木屋很像是軍營。我們兩個這間是兩張並排的單人床，被褥倒還乾淨，一張舊書桌，黑洞洞的小廁所，門窗上掛著褪色的單薄花布。木屋油漆剝落，園裡的兒童遊戲場棄置已久，附設餐廳看來是連旺季也不營業的，湖畔沙灘上的木造長廊也朽壞得差不多了；花園裡的雙色玫瑰仍然盛開，有茶盤大小，也是花事將盡了。

裁判排排坐，等待「叼羊賽」即將展開，這也是我最喜歡的photo之一。

惠玲和我顧不得吃午飯，先換了泳衣到湖邊游泳，沙灘上還有兩家人也在玩水。水很溫暖，味微鹹。我們在水裡輕鬆地載浮載沉，望著近在眼前的雪山，怎能相信這是九月底在中亞一千六百公尺的山上？從小就看著地圖上這個東西廣、南北狹的湖泊神遊，現在居然能在這兒游泳！長大的確也有長大的好處！

黃昏時，湖上蒸騰的水氣漸息，起風了，我們望見了南岸的天山中脈，紫色身影上戴著白帽，是永不消融的雪。山脈的那一面，不過一百公里遠的地方，就是中國。

與一個月前喧嘩的夏末完全不同，現在是金秋的顏色，嫩黃的杏消失了，換上嫣紅的蘋果，襯著深藍的湖水、白了頭的天山；秋天的伊塞克湖最美，我想起冉尼亞說的。

暮色四合，雪山消逝在視野之外。月光映在波間，前天正是秋分。

伯洛克掏出一個硬幣，放在眼前對著月亮看了幾秒，他說吉爾吉斯人相信這樣可以帶來財運，我們都笑了。我心裡想的是一句唐詩：

「碎葉城西秋月圓。」⑤雖然現在是碎葉城東，秋月也還不甚圓。

唉！是該回家了。

5 王昌齡詩「從軍行」。

旅人星球

★到無法使用信用卡的地區自助旅行，最好多帶預算的五分之一到四分之一的現金。

★隨身帶著小指南針，城市及鄉間都有用。

★方向感很重要。雖然有嚮導，或是同行友人，還是不能只跟著他們後頭走，總要自己多留心地形地物。

★吉爾吉斯旅行社資料

ITMC Tien-Shan，地址：Molodaya Gvardia 1A, Bishkek 720035，電話：996-312-651221/1404，傳眞：996-312-650747，e-mail：itmc@imfiko.bishkek.su

網頁：http://www.geocities.com/Pipeline/Slope/6009/，http://www.bcity.com/tienshan/。他們在中亞其他國家及新疆都有長期合作夥伴，並參加每年十一月的臺北國際旅遊展。總經理Mr. Vladimir Komissarov 是著名登山家。

伊塞克湖

在大唐西域記中記載了這個神秘的高山湖泊，它有許多奇妙的特點。

★長一百七十公里，寬七十公里，世界第二大的高山湖泊(就面積而言)。深達六百九十五公尺。

★地處海拔一六零九公尺，緯度北緯四十五度，卻冬不結冰，可能是因爲湖底及周圍活躍的地熱活動。

★沒有河流外流，因此味微鹹，水色呈藍黑色。

★數百年來傳說湖底有沉沒的城市。但地質學家研究發現湖面在過去五百年間並未上漲，而是降低了近二公尺，原因不明；也許更早以前上漲過？

★北岸有古代中亞游牧民族斯基泰人Scythes與之後蒙古--突厥部族遺跡，包括岩畫與墓葬。

第二十六章　關山月

當我們往中國出發的時候，已經是陰曆八月上旬，還有一星期就是中秋，距離我們離開北京已經三個月了。

今天是星期日，絲帝芬妮沒來辦公室。亞力再幫我們檢查了一遍必要證件：吉方出境許可、中方入境許可、中方續行交通證明、入境俄國時的報關單。前幾天他幫我寄了好厚一疊家信回臺灣，此刻我要付清郵資，亞力堅拒：「沒事。小錢。」

這趟兩天路程，今天將在中途小城那倫過夜，明天一早趕到邊境，到時才是眞正的挑戰。司機是沙夏，一望而知是條漢子，見過場面。司機與旅行社都需要特別許可才能走吐爾尕特山口，而且在吉爾吉斯這邊還不一定有什麼狀況，因此司機和旅行社的信譽及經驗都很重要。

離開了比什凱克，與前往伊塞克湖是同一條路。過了楚河下游峽谷，取往南岔路而行，從這裡開始，才是眞正的吉爾吉斯。

吉爾吉斯族的主要族源是西伯利亞的古老游牧民族堅昆，在九世紀中曾經建立了黠嘎司汗國，之後隸屬於蒙古部族統治，並逐漸往新疆北部及中亞

頭戴吉爾吉斯傳統帽的老先生們，正等待著「叼羊賽」的展開。

山區遷移，中國清朝文獻裡稱之爲布魯特。他們是屬於山區的游牧民族，悠遊在這片平均海拔三千公尺的莽莽大地上，自有天地，不與人爭。

很難想像這裡距離首都不到兩百公里路程，已經是絕域蒼茫。高原上草枯風疾，雲壓四野，初雪後的高大山脈橫向天邊，秋日午後的陽光在一片蕭瑟中帶來些許溫暖；牧民已經離開了夏季高山草場，轉往過冬的村落。和其他地區一樣，路邊偶爾有西元一九九五年立的紀念碑，紀念口傳史詩「瑪納斯」流傳千年。傳說中的英雄「雄獅瑪納斯」與四十好漢帶領族人抵抗異族壓迫，是吉爾吉斯的民族象徵。這部史詩記錄下來的長度有二十萬行，分爲八部份，是全世界最長的一部詩作。中國只出版了第一部中文譯本，就是一千頁上下兩巨冊！紀念碑多是一隻獵鷹的雕塑。馴鷹伴隨吉爾吉斯人不知有多少歲月了，馬是吉爾吉斯人的翅膀，臂上的鷹是他的伙伴。

過了一個小村，我們發現公路左側坡下一片草場上人馬雜遝，似乎要舉行傳統的叼羊比賽。我們三個正蹲在路邊往下看，小路上走來一位年輕警察，惠玲和我頓時緊張起來：怎麼了？這是什麼不能與外人道的機密場合嗎？

不是的。沙夏說主人請我們賞光，下去看看歇歇；他跑了幾年車還沒有這種際遇呢。

那敢情好！我們也就毫不客氣地由警察開道，長驅直入到了營地。這裡是個訓馬場，有幾個貨櫃屋。秋高氣爽，方圓幾十公里的吉爾吉斯牧民都來湊個熱鬧，大家好奇地看著這兩個外國人；紮著花頭巾的婦女對我們點頭微笑，小男孩們跟著我們邊跑邊說「哈囉」。屋前有電子琴伴奏演唱助興，眞可惜不是瑪納斯。

屋裡一張長桌，桌上滿滿的傳統菜餚，全是大塊吃肉、大碗喝酒的游牧民族風格：水煮手抓羊肉、白煮犛牛肚、碎羊肉燴寬面條、奶油炸的菱形小麵團「包爾薩」、饢、羊肉抓飯；少不了的是伏特加，居然是「易開杯」的塑膠小杯裝，上覆膠膜，就像礦泉水。幾位客人與警察正在用餐，看到我們不免熱烈握手寒暄。客人是來自城市的朝鮮族人，飲食十分豪邁；幾位吉爾吉斯族警察高頭大馬，雖不諳英語，也一直試著和我們聊天，氣氛很熱絡。

不久主人進來了，是一位頗有草莽之氣的中年人，與我們熱烈握手，贈送一人一本俄文小冊，並親筆簽名留念。小冊內容是追憶他被蘇聯迫害至死的祖父；老先生當年也是當地首領之類的身份，富甲一方，故而遭到鎮壓。封面是老先生畫像，封底上卻是他自己的畫像，猛一看還眞弄不清誰才是「古人」。

在前蘇聯參加此種場合，最麻煩的是乾杯的問題，一旦開了頭，就沒完沒了。沙夏要開車，明正言順逃過一劫；我們兩個遠道而來，怎麼也推不掉，連乾兩杯伏特加。幸好這時通知比賽快開始了，讓大家出去瞧瞧，才免得在離開中亞前一天還得出醜。

長方形的草場一邊是坡地，認眞的觀眾已經佔好了位置，幾乎全是中老年人：穿著寬鬆花洋裝紮著頭巾的婆婆媽媽、戴著傳統黑白二色羊毛氈帽，留著一把白鬍的老爺爺；三三兩兩坐在一塊兒，對場上十幾位馬背上的好手品頭論足。年輕的孩子們沒這個耐性，只顧在場邊玩笑，看到帶著相機的惠玲尤其興奮，一夥一夥勾肩搭臂地要求留影。場邊有十來張座椅，坐著一排德高望重的老先生，望之儼然，是主人請來的貴賓。

等著參加叼羊的選手騎著馬，在場上來回小跑暖身。叼羊開始之前，照例有摔角，一般必須有五回合。摔角開始，場邊觀眾陣陣叫好，幾位媽媽激動得站起身來爲選手打氣吶喊，反而是爸爸爺爺們仍然正襟危坐。騎馬來的年輕觀眾原本停在場邊，摔角一開始，也都往場裡擠，一旦認爲有什麼不公或違規之處，兩方居然在馬背上也開始推推搡搡，黃塵暴起。只見主人與警察騎馬衝進戰團，把兩邊拉開，特別不聽話的還挨了幾下馬鞭子。不過是兩個人摔角就這樣全場熱血沸騰，要是叼羊眞開始了豈不是驚天動地？

好不容易把這些胡攪蠻纏的小子們都趕出場外，又開始摔角。接下來是一樣的程序：兩方又要助戰、警察又趕一次、又重新開始。我們三個看看錶，已經待了兩個小時了，還要趕路呢。主人在場上忙著拉架，我們也就不打擾了，只跟幾位警察道別，再次上路。旅行中不得不放棄一些機會，這一次大概是最可惜的。

傍晚投宿在那倫的氈房營地。那倫是個荒涼的城鎮，旅客幾乎都是來往於中國與比什凱克，途中在此過夜而已。現在是淡季了，營地只有我們三個。

吉爾吉斯與哈薩克族的氈房類似於蒙古氈房，但是圓形天窗沒有兩根樑柱支撐，而是完全由構成屋頂的木條撐起，因此天窗部份顯得較高聳，不似

專注於「叼羊賽」的婦女，各種錯綜複雜的表情皆有。

「叼羊賽」的參賽者與熱情的觀眾，純真的他們只要求拍照，卻無人留下地址要我寄回。

蒙古氈房屋頂較平緩；內部必須鋪上鮮艷的氈毯，並以刺繡掛毯為裝飾。我們的氈房裡正北主位上掛著好大一張刺繡，花樣是玫瑰，還繡著完成年份是一九七一年。

周圍林木蕭蕭有秋氣，天色還亮，上弦月已高掛在蔚藍的空中。庭院地上有幾個染成紅綠的羊髀骨，想必是主人孩子們的玩具。這是亞洲北方草原民族遺風，以羊髀骨做類似彈珠、抓子兒的遊戲，在蒙古時達娜曾教過我，那已經是將近三個月前的事了！現在我們要結束在北方草原上的流浪，回到屬於農業民族的南方。

營地裡出售傳統工藝品，惠玲和我都看上氈子縫製的小駱駝。我們各自為對方付錢，晚餐時互相贈送「禮物」，慶祝從北京出發滿三個月。

九月二十八日清晨六點，我們就爬起來準備出發了。吐爾尕特山口是兩國貿易往來的唯一出入口，導遊書上說每天清晨等待通關的大卡車在兩邊都是大排長龍，混亂與延誤可想而知。這是絲路的復興，不過吐爾尕特山口是新路徑，舊時隊商是取道西南方的另一座山口，進入費爾干那盆地。

從那倫往南，地勢更高，山脈更加寬廣高大，一路海拔在三千公尺以上，這一帶比昨天的路程還要荒涼蕭索。陽光遲遲未起，雨雪擊打著擋風玻璃。兩旁積雪的山脈虎視眈眈，似乎在風雲掩護下悄悄逼近。

快到達距國境六十公里的檢查哨，沙夏讓我們下車透透氣。眼前是橫斷天際的冰峰，劍戟森森，晨曦照著特別耀眼。這仍是天山中脈的一部份，吐爾卡特山口高度是三千七百五十二公尺。

到了檢查哨，沙夏與士兵握手，遞了一包煙，士兵看了一眼證件就放行了。在中亞旅行，公路上的檢查哨不少，我們的駕駛都很有經驗，知道怎麼打交道。

抵達邊防站，出乎意料，今天一輛卡車也沒有！沒聽說兩國的經濟往來發生了什麼變化，也許是因爲中方即將放長假，進出口暫時擱置。我和惠玲先帶著行李下車，這裡已經下雪了，氣溫很低。一輛中型巴士先到，一共不過十多人。還不到九點，先在大廳裡填了表格，就等著邊防與海關人員上班了。

巴士的乘客大部份是維吾爾人，其他大概都是吉爾吉斯人，也許是跑單幫做生意，或是探親訪友的；外國旅客只有我們兩個。邊防單位先檢查證件，俄羅斯與中亞五國還有邊境聯防，因此部份士兵是俄羅斯人。我打頭陣，檢查的士兵似乎不能確定拿我怎麼辦，請示長官，咕噥半天。我站在小窗口前不禁有些緊張，旁邊一位年輕衛兵偷偷對我微笑了一下，做了個手勢要我放心。果然沒事通過。

俄羅斯軍隊應付過去了，接著是麻煩的吉爾吉斯海關。沙夏畢竟老練，領頭進了海關辦公室；其實他算是閒人，但是關係弄得不錯，也就和我們一起待在辦公室裡。裡頭坐著三位當班的海關官員，對來自臺灣的我們很感興趣，一進門先握手。要看的是入境獨立國協時的報關單，還有現在的出境報關單。

我出境報的是七百美元，其實不到實際金額的三分之一。不出所料，他們要我把錢拿出來給大家瞧瞧。

據書上說這時候只有兩種方法，一是裝傻，一是只說英語，我看這兩種只能算一種，很不幸這幾位當然也說英語。我很老實地把紙包著的美元從暗袋裡拿出來，讓他們一張一張數。沒錯，正好七百，三位大哥很滿意。那當然，我身上就這麼七百元，不多不少，我保證。

接著惠玲就不檢查美元了，大概是看我倆挺誠實吧。行李也沒檢查，通過。出門時我們三個都鬆了口氣！沙夏去開了車過來，從這裡往東七公里，一座拱門標示著國界。沙夏在這邊停下車，約好的中方吉普已經等在另一邊了。

很像是被引渡的通緝犯，我們就在帶著紅星的拱門下被移交給中方。我們和沙夏握手，並以俄語道別，從這裡開始就不再需要異國的語言了。向過去的三個月道別吧，我們永誌不忘！

瑪納斯（Manas）

「我給大家演唱英雄，這是祖先留下的故事，我不演唱怎麼能行？」瑪納斯開唱之前一定有這麼一段開場白。這是一部起源於十世紀，其後在流傳過程中不斷增添加工的口傳史詩，十世紀至十五世紀，吉爾吉斯人先後受到克塔依人（Kitay，契丹，建立了遼與西遼）及卡勒瑪克人（Kalmuk，這裡指西蒙古的準葛爾部）的統治。傳說中的英雄瑪納斯帶領族人對抗這兩族壓迫。能演唱並加工瑪納斯的歌手稱爲「瑪納斯齊」，根據大陸學者的錄音記錄，新疆最有名的瑪納斯齊居素普・瑪瑪依表演完整部史詩，一共花了兩年多時間！他的瑪納斯分爲八部份，包括瑪納斯子孫的故事。

若問起瑪納斯齊是怎麼學會演唱瑪納斯的，他們一定告訴你是夢中神靈感召的結果。經過多半是他偶然在山間睡著了，夢中出現了瑪納斯的參謀、老英雄巴卡依。巴卡依讓他吃下一把小米，霎時天搖地動、雷鳴閃電，出現了瑪納斯與他的四十位英雄……一夢醒來就會記誦這部史詩了！

新疆人民出版社有第一部的中譯本《瑪納斯》。Songs of Kyrgystan, King Record，收錄一小段（兩分鐘）瑪納斯，但不是瑪納斯齊表演，而是傳統音樂職業樂手。

哈薩克族與吉爾吉斯族的傳統運動

★叼羊(buzkashi)。目標物是一隻剛宰殺的羊，割去頭蹄，食道紮緊，放在草場一端，騎手們從另一端策馬過來爭奪。第一人拿到之後，眾人趕上設法搶過來，場面激烈，參加者必須非常精於馬術。

★姑娘追(qyz quu)。年輕男女並騎往草地另一端出發，小伙子可以對姑娘開玩笑（不可動手！），姑娘不能生氣；一到了終點，小伙子馬上往回跑，姑娘在後快馬加鞭追趕，小伙子被趕上就得挨幾下馬鞭了。參加者限制於同輩，而且是不同氏族。

★婚禮及其它慶典期間一定有摔角活動，烏茲別克族也喜愛摔角，馬上摔角則是騎在馬背上，雙方扭住互摔。

吉爾吉斯族音樂

最常用的樂器是三弦彈撥樂器考姆茲（komuz），可獨奏、伴奏歌曲與史詩演唱。和哈薩克族傳統樂手一樣，吉爾吉斯族樂手也有嚴格的傳承。推薦CD如下。

★Songs of Kyrgystan，King Record，吉爾吉斯職業樂手錄音。

★Music of Kirgyzstan，Buda Musique，吉爾吉斯境內田野錄音。

還有一張與哈薩克冬布拉的合集，請見第十四章。

新疆

也許眞是人心貪不足，能夠輕輕鬆鬆上這世界屋脊就是一大福分了，一百年前斯文赫定及斯坦因都是費了好大勁才爬上來的；此刻我想著的卻是公路西側連天雪峰之後的世界。那才是眞正的大帕米爾，有冰雪皚皚的險峰、雄偉的冰河與冰湖、遺世獨立的粟特後裔；現在都屬於塔吉克斯坦與阿富汗，擾攘的國家，多事的邊境。我還眞羡慕斯坦因，當年帕米爾雖說是中俄英三國交界，他卻是來去如入無人之境；「Great Game」，那可眞是探險的黃金時代！

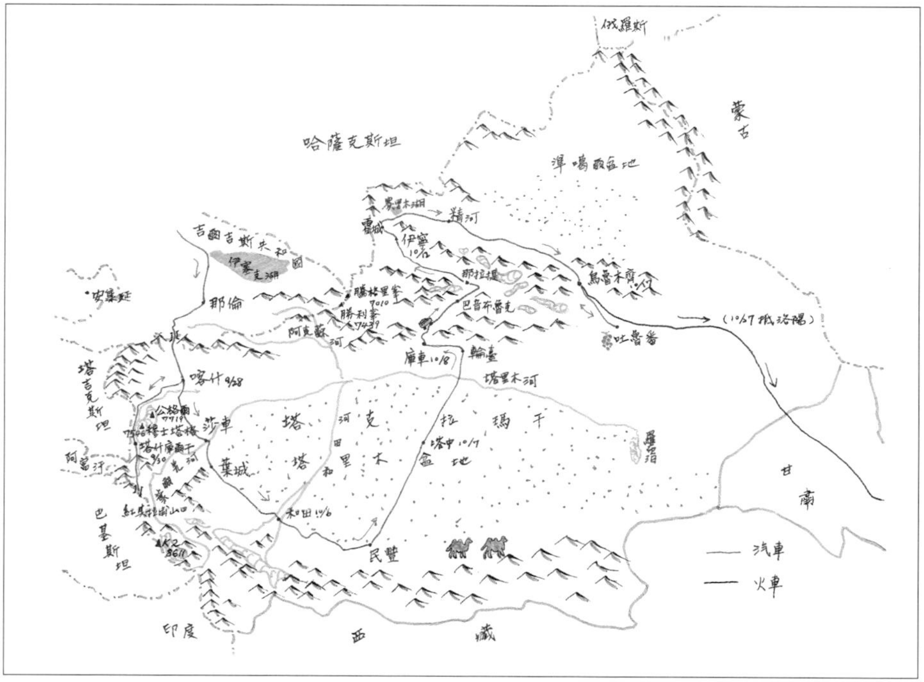

第二十七章　蔥嶺雪

過了吐爾尕特山口，中方邊防與海關人員一面有條不紊地檢查，一面親切地與我們交談。看到臺胞證上次出境是中蒙邊境上的二連，都不禁感歎：「好大一個圈子！你們這趟可眞遠！」

乍到中國，最不習慣的是自己居然又認得字了。三個月來看慣了俄文字母，再看到拉丁拼音招牌居然一時轉不過來，仍以俄語發音拼讀，心裡還納悶，這到底寫的是什麼？在喀什旅館裡，二樓窗下傳來人語，惠玲驚訝地對我說：「咦，有人說中文！」我忍住笑沒吭聲，半晌惠玲才自己悟過來，兩個人哈哈大笑！

休息了一天，我們就要沿取道中巴公路，走上世界的屋脊，帕米爾高原。

郭錦衛先生的好友，喀什登山協會的董經理親自開車帶我們走這一趟。董先生十多年前從軍來到新疆，學會了維吾爾語，對當地風土十分熟悉，我們聊得很開心。他說昨晚郭先生還打電話提醒，別忘了今天要帶我們上中巴公路呀。從他這裡我們才知道郭錦衛先生是新疆旅遊界赫赫有名的人物，這幾年開始流行的新疆探險旅遊路線，幾乎都是郭先生探勘出來的。等我們到了烏魯木齊，就可一識廬山眞面目了！

喀什的打鐵街。

中巴公路是由中國與巴基斯坦合作修築，一九八二年完工，從喀什往南上帕米爾東部，穿過喀喇崑崙山，進入巴基斯坦北部與世隔絕的洪雜河谷，再通向南方的拉瓦爾品地，全長一千三百公里，國界上的紅其拉普山口是最高點，海拔四千七百三十公尺。這是古老的駱駝隊商路線，直到本世紀五十年代，按照季節往來的隊商仍是喀喇崑崙山區的主要補給方式。

昨夜喀什下了夏季以來的第一場雨，氣溫陡然下降，帕米爾高原上想必是下了雪。我們今天要直上紅其拉普山口，再折返至塔什庫爾干縣城過夜。

離開了喀什與疏附綠洲，進入紅色砂岩結構的蓋孜河谷，逐漸往上爬昇。董先生指給我們看，對面陡坡上的隊商路徑依舊宛然可尋。這裡屬於公格爾山系，峽谷曲折，險峰連天，谷中雲氣蒼茫，狹窄的公路上不時有落石擋道，似乎是荒無人煙；但是董先生說在對岸群峰之後另有天地，是一個青翠山谷，有從事農牧的吉爾吉斯族定居。

出了峽谷，車走上了帕米爾高原。現在是淡季，公路上已經沒有什麼車輛，卻還有自行車騎士帶著裝備，吃力地騎上帕米爾。每年有不少旅行者騎自行車走完中巴公路，惠玲和我在山上健行還可以，要這樣騎車大概是辦不到！

在這世界屋脊上奔馳，因爲山勢開闊，反而不覺其高。高原上雲破見日，更顯得天地爲之一寬。出了峽谷不遠，海拔七千七百公尺的公格爾峰出現在公路東側。其實稱它爲「峰」並不完全正確，這是一列綿延天邊的冰山，從公路上眺望，閃光熠燿，巨大的冰河有十數條，從山稜之間蜿蜒而下。董先生有一回帶隊登公格爾山，走了四小時仍無法離開冰河，當夜只好在冰河上紮營，人人凍得叫苦連天。

似乎只有這樣的冰峰才能提醒我們這裡有多高。過了公格爾不久，天邊出現了另一座耀眼的冰峰，這是中巴公路上最有名的景色，慕士塔格峰，腳下是它的鏡子，喀喇庫力湖。今天先上山，明天下山時我們將在此勾留。我們的車在公路上繞過仰之彌高的慕士塔格，繼續往前行。

車過海拔三千八百公尺的塔什庫爾干，山勢逐漸緊逼，公路也曲折起來，路邊山坡仍有昨夜的殘雪。午後天氣說變就變，不一會兒山間已是雲霧籠罩，絲絲寒氣似乎鑽進窗裡來了。董先生問：「怎麼樣，感覺到了嗎？」我們以爲他說的是溫度下降：「嗯，是冷啦。」不是，他指的是海拔高了：「你們倆沒覺著心跳什麼的？我都有點感覺了。」我們還眞不知道海拔高到這地步！據說當地旅行社帶團到喀喇庫力湖都得準備氧氣筒，不適應的遊客不在少數。

經過最後一個檢查站時，一位與董先生熟識的軍官說昨夜才下了好大的雪，今天來拍照正好！他讓一位剛剛換防上山的士兵搭我們便車，這位年輕人還沒見過紅其拉普山口與界碑呢；穿著軍裝的年輕士兵帶著小相機高興地上了車。之前董先生還帶著商量的語氣請我們同意，我們當然是歡迎。在蒙古西北部，以及從吐爾尕特山口到喀什的路上，我們都讓當地人搭過便車。他說有一回帶一位海外女性華人上山，她就是不讓軍方搭便車，跟邊防單位鬧了個不歡而散，紅其拉普也沒去成。出門在外，需要調適的地方很多，這樣堅持已見有時只是給自己帶來麻煩。

也許眞是人心貪不足，能夠輕輕鬆鬆上這世界屋脊就是一大福分了，一百年前斯文赫定及斯坦因都是費了好大勁才爬上來的；此刻我想著的卻是公路西側連天雪峰之後的世界。那才是眞正的大帕米爾，有冰雪皚皚的險峰、雄偉的冰河與冰湖、遺世獨立的粟特後裔①；現在都屬於塔吉克斯坦與阿富汗，擾攘的國家，多事的邊境。我還眞羨慕斯坦因，當年帕米爾雖說是中俄英三國交界，他卻是來去如入無人之境；「Great Game」，那可眞是探險的黃金時代！

公路轉了個大彎上坡，眼前是一個險要的山谷，積雪甚深，重重疊疊的雪山隱約在縹緲雲霧之間，雪山腳下讓出了一條曲折狹窄的過道，就是紅其拉普山口。公路兩旁立著中巴國界界碑，此時居然又是陽光普照了，界碑上金紅二色在一片銀白裡顯得特別耀眼。

紅其拉普山口是這次旅行到達的最高點，雪後氣勢果然宏偉，惠玲和我卻不怎麼激動，也許是因爲還想著這次無法成行的喀喇崑崙山健行。惠玲說我們兩個都中了毒了，舒舒服服坐著車不喜歡，拉一隊人馬在高山裡走十幾天才過癮。

大家高興地合照之後，天色又變了，山谷中雲氣再度聚攏，我們向兩國邊防戰士道別下山。我回頭往山口東邊眺望，雖然望不斷這雲封霧鎖的雪山。那個方向是興都庫什山脈，一千二百五十年前，大將高仙芝帶領唐朝大

1 少數粟特人在阿拉伯人征服其地之後陸續逃入山間，今天帕米爾山區有少數部落的語言與種族無法歸類，學者認爲可能是當年粟特人的後裔。

軍強渡海拔四千六百公尺的達科特冰阪，冒著風雪與冰河的危險，直下一千八百公尺到達雅新河谷，迎頭痛擊來自中亞阿姆河流域的大食軍。這大概算是唐朝中國在西域的最後　搏，四年之後，也是這位名將，在怛羅斯一役全軍覆沒。

這位親切的老先生，問我是不是台灣國民黨？

從山口下來，夕陽照上了帕米爾。經過一座塔吉克族小村時，一頭又高又壯的駱駝在公路上悠遊。惠玲連忙叫停車，拿著相機下了車就跑。駱駝似乎讓她的氣勢嚇傻了，乖乖停步不走，惠玲好不容易才緩過氣來握穩相機！她根本忘了這是海拔四千公尺以上的地方！董先生說現在養駱駝的人家不多了，駱駝也沒事可做，只有K2、慕士塔格的登山補給隊才派得上用場。

當夜投宿塔什庫爾干縣城，放好了行李，到村裡吃晚飯。這是個家庭式餐館，除了我們三個，其他食客似乎都是來自巴基斯坦的貨車司機與商人，穿著傳

回教徒似乎酷愛金飾品，這條街是專門販售金飾品，若自行攜帶目錄，亦可打得像目錄般的好。

統服飾。惠玲消化不良，給她點了一碗揪麵片，我和董先生點的是羊肉拌麵，新疆最普遍的一道主食。等了十幾分鐘，還沒上菜，到廚房一瞧，水汽蒸騰裡一位少年滿頭大汗地緊緊按著灶上的大鍋蓋，一面嚷嚷著馬上就好！反倒是我們不忍心了，這裡海拔高，筋道的「拉條子」（拉麵）很不容易煮熟，特別費工夫。

一開始董先生擔心我們吃不慣，在新疆幾乎每位朋友都很關心我們的飲食問題；豈知我們羊肉已是吃上癮了，再加上本來就偏好麵食，拌麵美味實惠，就成了我們在新疆一個月裡的主食。新疆的餐廳分爲漢餐廳與民餐廳，後者供應穆斯林飲食。我們總是上民餐廳，而且一定是一大盤羊肉拌麵，據說只要是入了甘肅，不但羊肉不如新疆鮮美，就是麵也嫌太軟和了。

回到旅館房間，惠玲和我一面喝茶，一面看電視；這也成了新奇事物，因爲我們已經三個月不問世事了，就算要問也聽不懂，比如八月中俄羅斯政壇動盪，我們人在俄國還不曉得，到了哈薩克看見英文報紙才知道有這等大事。現在電視上播放的是晚會，這才提醒了我們明天是十月一日。每逢這樣的大節日，新疆各城往往外弛內張，我們在這時候跑到帕米爾高原上，是無意間置身事外了。

第二天早上，董先生問我們睡得怎樣。很好啊，很暖和，後腦勺碰到枕頭就睡著了。他笑著說：「你們倆挺行！很多人在這樣高的地方睡不好呢！」也許是之前半個月待在中高海拔地區習慣了，或是這三個月訓練的成果吧。董先生說像這樣去羌塘公路絕對沒問題②！羌塘公路從新疆崑崙山下的葉城出發，穿越西藏阿里地區，最高海拔五千三百公尺，行車時間五天，是最令人「頭痛」的旅遊路線，有人一路缺氧頭疼得欲哭無淚，還曾經有心臟病發作不治的！在這種地方一旦感冒，幾乎一定惡化成肺水腫，必須馬上送往軍醫院。當地人從不會發生這種病症，一般醫院沒有經驗，送去了只是延誤病情。中巴公路與羌塘公路由於交通方便，很容易使人忘記這是全世界平均海拔最高的地區，遊客最好有心理準備，量力而為。

塔什庫爾干一帶在東漢名為蒲犁，西域三十六國之一。現在是塔吉克族自治縣，縣城只有一條大路，東西貫穿。塔吉克族是中國境內唯一屬於印歐人種的土著民族，面相明顯不同於突厥人種，雙眼大而深，鼻樑高聳。與中亞的塔吉克人不同，他們是帕米爾塔吉克③，信奉十葉派伊斯瑪儀支派，從事農牧，與世無爭，純樸友善。在這裡我們可以把相機或背包留在車上，而

---

2 羌塘是藏北無人區的古名。

3 他們與中亞平地塔吉克人的生活方式及宗教都不同。有的說帕米爾塔吉克方言瓦罕語。

喀喇庫力湖旁的倒影。

不必擔心遭竊。今天是假日，一早就有許多居民往市集上走，惠玲和我隨意漫步，一路上，戴著傳統花帽和頭巾的小姑娘們好奇又害羞地向我們微笑。

逛完街，到縣城西邊的古堡「石頭城」，塔什庫爾干意即「石塔」。雖然《大唐西域記》中曾提到此地朅盤陀國的王城，與石頭城頗符合，但是這已不是唐代遺物了，修築年代不確定。據說在四九年後國民黨游擊隊曾以此爲據點，遭到蘇聯空軍轟炸。斯坦因在《西域考古記》中曾記載這座「中國堡壘」，書中照片約攝於一九〇六年，看來建築還頗完好，現在這斷垣殘壁可能眞的是轟炸造成的。

離開塔什庫爾干，我們繼續往山下走，在喀喇庫力湖下暫停。數年前第一次讀西域考古記，由於書中沒有地圖，被地名弄得頭暈腦脹，雖然也是帕米爾高原上的喀喇庫力、慕士塔格、甚至塔什庫爾干，描寫的地形卻與今天的中巴公路一帶完全不同；對照著新舊版地圖，好不容易才搞清楚書裡指的是阿富汗境內的同名地點。這幾個地名也太普遍了，突厥語裡喀喇庫力是「黑湖」④，慕士塔格是「冰山」⑤，在新疆與中亞有好多相同地名，跟「阿克蘇」一樣。

4 Kara Kul。
5 Muz tg Ata，原義爲「冰山之父」。

大概是看慣了雪山冰湖，喀喇庫力湖與慕士塔格峰雖美，對我們兩個來說，似乎有點看景不如聽景；可能是因爲天色已經大亮，這種地方要清晨和黃昏才是懾人。湖邊可以泛舟，百年前斯文赫定在喀喇庫力湖上第一次駕起羊皮筏子，眞把純樸的吉爾吉斯牧民嚇了一跳！現在攀登海拔七千四百五十六公尺的「冰山之父」慕士塔格峰也不算難了，前幾年還有一隊日本高中女生也成功登頂！四十年前從喀什上塔什庫爾干要騎十天小毛驢，現在就算直上紅其拉普也只要六小時！

誰想到世界的屋脊也不再與世隔絕了？也許我們眞的不會放棄喀喇崑崙與興都庫什之夢！

旅人星球

★新疆漢人習慣簡稱其他民族爲「民族」，而非「維族」或「哈薩克族」等等，尤其在不確定此人是哪一族的時候。

★新疆的餐廳分爲民餐廳及漢餐廳。爲了方便與經濟原因，民餐廳也許是比較好的選擇，尤其是同行人數不多時。

★中國全境使用北京標準時間。新疆實際上與北京有時差二小時，因此作息時間較晚，但是各種時間表仍用北京時間。與當地人約走見面最好先確定是北京或新疆時間。

新疆旅行社資料

★國際體育旅行社，烏魯木齊市青年路三十五號二號樓一單元三〇一或三〇三室。電傳：86-991-2617641，電話：86-991-2629385，e-mail：gae@mail.wl.xj.cn。安排新疆一般觀光及探險旅遊、跨國界陸路交通。與ITMC及喀什登山協會合作。

喀什旅行社資料

★喀什登山協會，體育路四十五號，電話：86-998-2823680，電傳：86-998-2822957。在喀什只有兩家旅行社有資格走吐爾乃小特山口，它是其中之一，與比什凱克的ITMC合作。

中巴公路旅行要點

★與吐爾卡特山口不同，外國人可搭乘公共汽車穿越國界。

★若是不打算到巴基斯坦，只想去紅其拉普山口，就必須找合格旅行社。有資格上紅其拉普山口的旅行社每年繳交規費，車上有標誌與許可證。遊客也必須申請許可，上了山進入國界孔道前還得由邊防單位批准。

★若是只到喀喇庫力湖與塔什庫爾干，則不必有上述手續或特別車輛。

★大多數遊客可能是第一次到這種海拔，注意不要激烈活動

維吾爾飲食

與中亞烏茲別克族飲食近似，在餐廳可吃到的有如下幾種。

★拉條子，一般稱拌麵。拉麵條用炒菜拌勻。炒菜通常有羊肉、蕃茄、大蒜、芹菜、包心菜。也有湯麵，稱爲揪片子。

★抓麵片。薄麵片撕成小塊加上湯，適合老人小孩。

★烤包子，samsa。羊肉餡，做法類似咖哩餃。

★薄皮包子，manta。羊肉餡，類似蒸餃或小籠包。

★抓飯，pulau。但餐廳裡賣的較油膩。

★烤羊肉串。比中亞烤羊肉串多加了數種香料。

★煮羊雜碎，是羊肺及大腸灌麵，煮熟後放冷，吃時切薄片拌上各種香料，專門小販出售。

★小圓饢，gride nan,很像眞正的bagel。

第二十八章　過磧行

爲了等待週日的大巴扎，我們在喀什待了一星期，這是一段難得的悠閒時光。前三個月裡從亞洲到歐洲、再從歐洲回到亞洲，好不容易回到了中國，總要給自己一點獎勵吧。

我們在幽靜的色滿賓館一住六天，與漢族維族的服務員都挺熟了。白天往街上跑，把艾提尕清眞寺一帶的維族市街逛了個熟透，傍晚回旅館附近的維族或川菜館吃飯，晚上在房裡看書、寫日記及家信。惠玲腹瀉的症狀從離開塔什干之前就出現了，在吉爾吉斯好些，進了中國又犯了，現在看著我大啖川菜和拌麵，只能苦著臉喝湯。回到中國，惠玲又能買到心愛的「康師傅」，可是必須放棄過癮的麻辣調味包；最痛苦的是連西瓜甜瓜也不能吃。她自己歸納出來的結論是旅行裡苦日子過慣了，不能大吃大喝。「大概通心粉吃太多，胃腸都成了彎管狀，形狀不合的食物一概排斥。」幸好在市面上發現了兩樣新歡：運動飲料「健力寶」，以及維族的小小圓饢，總算讓惠玲略感安慰。

十月四日是星期日巴扎，五日是中秋節，我們預定六日離開喀什；不過，要往哪裡走？要怎麼走？

我們計畫往東南繞塔克拉瑪干沙漠而行，接著取道通車不久的沙漠公

巴扎趕集的交通工具，以驢車爲主，所以，停車場亦改成「停驢場」。

路，往北穿越這個「有進無出」的沙漠，到達塔里木盆地北緣的庫車；也就是從絲路南道轉往中道。本來打算搭長途汽車，但是拍照機會受限，而且沙漠公路的長途車多是夜車，連看風景都有困難。我們在喀什認識的藝術家熊老師建議還是包輛小車，比較自由。於是託了董先生，找到一輛車，過完中秋就出發，全程三天兩夜，到了庫車第二天還帶我們去克孜爾石窟，才算結束。之後要怎麼走，那就再瞧著辦吧，在中國畢竟方便得多。

養精蓄銳一星期，週口到了。我們在當地時間七點就出門，懷裡揣著剛出爐的饟，背著傢伙，冒著清晨秋涼，趕到了吐曼河邊的農貿市場。到得太早了，趕集的商販都還未就位呢，遠道而來逛巴扎的各族民眾正陸續抵達，據說這是中亞最大的巴扎，一天之內前來趕熱鬧的人數有十萬之眾。我們決定先離開市場，沿著路往前走，看看到底是多大的場面。

這裡已經是喀什郊區，秋天清晨的田野頗怡人。攜家帶眷的維族有的步行，有的駕著驢車，有的乾脆是一輛大卡車卸下幾十人。很多是趕了一夜的路來逛巴扎，不爲買賣，就是來逛逛瞧瞧，到了傍晚再趕一夜路回家。這條路本就不寬，年輕氣盛的小伙子趕著車，誰也不讓誰，甚至飆起車來的也有。幾輛旅行社的小巴坐滿了西方遊客，臉上都帶著驚異與好奇。沿路上大卡車卸下來的人群與牲口不斷加入人潮，都往巴扎的方向前進。我們是反其道而行，逆流而上。也有同路的「驢的」——驢車的士——從後趕上吆喝著去「香妃墓」①；要論中亞伊斯蘭建築，新疆並不算是最好，我們志不在此，因此就在人潮車陣中觀察了一個多小時。喀什的維吾爾人太習慣國外遊客了，不知這到底是好是壞。

再循原路回市場，巴扎已經是蓄勢待發。滑稽的是其實我們根本不知道巴扎的中心地帶在哪兒，只知道在吐曼河邊，也許根本就沒有什麼中心地帶；跟著當地人走，有路就鑽吧。我們逛進了蔬菜市集、二手電器市集（只

1 正式名稱是阿帕克和卓麻扎，是容妃出身的阿帕克和卓家族墓園。香妃其實是乾隆的容妃，葬於河北遵化縣的裕陵。

有我們兩個女性！）、二手衣物市集、停（驢）車場、還有花帽繡片市集，全是蒙著棕色長蓋頭的維族婦女②，手持自己做的繡片，等待盤商收購。

然後進了織品與藝品市場，這裡是搭了天棚的固定區域，營業日不限於星期日，觀光客多來此選購紀念品。這裡也是分門別類，各有專區：地毯、棉布、絲絨、窗簾、民族服飾、一般成衣、兒童服飾等等。同是棉布，也許這家專做印花布，那家專做條紋和素色。一樣是絲絨，這家是傳統的花樣「艾特萊斯」，小姑娘穿上正合適；那家是大紅大綠壓金邊起銀花的，迎合媽媽們的要求。櫛比鱗次的攤子上各色絲絨整整齊齊堆著有兩三公尺高，在幽暗的天棚下閃閃發亮，空氣裡飄著香料攤上傳來的氣息，好一幅絲路景象！誰看了也得暗暗點頭。

一個小男孩頭頂著柳條筐，兜售胖呼呼黃澄澄的炸麻花，我買了一個捧在手裡吃著，跟惠玲繼續逛。從這裡再往外擴展，是家庭雜貨、瓷器、文具、首飾、糖果餅乾……把我們逛得頭昏眼花。兩位西方遊客喜滋滋地一人抱著一個暖瓶，如獲至寶，上面印的是聖地麥加的圖案。眞懷疑他們到底知不知道那是玻璃內膽，不想摔碎就得這樣一路抱回家？我就缺乏這種耐性，惠玲在費爾干那盆地的瑞墟坦買了幾個小陶盤，一路上懷抱提攜，就已經讓我自歎不如了。

2 在南疆，婦女戴蓋頭仍然盛行，蓋頭長達膝間。也有不戴蓋頭，但是頭髮及頸部完全包裹起來。婦女服裝也極保守，長達腳踝的裙子、深色襪子、寬大長袖有領上衣(數件)，戴手套。

喀什巴扎著名的一景是牲口市集，我們跟著趕羊牽駱駝的人群才找到。這眞不是誰都能適應的地方，兩個似乎是香港遊客的大男人，皺著眉、舉著潔白的面紙掩住口鼻往外倉皇而逃。時値正午，烈日當空，場子裡暴土揚塵，羊羶氣味沖天，地上拴著各家羊群，或是腦門上、或是尾巴上染著紅綠顏料，以資區別。周圍居然還有幾個飲食攤，灶上正起勁地甩著拉條子，幾個西方人觀賞著他的手藝，師傅面帶微笑，甩得更有架勢了。場中人群摩肩接踵，固然有買賣雙方正在袖筒裡握著手討價還價，也有不少人就爲了閒逛聊天而來，也許連帶著了解一下行情，將來派得上用場。巴扎不僅僅是買賣市場，它的大部份功能可能還是社交性質的，在現代社會中維護著傳統的聯繫方式。

外面是鞍具與車具市集，順著吐曼河兩岸，還有木器、農具、五金……不知有幾里長。下午一點多，巴扎正熱烈的時刻，該瞧的都瞧了，惠玲和我決定打道回府，再這樣逛下去眞的要告饒服輸了！我們相信這的確是中亞第一大巴扎！

離家萬里，中秋也得過。上街買月餅，各家都以「阿克蘇」月餅招徠，是新疆有名的產品；可是我們兩個實在是一聽到這名字就想笑，想起在哈薩克山上吃的「阿克蘇」麥片粥及「阿克蘇」茶。

爲了接下來三天的旅程，又買了饢、餅乾、蘋果等乾糧。我買了幾本文藝雜誌，旅行中可以翻翻。我們又上維族市街逛了一遍，再沿街看一次作坊及商店，還有那位問惠玲是不是國民黨的香料舖維族老先生。旅館漢族服務員都調了班，紀念品小店乾脆提早打烊，逛完巴扎的旅行團都離開喀什了，這一夜特別安靜。

十月六日早上出發，司機是趙師傅，四十來歲，高個子的北方人。車上了環疆公路往東南方走。這兩年路修得不錯了，趙師傅說。的確，這一段柏油路面都是剛重鋪的，我們的車速很快。

公路東邊是塔克拉瑪干沙漠，西邊是中巴界山崑崙山脈，塔里木盆地的大河，比如塔里木河的上游葉爾羌河，都是發源於崑崙山脈。可惜空氣中帶有大量塵沙，往西望完全看不見雪山。公路處於沙漠邊緣，一片荒涼乾熱的礫土。綠洲上是完全不同的世界，蔥綠的樹林從很遠就能望見，進了綠洲，道路兩旁是密密匝匝的高大白楊，樹下是泠泠流水，一路濃蔭。

路過莎車，正好有市集，各家趕著驢車，還有駱駝車，特別引人注目。趙師傅說現在駱駝頂多就是拉車，不再用駱駝隊作沙漠長途運輸了；「無數鈴聲遙過磧」的景象已不復見。這一帶維族已婚婦女戴的小帽與眾不同，好像一個黑色小茶杯，頂在頭上。

沿著塔里木盆地的邊緣，是一連串古老的綠洲城市，今天我們將經過莎車、葉城、在和田過夜。明天經過于田，從民豐進入塔克拉瑪干沙漠，在塔中過夜，第三天往北到輪臺，抵達庫車。民豐古名鄯善，庫車就是龜茲，葉

剃個頭吧！

喀什特殊的百寶盒。

爾羌、和闐、于闐，都是熟悉的地名，在中國人引以爲傲的漢唐歷史中是臣服天朝的西域小國，值得一記。至於中國退回河西走廊以東之後，這片曾經佛法昌盛的土地也就走出了中國史的敘述範圍，消失在將近千年的黑暗中——至少對中國人來說是如此；頂多就是提到準葛爾帝國、回亂、新疆建省、吐魯番的千佛洞，中原的紛擾已經理不清了，何況新疆的英俄勢力割據、西方探險家挖寶什麼的又不甚光彩。於是一提到新疆，每個學生的第一個反應就是中華民國的一個行省，或是中華人民共和國的維吾爾自治區。

可能要說也說不清。今天我們習慣將新疆當成一個整體，其實以天山爲界的南北疆在地理與歷史上差異頗大。北疆一直與蒙古及西伯利亞草原民族關係較深，南疆塔克拉瑪干沙漠周圍的綠洲則是古老的農業與商業中心，東西方宗教與文明沿著綠洲絲路傳播。

這是一塊處於東西交會路口的土地，擋不了來自四面八方的勢力，也許是和平的宗教與文化，也許是以強凌弱的軍事與政治。漢朝時這裡是中國與北方游牧民族的戰場，唐朝時還是中國、突厥、吐蕃三方角力；接著是來自蒙古高原的突厥部族回鶻、今日維吾爾族的祖先，然後是突厥部族及契丹建立的王朝，在這段時間裡伊斯蘭信仰傳遍南疆，喀什葛爾成爲中亞東半部的文化與宗教中心；到了十三世紀天山南北都難逃蒙古鐵騎蹄下，在察合臺汗國治下度過一段平靜時日；西元十六至十七世紀南疆是葉爾羌汗國，后期政權爲伊斯蘭宗教首領和卓③們所把持，最後亡於北疆厄魯特蒙古的準葛爾帝國。康熙與乾隆朝數次用兵西北，在十八世紀中才統一新疆南北路。螳螂捕蟬，黃雀在後，十九世紀中葉清朝衰落，英俄兩國在亞洲腹地的Big Game接著上場，喀什葛爾是其中一個舞台，中俄訂定了幾個界約，原屬於中國的哈薩克東南部、吉爾吉斯伊塞克湖一帶以及帕米爾大部份都拱手讓人；外有強權窺伺，內部民變不止，光緒八年新疆建省也無濟於事；到了民國建立，軍閥割據；共產中國成立，一九五五年新疆成爲維吾爾自治區。

仔細算起來，在一千兩百年裡，中國中央政府駐兵於新疆的時間不到二百年，而且多半集中在天山北路；直接管轄時間就更短了，清朝建新疆省只有三十七年。若論文化與種族淵源、歷史與宗教變遷，新疆——尤其是南疆，其實應該與前俄屬中亞相提並論。許多遊客對新疆總以「異國風情」一言蔽之，很少有人想到，很長一段時間裡新疆一直就是異國！共產中國成立之後，爲了政治、軍事與經濟方面的原因，大量漢族移入新疆、尤其是北疆的工業都市，但目前南疆維族人口仍佔百分之七十以上。漢人來南疆開墾的，有不少吃不了苦，又回到關內，趙師傅說。

中國共產黨的民族政策不可謂不高明，然而蘇聯解體、中亞五國獨立，對一些新疆維族來說是不小的衝擊，或者該說是動力；「疆獨」，或稱東土耳其斯坦建國組織，又開始活動。近十年來，新疆每年總要出幾件事，當然新聞都是封鎖的，即使是本地居民也不一定清楚。

趙師傅對這種消息特別注意，因爲幾起報復性的謀殺對象都是漢族計程

3 波斯語Khwaia，「顯貴」，後指先知穆罕默德及其親屬的後裔「聖裔」。

車司機。凡是天色已暗、攔車的人神色可疑，還是以不做這趟生意爲好。凡遇漢族的傳統節日與國定假日，新疆各城特別緊張，這時最好也別出門跑長途車。

老鄭，我們在北京的一位朋友，是電視攝影師，九七年參加一個記錄片拍攝小組在新疆待了一個月；當時正是七月，香港回歸前夕。新疆風聲鶴唳，草木皆兵，「每個人都想著會出事」，他告訴我。

喀什大巴扎趕集去！

本來應該是旅遊旺季，當時卻市面蕭條。劇組到達喀什的時候，旅館與名勝簡直空無一人，專做觀光客生意的維族小販與手工藝者叫苦連天，見了他們上門紛紛大減價拋售求現。

「中國的民族政策」，他說，「其實是少數民族——或是兄弟民族——政策。」也就是說，在中央集權許可範圍內，以少數民族利益爲優先考量。以新疆爲例，少數民族有學校，以本族語言及文字教學，出版物及報紙都有維文版。維族在新疆生活，一輩子都用不上漢語或中文。在南疆，我們見過許多維族兒童與少年不懂漢語；某次在喀什郵電局，兩位維族中年人要我幫忙寫中文地址，幸好還聽得懂他們不甚流利的漢語。宗教與歷史背景不同，民族融合談何容易，暫且毋做高論；但是連基本溝通都不存在的時候，如何維繫國家向心力？百思不得其解。

「二十年前還有漢族與維族通婚的，這十年來就沒聽說了。」趙師傅說。大致而言，新疆各城的老城區是維族聚居，新城區是漢族聚居；巴扎、維族市街等地是看不到當地漢人出入的。

「要論人好，其實維族是眞好」，他感歎，「和你作街坊朋友同事什麼的，都是熱心得很，沒有心機。」趙師傅老家在河南，六〇年代初「三年自然災害」時期跟著父母來新疆定居，一住將近四十年，沒再東入陽關，連年輕的弟弟妹妹們也都在新疆成家立業。

「聽說關內人心眼多，不像在新疆，各族都很純樸。新疆人到了關內都得提防受騙。」趙師傅一臉認眞。對他來說，不知是關內漢人與新疆漢人差異大，還是其他民族與新疆漢人差異大。「還有吃飯也不習慣，我們吃慣了羊肉，聽說關內羊就是不如新疆羊；麵也不夠香。」

他把一捲卡帶推進機器裡，放出來的音樂都是與新疆有關的老歌，「新疆好」、「天山上的雪蓮」、「達阪城的姑娘」等等。不只維族，新疆的漢族也有屬於自己的歌。「我們老一輩的還是喜歡這些。」趙師傅說。

傍晚到達和田，到處拓寬馬路，飛沙走石。找到一個招待所還有空房，我們到附近吃晚飯。小館子是漢人經營的，但也供應穆斯林飲食，三位維族青年男女正在用餐，一個坐在一旁掐菜的漢族小伙子有時和他們搭搭話，不知怎麼的講到豬肉；漢族小伙子半開玩笑說豬肉香得很，你們爲何不吃呢？

其中一位維族青年臉一板，帶著鄙夷的語氣說：「那麼髒的東西怎麼能吃！」小伙子趕緊打圓場：「開開玩笑！」幸好三位維族沒再有什麼反應。我坐在一旁捏一把冷汗，他一定不是在新疆長大的，否則怎會如此不開竅？

第二天中午，我們取道沙漠石油公路，往北進入塔克拉瑪干沙漠。這條公路本來只到塔中，是爲了方便油田運輸。一九九六年全程通車，全長五百四十公里，直接溝通塔里木盆地南北。進入公路不久，路邊一大夥人有的鍘草，有的拿著鋤頭木棒把鍘過的短草往沙裡塞，正在做防沙工程。我們停下來觀察了一會，工人全是維族，帶著鋪蓋和糧食，夜裡露宿沙漠。鍘的不是草，是來自巴里坤湖的蘆葦，他們說。鍘短了，往沙裡塞，好像種莊稼，呈棋盤狀。沙漠裡沙流日夜變遷，「沙則流漫，聚散隨風」，靠著這樣的工程，才能保住公路不被湮沒。

史前時期，塔克拉瑪干是個蔥綠的盆地，當時已有居民從事農牧漁獵。漸漸地，也許是氣候變化、崑崙山脈水向變遷等因素，盆地成了沙漠，而且不斷向四周擴展，因此沙漠裡有不少古國遺跡；即使是和闐、鄯善、龜茲等地，現在的綠洲位置也是不斷外移，古代綠洲地點已成了沙漠。

兩千年來，塔克拉瑪干，意即「有進無出」，是絲路行旅的一大障礙，「四遠茫茫，莫知所指，往來者聚遺骸以記之」④。除了沿著克里雅河與和田

4《大唐西域記》卷十二。

巴扎滿載而歸。

河可以稍微進入沙漠從事牧業，其他商旅不敢越雷池一步，沙漠周圍綠洲才是最安全的路線。斯坦因及赫定都曾嘗試沿著河道縱向穿越塔克拉瑪干，但並未成功。赫定與同伴爲求活命，不顧一切喝下羊血、甚至燃油與駱駝尿，但是兩位隊員、駱駝及愛犬還是渴死在沙漠裡；他被迫丟棄了大量研究筆記和樣本，與另外兩位隊員僅以身免。

一九九三年九月底，一支中英聯合探險隊，發起人兼英籍領隊是查爾斯布拉克摩爾，中方領隊是郭錦衛，共有四名漢族成員、四名英籍成員、六名維族駱駝管理員，帶著三十頭駱駝，從沙漠西邊的麥蓋提出發，以兩個月時間橫越塔克拉瑪干，到達東邊的羅布庄。這是歷史上的創舉，也是唯一成功的記錄。

公路不寬，在沙漠中並不顯眼，即使是路上的解放牌大卡車，也顯得這麼渺小。舉目四望，就是無邊無際的沙山，分不出方向，也辨不出遠近。惠玲和我很快開始感到厭倦，都無法想像探險隊如何應付日復一日的單調，整整走上兩個月？

傍晚到達塔中[5]地質探勘隊的小招待所。就在公路旁，一個小院子，三邊放幾個帶冷氣的貨櫃屋。工作人員很親

5 「塔中」就是它的地名，「塔里木的中央」。

切，幫我們開了冷氣，囑咐半小時後再進屋，現在還很熱！吃飯就在探勘隊食堂，一人一大盤羊肉拌麵。惠玲腹瀉尚未完全痊癒，此時是一碗湯配上自帶的乾饢，我們稱之爲「赫定麵包」；九三年的探險隊這樣稱呼帶進沙漠的麵包，因爲其硬無比，好像放了有一百年似的！

趁著傍晚涼快，惠玲和我往招待所後頭的沙漠裡走，體驗一下探險隊的艱辛。數十公尺高的沙山爬起來非常吃力，好不容易站上山頂往東望，無數南北走向的沙山橫亙，綿延千里。這種路探險隊每天要走二十公里以上，冒著酷熱與嚴寒，還要面對隊員之間的誤解與糾紛。凡是偉大的探險活動，最困難的部份也許不是體力條件，而是心理的韌性。

十月八日中午，我們抵達塔克拉瑪干沙漠北緣，塔里木河下游河道縱橫交錯，公路周圍一片水鄉澤國，某些路段河水幾乎漫過路面。後來到了烏魯木齊，郭錦衛先生告訴我們不久前塔里木河洪水暴漲⑥，他正在附近公路上，差點連人帶車給沖跑！

沙漠公路在輪臺的輪南小區結束，我們繼續往西抵達庫車，唐朝安西都護府所在。在中亞走過的許多地方，唐朝時都屬於安西都護府管轄。詩人岑參感嘆：「行到安西更向西」⑦，一千二百年後，我們卻是從遙遠的西域回到漢地，東度玉門的日子不遠了。

6 沙漠河流上游是山間雪水，因此夏季融雪及雨季河水暴很危險。
7 過磧。

旅人星球

★在新疆維族聚居處自稱是臺灣遊客也許反而好點。有極少數維族人對漢人不太友善，但是對海外華人態度和緩。

★喀什的共乘驢車「驢的」值得一坐。

維吾爾木卡姆與音樂

木卡姆，muqam，波斯語「套曲」。在受到波斯文化影響的地方都可找到，在中亞包括塔吉克族、烏茲別克族與維吾爾族都有，其中南疆維吾爾的十二(套)木卡姆組成最複雜。十二木卡姆的每一套均有民歌、器樂及歌舞，依照曲式分爲三大部份，每一部份三到九首曲子不等。十二木卡姆共三百零一首樂曲，全部時間二十多個小時。依照習俗，不同的木卡姆還代表不同身份與年齡，如年輕男性、未婚女孩、少婦、鰥寡等等。

維吾爾族常用樂器與烏茲別克族相同(或相似)，請見第二十二章。

推薦CD如下。

★維吾爾十二木卡姆，民族出版社(中國大陸)，一套四張。不是全部，而是每部木卡姆的部份。我們在烏魯木齊民族用品商場附近的新華書店找到的。

★Chine／Turkestan, Chinois(Xinjiang), Musiques ouigoures，Ocora，一套兩張。新疆不同地區的木卡姆錄音。

★維吾爾族音樂，搖籃唱片。木卡姆選曲及器樂。

★紅玫瑰，雨果唱片，風潮代理。木卡姆選曲及器樂，類似前者，都是新疆木卡姆藝術團錄音，曲目也有重複。

★你不要害我，雨果唱片，風潮代理。維吾爾族民歌，非常動聽。也包括幾首哈薩克族民歌。King Record 有一張新疆木卡姆藝術團錄音，曲目是十二木卡姆之一且比亞特的選曲。一九九八年四月新疆木卡姆藝術團曾來臺灣演出。

★建議上http://makan.xj.cinifo.net/chinese/music/index.html試聽各種新疆維吾爾音樂。

第二十九章　去時雪滿天山路

抵達庫車，惠玲卻感冒了，咳得很厲害；其實在乾熱的沙漠中就已有跡象，也許是這陣子溫度變化太劇烈了，中醫一定有很多精闢的說法吧。

於是只有我去了克孜爾石窟。旺季已過，這天只有幾個來庫車開會兼旅遊的幹部，再來就是我。幹部們趕時間，看完西區就走了，剩下我和一位實習解說員，倒也安靜，看完又選購了幾本書。

惠玲和我決定接下來搭長途汽車過天山，走獨庫公路接伊庫公路①，到北疆西邊的伊寧。惠玲休息了兩天，並未完全痊癒，但是不願意再等下去；節氣已過寒露，再不走，就要封山了。汽車站說上星期山上就開始下雪，這幾天大型車還走，哪一天開始封山卻不一定，不過肯定是快了。我們買了票，十月十日出發。

庫車到伊寧的長途車一天一班，時刻表上寫著早上八點半開車，這是北京時間，就新疆時間來說是早上六點半。我們在前一天約了計程車，當天北京時間七點半就離開旅館。外面一片漆黑，驟雨狂風，天山一定下雪了。到了車站，還沒開門。一家維族早點舖正準備營業，我們買了早點、借了座位

1　獨庫公路從獨山子到庫車，伊庫公路從伊寧到庫車。

牲畜市場。

等著車站開門。天還未亮，一輛車到站，下了不少人，這是穿越沙漠公路的夜班車。

走天山公路一律是白班車，白天跑車，夜裡靠站住店，天亮繼續上路。這趟車預定在天山草原上的巴音布魯克汽車站招待所過夜，明天中午抵達伊寧。

捱到八點二十，候車室才開門，車站人員說車快來了。二十分鐘後，我們的車總算進站，一輛非常老舊矮小的巴士，座椅窄小板正，駕駛座與乘客座位之間有扇拉門區隔。沒別的乘客，我們很開心上了車，兩個大背包佔了一個座位，司機也沒要求放到車頂的露天行李架上。接著一位維族老翁坐在我們前排，頷下一把白色山羊鬍，戴著小帽，微笑著與我們招呼，以不太純熟的漢語介紹自己家住伊寧；一位維族女孩，和我們隔著走道，穿著牛仔褲、運動鞋與運動外套，維族女性這樣打扮在南疆很少見；然後是一位漢族青年，穿著西裝，派頭似乎是生意人，不太搭理別人。

司機和助手檢查著車子，好像有什麼問題，遲遲不開。我到車站對面小舖買維族的薄皮包子，老闆說天涼了，這幾天到伊犁的人少了。我聽了很樂，正中下懷。

九點四十，總算出站。車往西出城，沿路有乘客上車，我和惠玲面面相覷，情形不妙！不多久又進了一個小站，這下擠上來的人可把車塞滿了！總共五十來人，幸好都有座位。一夥人花了四十分鐘在車頂上捆行李，等到再上路時，老爺車已是搖搖晃晃，車頂上滿是箱籠布袋，還有一口光燦燦的傳統維族銅皮箱子。

正慶幸終於上路，車慢慢蹭進一個加油站。不是加油，是車有毛病！一修又是一鐘頭，把那位西裝青年氣得直嘟噥。其他維族乘客倒是挺習慣，輪流下車買零食、上廁所什麼的，幾個男人也趴在車邊幫著出主意。我下車走走，赫然發現這老爺車居然還配有一把發動用曲柄！要不是在老電影上見過這玩意，還眞不知道是什麼呢。

十二點正，正式出發，也不知道車到底修好了沒有，能上路就是。車往北穿過一片紅色砂岩地形，漸漸往上爬。天放晴了，四周開始出現樹林與草地，已進入横亙新疆的天山山脈。路邊有幾家維族館子，司機讓大家下車吃午飯。我們吃的是拌麵，走遍新疆一律八元一盤，是餐廳裡最經濟的主食。但是很多乘客帶了乾饢，向店家要了一壺茶，解決一餐。

下午兩點半再開車，從這裡開始公路愈來愈曲折，山峰已有積雪，氣溫急遽下降，隔壁的維族女孩拿出一條氈子鋪在腿上，顯然有備而來。車轉過一個彎，公路東側陡然出現一個小湖，再往前是個蒼藍色大湖，大龍池，海拔二千七百公尺。山風吹得湖面上起了白浪，對岸山坡上松柏森森，似乎湖底眞的是「龍王潛宅」。全車乘客聚精會神觀賞著，還有人不禁低聲讚歎。過了大龍池不遠是一片山間河谷，地上薄麵般的一層積雪，河畔白楊早落盡了葉子，秋天的長空藍瑩瑩的。司機突然停車，眾目睽睽之下一位維族老翁下了車，緩緩往河谷遠方一座矮房走去。大家很驚訝居然這種地方也有人居！老翁的背影看來似乎也有點仙風道骨了！

過了河谷，山勢險峻起來，公路右手邊是深可數十公尺的懸崖，左手邊是山壁，白雪覆蓋的山壁上一根根冰柱長達三四十公分，在陽光下不斷滴水。這裡已是冬季景象，四周一片銀白，路上積雪更深，我這邊的車窗上已結了冰。車走得非常慢，一點一點往前蹭。惠玲悄聲問我：「輪胎有沒有加鏈啊？」我搖頭。不拋錨已是萬幸，哪還這麼講究！腦海中自然浮現起以前看的印度或巴基斯坦山區巴士墜崖的新聞，現在我大概能想像是什麼場面了。緊張的不止我們兩個，看得出全車男女老少都緊張起來了，在自己的座位上縮成一團，似乎就算車子怎麼了這樣的姿勢也可稍微有點保護作用。

正是鴉雀無聲，轉過彎，大家都看到對面車道上停著一輛大卡車，不知是幾天前發生的，車頭撞在結了冰的山壁上！狹小的車廂裡氣壓更低了，每個人都緊抓著前座扶手，努力保持車身平衡，一口大氣不出，連小娃娃也忘了哭。似乎只要誰猛然咳嗽或打個噴嚏，就會把車摔下積雪的深谷。

在這樣的凝重氣氛中，車慢慢爬上雪霧瀰漫的鐵力買提達阪，這是天山公路最高點，海拔三千七百公尺。過了隧道，公路盤旋而下，四周險峰插天，谷中幽暗寒冷。下坡車子不好掌握，比起剛才上坡更驚心動魄，幾次積雪下的石塊震得車身猛然跳了起來，嚇得不少女性乘客一聲驚呼。

老爺車終於平安下了達阪，司機停下車，每個人緊繃的肩膀馬上攤了下去，開始有說有笑。我們也和隔座的維族女孩聊起來，她名叫米克拉依，家住烏魯木齊，是師範大學學生。惠玲下車拍照，回來告訴我，路面積雪超過二十公分深。

一位維族青年帶著傳統二弦樂器獨它爾，此時彈奏起來，幾位維族青年和著歡快的音樂拍掌唱歌，其他乘客微笑欣賞，也有鼓掌叫好的。平安走完這樣的路，的確值得好好慶祝一下！一星期後，我們得到消息，天山公路封山了；再通車要等到來年三月。

正做著羊肉包子、麵條。

天色很快暗了下去。沿著河谷走，地勢逐漸開展，但是已經什麼也看不清了。窗外彷彿是一片雪原，遠方是連天不斷的雪峰，山風吹裹著雪打在車窗上，原來就結冰的車窗更擋不住絲絲寒氣了，我只好往惠玲那邊擠。新疆天山山脈是數座東西向山脈組成的，各山之間是高山草原。這裡是巴音布魯克草原，夏季裡的草場，這時牛羊早已轉場下山了。新疆天山的牧民都是蒙古族、哈薩克族與科爾克孜族，山間地名多是蒙古語，「巴音布魯克」意為「豐美的泉水」。

晚上九點多，車在公路檢查哨停了下來，兩位裹著軍大衣的解放軍上車檢查乘客證件。為了維護我們兩個「臺胞」的安全，得下車登記。下了車才知道有多冷！風颳得走路都有點歪歪倒倒，踩著雪進了簡陋的檢查哨所，裡面點著火盆，也只是稍微有點溫度而已。冬天派駐這個地方真是辛苦！

繼續往前走不久，路邊有人攔車，是三個維族男子，他們開的卡車拋錨了，要搭便車到巴音布魯克汽車站。從庫車出發時，這輛老巴士就坐滿了，司機旁的引擎蓋上也坐了人，這三人上車就只能站著；沒多久，他們發現我們的背包佔了一個座位。

領頭的一個來勢洶洶要我們把背包拿起來。拿起來沒問題，擱哪兒呢？而且他不知道下頭還有一個，兩個大背包連走道也放不下！這三人並不通漢語，聽不懂我們的解釋，而且很可能根本不想聽。

喀喇庫力湖。

正在僵持之際，米克拉依站起來衝著三個人說話了，語氣也很激動。她說完，三個人居然就不聲不響繼續站著，也沒再表示異議。我們聽不懂，猜測可能是告訴他們這是臺灣來的客人，他們不應該這樣。其實惠玲和我是挺不好意思，也很想讓座，但實在沒辦法！

這個小插曲並未影響行車，司機不斷往前趕路。車外一片黑暗，車廂昏黃燈光下一片低垂搖晃的腦袋，惠玲也偏著頭睡了。那位圓臉的維族青年又彈起了獨它爾，這次是激昂高亢的弦音，車後一位男子和著唱起了歌，歌聲裡好像有無限熱情與憂傷。

晚上十一點半，終於抵達巴音布魯克汽車站，今晚過夜的地方。可是司機宣佈只是下車吃晚飯，待會繼續走！大家幾乎都沒動彈，待在溫暖的車廂裡假寐。這一整天折騰也眞夠嗆！若不是上午修車耽擱，兩小時前就應該到了巴音布魯克，現在大概都已躺在床上睡熟了。十二點，再次出發。再怎麼往外看也看不出所以然，我也調整一下坐姿，閉上雙眼。

車減速了，停進路邊一個水泥場子上。一看錶，半夜兩點，要住店了，明早八點出發。乘客都如釋重負，站起來伸伸懶腰，魚貫下車，不一會就走光了，只剩下我們兩個，還有米克拉依與她鄰座的女生。四個人正呆坐著，老鄉們又紛紛憤然上車，惠玲和我還搞不清怎麼回事，前座的維族老翁告訴我們：「十塊錢！」原來大夥兒嫌貴。一般汽車站招待所都有六元的床位，這家較貴，今晚又睡不了幾小時，還是在車上將就一夜吧。只有司機和助手住店去也。

我們幾個女生下車上洗手間。很冷，凍得人清醒了一下。這裡並未下雪，天是晴的，雲間捧出半個月亮，照著不遠的山脈，積雪銀白。我和惠玲都納悶這到底是什麼地方？後來看地圖，判斷是那拉提，蒙語「有太陽的地方」。

回到車上，原本溫暖的車廂似乎漸漸冷了下來，大家窩在窄小的座椅裡，同伴們互相靠著取暖。我坐了一整天，膝蓋頂著前座，動彈不得，現在更是全身僵硬，腦子發木。四周乘客約好了似的，關門堵窗的車廂裡咳嗽聲此起彼落；我警覺地往外套領口裡直縮，希望能為自己爭取一點免疫的空間，千萬別傳染上感冒呀。

睡睡醒醒，到七點就再也睡不著了，現在是新疆時間五點，黎明前是最難捱的時刻。總算八點準時出發，走上公路。

晨曦漸露，四周景物逐漸清晰。先出現的是路邊的白楊，接著是不遠的農舍，然後是田野，深棕色的土地上推積著秋天的收穫，金黃色的玉米、金黃色的乾草；、原野上點綴有白色的牧民氈房，灰褐色的綿羊出圈了，一隻隻肥嘟嘟，緩步而行；跟在羊群後，騎在馬上的是蒙古族與科爾克孜族牧民，有的還戴著傳統氈帽，據鞍顧盼，一手插腰，一手持韁，好熟悉的身影！天更亮了，視野愈來愈遠，遠方出現綿延不斷的深紫色山脈，晨曦染黃了山頂的積雪。有人推開車窗，鮮靈靈的空氣帶著露水與土壤氣息。在秋天的鞏乃斯草原上，車走了整整四個小時。

草原上停過幾站，下了不少人，上來幾位當地牧民，寬平顴骨的臉曬得紅紅的，令我們想起不久前的日子。車沿著伊犁河下山，進入果園處處的谷地，這裡與南疆綠洲又是兩樣了。

下午兩點，老爺車開進伊寧市長途汽車站。我們扛起差點惹禍的大背包下了巴士，挑一輛叫客的小機動車，坐著緩緩穿過熱鬧的市街，陽光暖得連毛衣也穿不住。在中亞與新疆，我們幾次走過了天山山脈，從現在開始，再也沒有險路了。

第三十章　一夜征人盡望鄉

我到底還是感冒了，發燒，夜裡咳得連惠玲也睡不著。是抵抗力減弱，還是心理上鬆懈了？只覺得雄心壯志一點也沒有了，每天在這遙遠邊城寫出厚厚一疊家信，似乎是爲自己的旅行做個總結。惠玲也咳，但比我有精神，還能天天出門閒逛，有天買了幾個大梨回來，一口氣吃了一整個，於是又開始鬧肚子。這下兩個都成了病號，幾天不能出遠門；季節也晚了。該走了吧，等病好，怎麼樣也得撐到烏魯木齊。

十月十六日傍晚，我們搭上往烏魯木齊的長途汽車。

這是臥鋪巴士，在我們還是頭一遭。車廂裡一邊是雙人鋪位，另一邊單人鋪位，都是上下兩層，全車可載三十來個乘客，兩名司機輪流開車。我們的鋪位正在司機背後。接著幾名似乎是出差的年輕男女上車，其中一位男性很高興車上備有毛毯，上星期還沒有，可見是新的，還沒多少人用過。一位小姐纖纖兩指翻看著鋪蓋，嫌不夠乾淨。我們兩個沒有意見，比這更糟的地方都睡過，而且兩套衣服已經穿了四個月，大概也頗有保護作用了。接著上來一群在新疆打工的四川青年，要到烏魯木齊搭火車回家；烏魯木齊對外公共交通是有名的「緊張」，票很不好買，他們商量著，似乎有什麼門路。

塔克拉瑪干沙漠。

車經過霍城，是中國與哈薩克斯坦之間的霍爾果斯口岸；接著沿天山山脈的婆羅科努山往東，在一片蒼黃暮色中經過海拔二千公尺的賽里木湖。由於蒙古用兵西域多取道北疆，關於這一帶風土有很多記載，其中賽里木湖最負盛名。惠玲和我特別仔細地眺望這個灰藍色的湖泊，因爲生病與季節的緣故，不能實現到此一遊的願望。每年七月底在湖畔有蒙古族與哈薩克族的那達慕，遊客雲集，也許我們會再來看看。

過了賽里木湖，地勢平坦起來，車速也快了，鐵床顛簸得挺厲害，這倒沒什麼，糟的是車廂裡灰土也跟著飛舞，惹得惠玲和我更想咳嗽，只好掏出預備的口罩戴上。

到了精河，下車吃晚飯。公路旁許多簡陋的餐館，燈光與收音機把荒涼的山路襯得很熱鬧。車停的是一家漢餐廳，人很多，灶上和跑堂忙不過來，常上錯菜，眞是不如民餐廳直截了當！我們只點了幾個饃饃①，一碗湯。同

1 饅頭。在西北一帶如此稱呼。

桌一位漢族青年一直唱著臺灣的閩南語流行歌曲，居然字正腔圓；惠玲憋著笑，一頓飯吃下來差點橫隔膜痙攣。

再上車就不斷向前趕，路況愈來愈好。半夜在一個燈火通明的加油站暫停，明亮現代的設計讓我們一時無法適應，這次旅行中甚至連莫斯科也沒有這樣的陣仗。

這麼好的路，就算不是臥鋪車也無所謂，說不定還更舒服。迷迷糊糊睡了一覺，錶上是七點，也就是新疆時間清晨五點。車窗外還是黑夜，寬廣的四線道上無數的路燈、高架橋、交流道，令人不知今夕何夕。看來是快回到現代文明的統治之下了，我們卻還沒有心理準備。

清晨六點，天濛濛亮，車開進了烏魯木齊客運站，比預定時間提早了兩小時。實在太早了，誰也沒處可去，大家又在車上窩了一小時。巴士陸續到站，旅客也湧入了。司機對大夥兒說：「下車吧！」今天是晴天，早晨涼颼颼的；把背包吊下車頂，走出站口，攔了計程車，我們往華僑賓館駛去。

這是郭錦衛先生幫忙訂的房間。在櫃檯登記時，我們很驚訝地發現，他提供的房價比價目表上本國遊客房價還要低許多！這次在吐爾卡特山口上的中方交通、喀什的旅館與中巴公路之行、以及烏魯木齊的旅館，全是郭先生安排的。還在吉爾吉斯的時候，由於經濟困難，只好請他換個較便宜的旅館、或是什麼項目可以省的就省下；結果他把各項價格都打了折，還說明是淡季的關係，自己並不居功。但是我們認爲這只是部份原因，另一個原因是郭先生把自己的利潤打了很大的折扣。我們從吐爾卡特山口進中國這件事就費了他不少工夫，只是他從來不提而已。

郭先生讓我們到了打電話給一位練小姐。看看時間差不多，打去了，沒人接。於是打給郭先生，說一聲到了烏魯木齊。十分鐘後，他通知待會兒練小姐就與我們連絡。惠玲和我有點驚訝，怎麼這樣快？

果然練小姐打電話來了，她的辦公室就是華僑賓館的國旅服務處，不一會就上來。她中等身材，膚色白，大眼睛，剪了類似妹妹頭的髮型，我一見之下感到似曾相識，想了很久才恍然大悟，那輪廓跟我母親有點像！不過她比我母親年輕了十多歲。後來才知道，練小姐與我母親一樣，是祖籍廣東的客家人。

惠玲經過昨夜，咳嗽轉劇，練小姐堅持要帶她看醫生。醫生開了處方，她又帶著惠玲上藥房買藥。我們在這四個月裡全靠自己的抵抗力，生病時頂多吃一點藥效慢的中藥膠囊，惠玲這一次老方法不管用了，若不是被練小姐押著去看病拿藥，不知拖到什麼時候。

今天不出門，讓惠玲好好休息。中午練小姐又打電話來，說今晚郭先生請吃飯，大家見個面，聊一聊。眞是太不好意思了！也許是聽說這兩個面有菜色，混得挺慘，想讓我們吃點好的？受之有愧，卻之不恭！

這人的眼神，特有趣！

傍晚練小姐帶我們去約好的涮羊肉館子。進了門，惠玲和我馬上從十幾桌裡認出郭先生。並不是因爲曾在書上看過照片，就是自然認得。他也看到了，含笑站起來打招呼。握手的時候，感到他溫暖厚實的手掌裡傳來一股力量。

坐定之後，練小姐才告訴我們，她是郭先生的妻子。我說已經猜到七八分了！接著練小姐點了許多菜。郭先生並不多話，很多時候都要我們或練小姐提起話頭，才略談些他的登山與探險經驗。塔克拉瑪干探險隊的英籍隊長布拉克摩爾寫了一本書，書中提到郭先生是東北朝鮮族人，五〇年代跟隨父母被下放來疆，十來歲的年紀就在農場工作。八〇年代，他開始擔任國際登山隊的中英語翻譯，就這樣走入登山與探險這一行。

郭先生是這次旅行中我們所遇見過最特殊的人物。個頭中等，圓臉上總是帶著微笑，外表並沒有什麼出眾之處，但是誰也不會忽略他的存在；惠玲與我都感覺到一股坦蕩的正氣、極爲堅定的意志力與生氣；最重要的是，當別人需要的時候，他會毫不保留地伸出手，把自己的力量傳遞過去。

因積雪過多，而從庫車往伊犁，翻越即將封山的天山，步步驚險！

離開烏魯木齊前，曾「藉故」到郭府拜訪，聊得很開心。九三年橫越塔克拉瑪干之後，郭先生離開國旅，成立私人旅行社，很成功；但不久合夥發生變化，一家人苦了三年才撐過來，現在正準備獨立創辦旅行探險公司。談起自己新開闢的探險路線，郭先生這才稍微激動起來，並且毫不藏私地指點著地圖，對我們解釋這個新計畫。

也許就是因爲吃過苦，對別人才更有同情心。但是，不也有很多過來人反而更吝於分享？

接下來幾天裡，除了一天去吐魯番，我們逛遍博物館、各大商場與民族市場，買了許多書籍，最大的驚喜是買到一套維吾爾木卡姆套曲的雷射唱片。烏魯木齊市街極爲繁華，我們總有錯覺，以爲自己回到了北臺灣。

烏魯木齊的機票火車票都不好買，必須儘快決定下一步。之前在喀什及伊寧耽擱了幾天，西北快入冬了，許多景點已經湊不齊人數，交通也不方便。再者身上的錢不多，走不了多少地方。最重要的是體力衰退與隨之而來的心理倦怠。惠玲的咳嗽逐漸好轉，但是腹瀉症狀時好時壞已經一個多月。她本來就容易胃痛，腸胃比較敏感；旅途中經常有一頓沒一頓，或是隨便打發一餐，時間一長，腸胃就開始抗議了，她的體力與我們的計畫都受到影響。我覺得自己有部份責任，應該早注意到的，長期旅行經不起這種疏忽與將就，我沒問題並不表示惠玲也可以。

當時我父親正在洛陽，於是我們決定直接到洛陽。比起西安，洛陽也許不是結束這趟旅行的最佳地點，但是也極具意義，它曾是北方草原民族與中原民族的交會地帶，也是佛教從西域傳入中原後的第一個重要據點。

十月二十五日下午，郭先生一家開著吉普，帶我們到車站。他幫著扛大背包，和練小姐把我們送上火車，緊緊握別。惠玲和我心裡充滿感激與不捨，沒有他們的諒解與熱心，沒有一路上朋友與陌生人的幫助，我們不可能達成自己的心願，而且是這麼順利、這麼難忘。

這是我們第一次搭軟臥，同包廂是從上海來旅行的兩位先生，大家相談甚歡。看了我們的打扮與裝備，他們本來還以爲是建設兵團的呢。第二天清早，兩位先生在敦煌下車，包廂就只剩我們兩個獨享。一路入玉門、穿越河西走廊、渡黃河、過隴山、入關中，在十月二十七日傍晚抵達洛陽，爸早在月臺上等著，這天正好是我們從北京出發滿四個月的日子。

在父執輩與父親照拂之下，於洛陽過了幾天悠閒生活。十一月二日再次上路；十一月三日，我們抵達北京西站，去時是綠葉成蔭的初夏，歸時已是一片蕭瑟的初冬。與朋友相見，感慨一晃就是四個多月！

十一月十日晚上，背著磨損的背包，靴上帶著塵土，我們下了機場計程車，回到了臺北。習慣了敝舊的旅館與臥鋪，習慣了三餐不繼，習慣了幾天不能換洗，習慣了陌生的語言與異國的城市，習慣了積雪的高山、乾熱的沙漠、遼闊的草原、湖泊與大河、雨雪與冰川，經歷了歡欣、離別、無助與希望，現在屋裡燈光亮堂得有點耀眼，地板似乎太一塵不染，連牛子也似乎大了好幾號……我們和媽互相擁抱，五個月，穿越陸路二萬七千公里，結束了，我們終於回家了。

旅人星球

★其實臥鋪汽車並不舒服到哪裡去，只是省了一晚的住宿。

★在新疆買紀念品別不好意思殺價，可以用紙筆出價。買前多看多瞧。對新疆少數民族文化有興趣的人，在烏魯木齊解放南路民族用品商場附近的新華書店可買到少數民族文字書籍印刷的書籍，市中心的新華書店也有，還有關於地區研究的漢文書籍，這些書在新疆以外地區不易買到。

後記

小時候看地圖，眼睛總是不由自主往空曠邊遠的地方轉：西伯利亞、堪察加半島、蒙古、新疆、格陵蘭、冰島、阿拉伯半島。偶爾有藍色的湖水，大地的眼睛，從寂寥的土地上與我相望。等我終於來到湖邊，已經是將近二十年之後。

當我抵達暫居的美國小城公寓，在空無一物的房間裡放了張書桌、一套廉價個人電腦，開始每天打字寫作六小時，我壓根沒想到，等在前面的是多麼驚心動魄的工作。每天，無視於窗外和美的陽光，我隨著寫作進度重回孤寂的旅程、遙遠的土地。光線、溫度、風雨、氣息、臉孔、語音。我再次觀看、再次聽聞、再次碰觸，再次感覺。兩個月裡，我重走了五個月的旅程。寫完最後一章，心情比當初踏進家門時更複雜深刻；我明白，這次是眞正的結束、眞正的道別。

感謝一路上關心幫助我們的人，無論識與不識，這本書是屬於他們的。

杜蘊慈：父母一貫的容忍是我勇氣的基礎。還有惠玲，如果當時我眞是一個人上路、或是換了別的同伴，這趟旅程不可能是這樣有趣而豐富，甚至可能半途而廢；也因爲她的堅持，才有這本書，否則這二萬七千公里的旅程也只是像以前的旅行一樣，永遠藏在記憶裡。

黃惠玲：感謝父母及家人的諒解、大姐與二姐的支持。沒有蘊慈的毅力與詳細策劃，我不可能走上——更別提走完這趟旅程。

我初學攝影，這是第一次擔起旅行攝影的責任。以前蘊慈告訴我，她不拿相機的理由；她說這是一個殘酷的特權。當時我不以爲然，直到從烏蘭巴托到伊爾庫次克的西伯利亞火車旅程上。每次靠站，瘦小的兒童與滿面皺紋的老奶奶，提著魚乾、熱水瓶、籃子或水桶，冒雨擠在門邊兜售自製食物。我的相機鏡頭才伸出車廂門外，所有人馬上一哄而散，彷彿這是一管槍，或者我是什麼瘟疫患者，只是恐懼驚惶的不是他們，而是我自己。到了俄羅斯，許多時候我連拿出相機的勇氣也沒有。

然而也有樂趣。在烏茲別克與吉爾吉斯，許多人見我帶著相機，甚至爭相要求被拍攝入鏡。他們只是純粹享受被拍攝的樂趣，像二十多年前小時候的我們。忘不了在喀什市集上一個快樂的小男孩，爲了吸引我的注意，在自行車上擺出各種姿勢，幾乎成了特技表演；當我的鏡頭對準他的那一刻，他是宇宙的中心。

帕米爾的吉爾吉斯隊商駱駝。（杜蘊慈 繪）

附錄

蒙古簡介

◆**地理環境**

北接俄羅斯聯邦之西伯利亞地區，南、東面都與中國內蒙接壤，其中南面以戈壁礫漠為界。西面沿阿爾金山脈與中國新疆區別。一提起蒙古，每個人腦海裡浮現的景象必定是一望無際的草原與戈壁。事實上山區與森林也佔了蒙古面積的四分之一強，北方茂密的針葉林帶是西伯利亞針葉林的延伸。

◆**人口、民族及語言**

蒙古人是由成吉思汗統一的。之前他們是蒙古高原與周邊地帶的各部族與氏族，沒有統一的稱謂。外蒙人口約二百五十萬人，主體為喀爾喀蒙古族，使用喀爾喀蒙古語，屬阿爾泰語系蒙古語族。俄羅斯僑民一度佔1.5%左右，但蘇聯解體、外蒙「真正」獨立後，幾乎所有人都回到俄羅斯了。

◆**政治**

外蒙地區在明朝以來稱為漠北蒙古。西元一六八八年歸順清朝，一九二一年共黨革命，一九二四年成立蒙古人民共和國，首都是烏蘭巴托，舊名庫倫。

◆**簽證**

可在北京的蒙古大使館辦理簽證，手續簡單，但必須有邀請函，蒙古的旅行社都知道如何辦理。詳細手續及要求文件可參考蒙藏文化中心網站的旅遊資訊(見後)，或直接向駐北京大使館詢問。地址：北京市秀水北路二號。電話：86-10-65321202。電傳：86-10-65325045。時間：星期一、二、四、五，上午八點半至十一點半。早去早好。

◆**旅遊**

六月至九月為旺季。戈壁地區以九月為宜。蒙古高原離海太遠，氣候不受任何海洋調節，冬季嚴寒。乾熱的蒙古夏季並不太難受，但要注意防曬及肌膚保濕。夏季早晚溫差大，雨後氣溫低，注意禦寒。

去外蒙就是享受粗獷的大自然以及純樸的人情。烏蘭巴托的設備與條件不錯。鄉間觀光氈房營地通常有浴室，房間整潔，但是路途上要有心理準備，幾天不能盥洗是常事。在城市裡飲食已經歐化，選擇較多，但鄉間仍以羊肉為主，一定要適應，否則長途旅行很容易體力不濟。

進入國家公園及保護區需要許可證，安排相關行程的旅行社都將許可證包括在服務範圍內。

電力為220伏特，圓柱二腳插頭(歐陸式)。

旅遊活動除了參觀博物館與古蹟，另有騎馬、健行、釣魚、生態旅遊等活動。旅行社都備有吉普行程、騎馬越野行程、騎犛牛越野行程等等。(當然也可以不那麼辛苦，搭飛機就好啦。)

◆**如何前往烏蘭巴托**

最有趣的方式是搭乘西伯利亞鐵路火車，從北京出發，或是反方向由俄羅斯出發。莫斯科、大阪、漢城、香港、北京及內蒙的呼和浩特分別有直達班機，從呼和浩特也有火車到烏蘭巴托。

◆**值得購買的紀念品**

注意不要購買古物或恐龍化石，否則離開時被海關查獲可不是罰錢就能了事的。蒙古傳統服裝、荷包、小刀、首飾，並不貴，是很好的紀念品。郵票也值得買。毛皮很便宜(合法的)，但帶進臺灣可能不容易。

◆**推薦書籍**

導遊：似乎只有Lonely Planet 的《Mongolia Travel Survival Kit》，ISBN 0-86442-500-7。我們用的是這一本，資料豐富、詳實公正。該社還有一本《Mongolian Phrasebook》，ISBN 0-86442-308-x，很實用。

入門：《蒙古文化與社會》，札奇斯欽，臺灣商務印書館，ISBN 957-05-0590-7，深入淺出，有趣易讀。

歷史：《草原帝國》，(法)勒尼格魯賽Rene Grousset著，魏英邦譯，青海人民出版社。ISBN 7-225-01276-2。英譯本《The Empire of the Steppes: a History of Central Asia》。地區涵蓋蒙古至中亞，年代從匈奴到乾隆征服新疆喀什葛爾。這是北方草原民族史的經典之作，但也頗有趣味性。

《蒙古帝國史》，作者同前，龔鉞譯，北京商務印書館，ISBN 7-100-02203-7，從蒙古民族起源到四大汗國始末。

《蒙古祕史新譯並註釋》，札奇斯欽，聯經出版社，ISBN 957-08-0842-x。這是成書最早的蒙古史，作者不詳，目前僅留下蒙語漢音寫本，內容主要是成吉思汗的事業與一生，保有口傳歷史的特點，優美簡明。

此外，臺北的蒙藏文化中心也有展覽與資料，有時舉辦活動與特展，介紹蒙古文化。地址：臺北市青田街八巷三號，電話：(02)23514280

◆**推薦網站與網頁**

蒙古並沒有與世隔絕，使用搜尋引擎可找到不少，綜合性的最多。

旅遊資料：http://www.lonelyplanet.com，Lonely Planet 的網站，簡介與最新實用資料，旅人訊息交換。導遊書資料若有異動也在這裡公佈。

http://207.67.198.21/dan/mongolia.html，旅遊相關連結。

文化與現況介紹：http://www.mongols/com/index-old.htm，附相關連結。

http://www.mongoliaonline.mn/，是線上雜誌，有新聞及相關連結。

綜合：http://www.mtac.gov.tw/index.htm，中華民國蒙藏文化中心網站。

http://soros.org/mogolia.html，索羅斯基金會的蒙古首頁。附相關連結。

學術：http://fas.harvard.edu/~casww，哈佛大學中亞研究的參考網頁。附相關連結。

http://indiana.edu/~mongsoc/vl.htnl，The World-Wide Web Virtual Library 的蒙古首頁。附相關連結。

俄羅斯簡介

◆地理環境

俄羅斯的歷史及俄羅斯人的性格與地理環境息息相關。俄羅斯主要是寬平的歐亞草原，歷史上異族分別由北方、西方及南方入侵。相對於毫無蔽障的草原，濃密的森林是俄羅斯人的避難所。嚴酷的氣候使得生存特別艱辛，生活型態封閉，對外態度也多疑而保守。每個到俄羅斯旅行的西方人都對俄羅斯人的冷淡粗魯及熱情有禮留下深刻，而且困惑的印象，但是對中國人來說這種雙重性格應該不難理解。

◆人口、民族及語言

俄羅斯族屬於東斯拉夫人，族源是得聶伯河與伏爾加河一帶的斯拉夫部族，加上來自北歐的瓦倫京人；在蒙古統治俄羅斯時期、以及俄羅斯帝國往南及東方發展過程中，不可避免地與蒙古部族、芬—烏部族有通婚現象。俄羅斯境內有上百個族，俄羅斯族佔總人口百分之八十左右。應該注意的是，俄國人並不等於俄羅斯人。

◆政治

俄羅斯聯邦分為二十一個共和國，其中最有名的是高加索的車臣，幾乎等於獨立國家。二〇〇〇年新上任的俄羅斯聯邦總統普京是強硬的統一派，這也是他當選的主要原因，俄羅斯未來數年的變化值得注意。

◆簽證

「理論上」莫斯科駐臺北代表處可代辦，但必須通過臺灣的旅行社——至少接電話的那位職員這樣講；但是臺灣的旅行社代辦俄羅斯簽證停留時間一般只有一星期，而且必須在俄羅斯境內訂好「全程」旅館。俄羅斯聯邦在許多國家有大使館與領事館，我們是在烏蘭巴托辦的。由於從臺灣前往俄羅斯必須轉機，建議乾脆在中間轉機國家辦理。

駐烏蘭巴托大使館地址：（市內東西向的大路）Enkh Taivny Orgon Choloo 路上，過了蘇和巴托廣場往西，在路南一組很大的建築，很好認。Irkutsk-Baikal Travel 的辦公室就在其中一棟小樓，與大路交叉的Tserendorin Gudamj 路上，往南走。

◆旅遊

七、八月是旺季，但是五六月及九月至十月上旬的氣候較怡人。廣大的俄羅斯各地區自然環境不同，適合的季節與注意事項也不同，應該視目的地決定。

若是自助旅行，一定要先學會讀寫俄文字母。

電力為220伏特，圓柱二腳插頭(歐陸式)。

◆如何前往歐俄

從東京、漢城、香港、北京、上海、曼谷都有班機飛莫斯科。從歐洲搭火車去也很有趣。其他地區請見西伯利亞簡介。

◆ **推薦書籍**

導遊：市面上有不少，我們用的是Lonely Planet 的《Russia, Ukraine & Belarus Travel Survival Kit》，ISBN 0-86442-320-9。建議視目的地另外參考地區性導遊書籍，例如莫斯科或聖彼得堡、西伯利亞等等。該社還有一本《Russian Phrasebook》，不過專業語言教材出版社的較好，推薦 Barron's。

入門：《俄羅斯風情》，何瑾，明雅堂，ISBN 957-99871-0-6，介紹俄國歷史、宗教與風俗，附有許多彩色圖片，這是我的第一本推薦書。

遊記：《俄羅斯娃娃說故事》，王敬輝，新新聞。聖彼得堡與莫斯科。輕薄短小，圖片很多。

《走進俄羅斯》，聞一，北京三聯書店，ISBN 7-108-01020-8。作者是蘇聯史學者，這本蘇聯解體前後的遊記有許多觀察入微之處。

歷史：《俄國史》，段昌國，大安出版社，ISBN 957-9233-49-7。到蘇聯解體前夕。很簡潔，文字流暢。

《俄羅斯文化之路》，姚海，淑馨出版社，ISBN 957-531-180-9(748)，俄羅斯文化史，需要對俄國史有基本了解。

《錘子與鐮刀—蘇維埃文化與蘇維埃人》，葉書宗、張盛發，淑馨出版社。這是比較少見的主題。七十四年的共產黨統治對俄羅斯人的影響非常大，值得參考。

俄國及蘇聯文學作品可以幫助了解俄羅斯人。如果一個俄國人問你最喜歡的詩人是哪位，可別太驚訝！對受過教育的普通俄國人來說，這是個普通的話題。中國大陸有許多關於俄國及蘇聯的著作，文學譯本既多且精；臺灣的大都是老譯本，而且從其他語文衍譯，難免有點走樣。網路上有家「現代書店」專營大陸書籍，可參考。

中文網頁http://free.prohosting.com/~■eva/index.htm介紹俄羅斯文學。

◆ **推薦網站與網頁**

網上俄羅斯已經進入知識爆炸的時代了！其它網址請見俄羅斯各區簡介。

綜合：http://geocities.com/TheTropics/shores/8910/main.html，中文網頁，有不少連結。

http://russianculture.miniugco.com/ 關於俄羅斯文化的相關連結。

旅遊：http://lonelyplanet.com/，這還是我們的第一選擇。

西伯利亞與俄屬遠東地區簡介

◆ **地理環境**

西起烏拉山脈，東到太平洋岸，包括薩哈林島(庫頁島)，北入北極圈，南接中國、蒙古與中亞。佔了北半球面積三分之一！北部是永凍苔原tundra，南部是針葉林taiga，針葉林南方邊緣是草原steppe，草原連結蒙古、中亞、烏克蘭，直到匈牙利，是所謂的歐亞草原，歷史上亞洲北方游牧民族就沿著這個草原帶往西遷移。遠東地區的堪察加半島有活火山與火山地型。

◆ 人口及民族

古老的原住民屬於蒙古人種、芬—烏民族、突厥民族，民族數很多，但只佔西伯利亞總人口的百分之五，有的族甚至不到二百人。斯拉夫人及其他移民從十六世紀開始遷入。

◆ **旅遊**

八月底至十月初較好，尤其是從事戶外活動時。西伯利亞夏天的蚊蟲很可怕！草地及森林邊緣有扁蝨(tick)，可能傳染萊姆病、腦炎及班疹傷寒，一定要穿有領長袖衣服及長褲。上衣最好是兩件，袖口、領口及腳踝處扣緊，或是有鬆緊帶，下襬紮進褲腰。多帶各種防蚊蟲的藥品，樟腦油不錯，領口、袖口及腳踝處多擦。也許需要防蚊面罩(不過我們沒用上)。夏季即使不露營也可能需要蚊帳。

◆ 如何前往西伯利亞

最有趣的方式是搭乘西伯利亞鐵路火車。從日本新潟、瀋陽、哈爾濱、漢城、烏蘭巴托及新加坡有班機前往伊爾庫次克、哈巴羅夫斯克或符拉底沃斯托克(海參崴)。從莫斯科及中亞幾個首都也有班機到西伯利亞，目的地還包括西伯利亞其他大城。夏季從新潟有客船到符拉底沃斯托克。

◆ **推薦書籍**

導遊書有不少。我們用的如下：

《Lonely Planet Russia, Ukraine & Belarus Travel Survival Kit》，Lonely Planet，ISBN 0-86442-320-9。有西伯利亞及西伯利亞鐵路的專門章節。

《Trekking in Russia & Central Asia, The Mountaineers》，ISBN 0-89886-355-4。這是一位美國阿拉斯加女性Frith Maier寫的導遊書。凡是打算到前蘇聯境內從事戶外活動一定要讀。

自然與歷史：《Siberia, Siberia》，Valentin Rasputin， 俄文原著，Margaret Winchell 與Gerals Mikkelson合譯，Northwestern University Press，ISBN 0-8101-1575-1。 Valentin Rasputin是當代西伯利亞的著名作家，貝加爾湖與西伯利亞環境保護運動發起人。這本書兼具文學與參考價值，附非常詳盡的推薦書目。

遊記：《In Siberia》，Colin Thubron，Harper Collins Publishers(美國版：英國版是Penguin)。這位英國作家在七〇年代就跑遍蘇聯所有對外開放地區。這是最新作品(1999)。筆調偏向消沉，也許讀起來不是很快樂！

◆ **推薦網站與網頁**

旅遊：http://www.lonelyplanet.com。

http://baikalcomplex.irk.ru/，旅行社 Baikal Complex 的網頁，雖然不美觀，資料不多，但服務口碑不錯。唯一代辦貝加爾－阿穆爾支線火車票的旅行社。

電傳：7-3952-432322。

http"//irkutsk_baikal.com，Irkutsk-Baikal Travel，前身為當地國旅(Intourist)，我們在貝加爾湖區就是交給他們，很不錯。但是接下來到莫斯科的票就……

電傳：7-3952-381935。在烏蘭巴托有辦公室，俄羅斯聯邦大使館旁，電話976-1-326307。

綜合：http://www.icc.ru/fed/title_ong.html，伊爾庫次克官方網頁。

歷史與現況：http://frontiers.loc.gov/ir tldl/mtthtml/mtsplash.html，美國國會山莊圖書館製作，西伯利亞開發歷史與現況，附書目。

貝加爾湖資料：http://www.icc.ru/baikal/。

http://www.baikal.eastsib.ru/。

中亞簡介

歷史與地理環境請參考正文。

◆**旅遊**

五月到九月為旺季，但沙漠綠洲最好避開七八月，十月還很適宜。夏季是山區雨季。活動包括天山山脈及北帕米爾登山、一般健行、阿爾卑斯式滑雪及直昇機滑雪(由直昇機載客至雪山頂上放下，滑雪下坡，落差達三千公尺以上)、激流泛舟及獨木舟航行、騎馬越野旅行、登山自行車越野旅行、觀鳥及生態旅遊。絲路古城旅行。進入保護區及國家公園需要許可證，各旅行社若安排相關行程都包括代辦許可證。

中亞獨立後地名改動很多（還有連改幾次的），地圖版本愈新愈好。

電力為220伏特，圓柱二腳插頭（歐陸式）。

美元旅行支票在大城可兌換當地貨幣。建議多帶美元現金，且是最新版鈔票，不可折損。

◆**簽證**

仍需要邀請函。目前中亞五國在臺灣沒有交流機構，簽證由莫斯科駐臺北代表辦公室代辦，但是必須透過旅行社申請。哈薩克、烏茲別克與土庫曼已取消「七十二小時」承認，持獨立國協其他國家簽證在這三個國家不能享有七十二小時免簽證停留。

雖然各國規定不完全一樣，一般而言在每國停留七十二小時以上就必須登記。出境時或是在境內遇上檢查時，沒有登記章就得被罰款，甚至有其他麻煩。合法旅館會自動為住客登記。或由發邀請函的旅行社代辦，付點小錢，省得跑一上午。

如果旅程包括數個中亞國家，先辦第一個抵達的國家簽證，其餘的到了中亞再辦(但仍要先安排邀請函)，比較方便。

各國在北京的大使館地址如下：

哈薩克斯坦-三里屯東六街9號，電話：10-65326182，傳真：10-65326183。

烏茲別克斯坦-朝陽區塔園辦公樓5-2-22號，電話：10-65326304/6845，傳真：10-65326203。

吉爾吉斯共和國-朝陽區塔園辦公樓2-4-1號，電話：10-65326458，傳真：10-65326459。

哈薩克斯坦使館一覽表：

http://www.un.int/Kazakhstan/embas.html

我們在北京辦哈薩克簽證時費了好大勁！第一次去時間太晚，排了三小時連大門也沒進；第二次惠玲一個人(我重感冒)五點半就到了，排上第三個。其實每天去排隊的也不過七八人，為什麼一上午都排不進去呢？不少中國大陸商人到哈薩克及中亞其他國家做生意，絕大多數辦簽證都委託有使館出入證的人代辦，我們第一次去就看到好幾個，手上一大疊護照，亮一下出入證就進去了，一起排隊的幾位生意人十分憤慨，叫他們「掛狗牌」的。這幾位大哥還給我們講了許多中國商人在阿拉木圖的可怕遭遇！

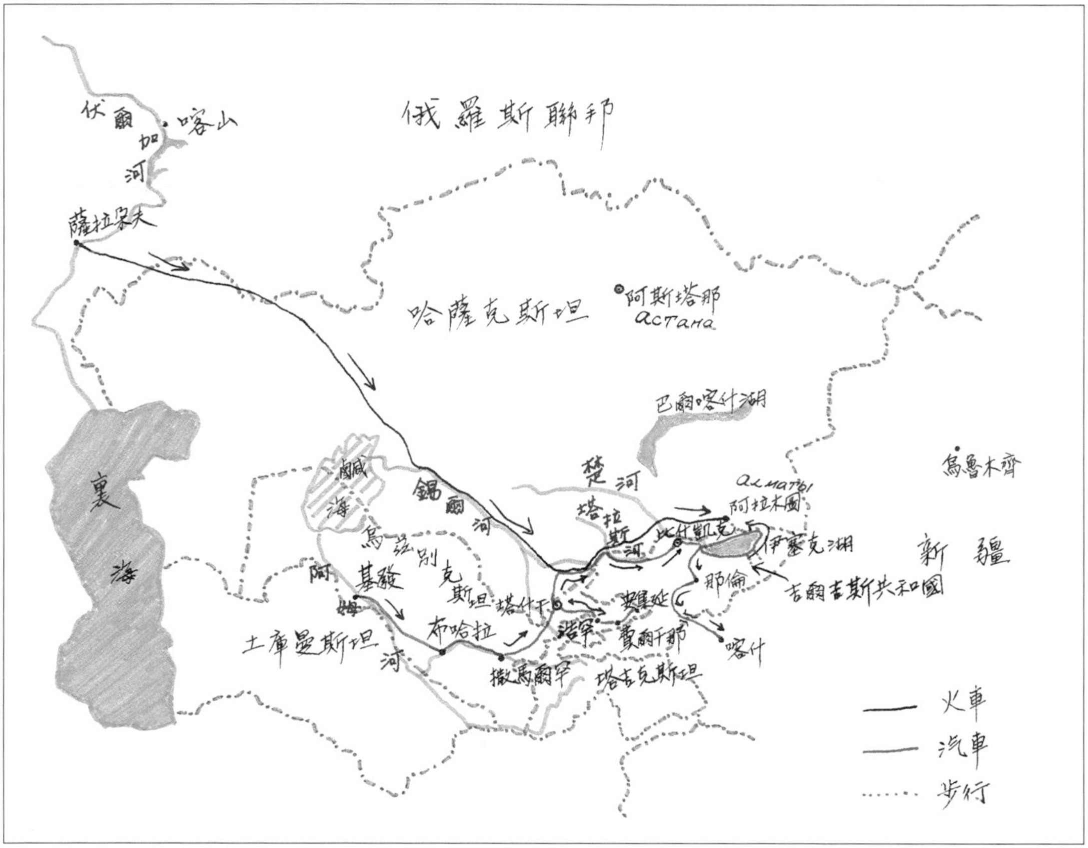

俄羅斯聯邦
伏爾加河
喀山
哈薩克斯坦
阿斯塔那
астана
巴爾喀什湖
烏魯木齊
楚河
塔拉斯河
алматы
阿拉木圖
比什凱克
伊塞克湖
新疆
那倫
吉爾吉斯共和國
喀什
裏海
鹹海
錫爾河
烏茲別克斯坦
布哈拉
撒馬爾罕
塔什干
浩罕
安集延
費爾干那
塔吉克斯坦
土庫曼斯坦
火車
汽車
步行

◆**如何前往**

曼谷有班機飛塔什干及阿拉木圖。北京與烏魯木齊有班機飛阿拉木圖、塔什干及比什凱克。烏魯木齊有班機飛阿拉木圖及比什凱克。漢城有班機飛阿拉木圖與塔什干。法蘭克福與阿姆斯特丹有班機飛阿拉木圖與塔什干，航空公司包括德航、荷航、哈薩克航空與烏茲別克航空。比什凱克的國際班機不多，大都是由塔什干轉機，或是從阿拉木圖搭車前往。從烏魯木齊有火車及長途汽車到阿拉木圖；喀什有公路到比什凱克，但外國旅客必須雇用專車，不可搭乘公共交通。西伯利亞西部的大城新西伯利亞有列車到阿拉木圖。莫斯科有列車分別到阿拉木圖及塔什干。

◆**跨國陸路交通**

哈薩克及吉爾吉斯的火車時刻表還是使用莫斯科時間，哈薩克大部份區域（東半部）比莫斯科早三小時，吉爾吉斯則是二小時，但是三月到九月使用夏令時間；新疆則是使用北京時間，比莫斯科早五小時。相當混亂！

由於中亞的公路及鐵路經常是過境鄰國或是在國界上，有時中間國家的軍警會以旅客沒有簽證為由趁機勒索。往來阿拉木圖與烏魯木齊之間的列車「成吉思汗號」在國界上的阿拉山口要停留八小時，十分不便，而且山口上哈薩克的海關與軍隊在自助旅行者之間是惡名昭彰，不過據說這幾年大有改善，可是八小時無所事事(也不能亂跑)還是夠嗆。

從俄羅斯到阿拉木圖與塔什干的火車沒有這種問題。連邊境檢查也沒有。

◆**出入境注意事項**

入境申報單一定要保存好，出境時海關將要求檢查該報關單。若是報關單或申報物品在境內遺失，必須到當地警察局報備，取得證明。不要買古物，規定一九四五年之前的工藝品都不可帶出境，實際執行只會更嚴。簽證登記也是出境時的檢查項目之一。

◆**民族由來**

沿襲了地處中西交會點的傳統，今日的中亞堪稱民族最為複雜的地區，民族總數在一百二十族以上。除了哈薩克族、烏茲別克族、吉爾吉斯族、土庫曼族、塔吉克族，還有俄羅斯、烏克蘭、白俄羅斯、韃靼、日耳曼、朝鮮、希臘、車臣、波蘭、土爾扈特蒙古、維吾爾、猶太人、東甘人(來自中國西北的回民)，北亞及高加索地區原住民各族。中亞五國獨立之後，斯拉夫裔及日耳曼裔大量出走，各族人口比例變化很快。

根據哈薩克族傳說，其始祖是一位天鵝化成的美女與一位王子結為連理的後代；吉爾吉斯族認為其族名是「四十女孩」之意，指的是四十位部族之母；烏茲別克族則是蒙古金帳汗國(欽察汗國)的一位汗王「烏茲別格汗」的後裔。事實上，中亞民族的血源及形成歷史相當複雜，至今學者仍有不同的理論。大致而言，哈薩克族、烏茲別克族、吉爾吉斯族屬於蒙古——突厥部族，語言是阿爾泰語系突厥語族，祖先由西伯利亞地區往南往西遷徙，歷經二千年而散布於蒙古、新疆、中國西北、中亞乃至土耳其。塔吉克族屬於印歐民族，語言是印歐語系伊朗語族。

生活習性的支系，從已習於定居農牧的烏茲別克人之中出走，從此哈薩克族才正式誕生。「哈薩克(Kazak)」意即「自由人」或「脫離者」。二族分裂後的文化與血統發展各走各的路，雖然都是使用突厥語、信奉伊斯蘭教的突厥人種，但是哈薩克族的面貌身材與蒙古族或中國北方漢人極為相似。至於烏茲別克族的眉宇五官之間突厥氣息較濃，但是各人之間差異很大，因此有黃種人面孔，也有近似於土耳其人的長相。

吉爾吉斯族(Kyrgyz)——與哈薩克族同為游牧民族的吉爾吉斯族，在外貌、語言、文化及風俗各方面都與哈薩克族極為相似。吉爾吉斯族的歷史是亞洲游牧民族中最為久遠的，其始祖是西伯利亞葉尼塞河上游的游牧民族，西元前二世紀，即中國漢朝時稱其為「堅昆」，唐時稱為「黠戛斯」。在西元十世紀至十五世紀之間，受到契丹及蒙古部族強大勢力威迫，才逐漸西移至阿爾泰山及天山一帶。在遷移及定居中亞的過程中，吉爾吉斯族逐漸接受了伊斯蘭信仰與突厥語言。

◆文化與藝術

由於伊斯蘭教文化及游牧民族習俗，中亞民族熱情好客。宗教以伊斯蘭教遜尼派為主，此外有東正教，天主教，基督教，猶太教及佛教等。烏茲別克族與塔吉克族是相當虔誠的伊斯蘭教徒，因此在這二族聚居處旅行時要特別注意，服裝言行應保守。

由於游牧文化背景影響，哈薩克族與吉爾吉斯族並不十分恪守伊斯蘭戒律，偏遠山區還有與薩滿教(盛行於亞洲北方的原始信仰)混雜的情況，而且保留了不少游牧民族的古老生活禁忌。最重要的包括：敬火，不可往火中丟穢物或以利器戳刺；珍惜水資源；不要當著主人的面點數牲口或讚美他們的孩子；遇到羊群要繞道，不可騎馬衝進羊群；騎馬經過牧民氈房應從房後繞過，不可長驅直入，不可在門前下馬，應在一段距離外或拴馬樁旁下馬；不打主人的狗。

烏茲別克族的習俗及生活習慣近似於新疆的維吾爾族。女性的首飾、刺繡小帽、傳統絲織服裝與男性的配刀、腰帶及金線刺繡長袍無一不是絢麗奪目。傳統民居以石膏花飾、阿拉伯與波斯風格木刻、銅器及瓷器、布哈拉地毯及傳統繡品裝飾，其精巧與舒適為中亞之最。

哈薩克族與吉爾吉斯族的民族藝術主要表現在手工藝方面，而且成品以隨身用品居多，例如盛裝女性的各種首飾，男性的鞍具、配刀，以及裝飾氈房內部的刺繡、地毯等等。這些都是到中亞旅遊時的最佳紀念品。

◆傳統美食

傳統茶屋(吉爾吉斯語稱之為chaykana，烏茲別克語為choyhona)位於環境怡人之處，例如噴泉旁、公園裡。濃蔭之下擺放一張張形似木床的茶座，每張茶座可容四到六人，上鋪鮮豔厚實的地毯，中央放置一張矮几，茶客脫鞋盤膝坐在茶座上，若是不脫鞋則必須側坐。茶屋供應的是熱茶及傳統烹調。不論當地人、外國遊客，都喜歡在此消磨一段悠閒的夏日午後時光。

中亞式飲茶——中亞的茶來自中國。吉爾吉斯語為chay，烏茲別克語為choy，綠茶及半發酵茶葉是最傳統的飲料，茶水中不加糖或牛奶。跟中國人一樣，中亞人相信綠茶可以降火去油膩。吉爾吉斯族及哈薩克族則習慣喝紅茶。中亞茶具皆為瓷器，由中國進口，與新疆地區的相同：一把茶壺，數個容量如中型飯碗的茶碗。主人倒茶前必以溫茶水涮洗客人的茶碗，最多必須涮洗三次，然後倒茶至五分滿，並不多倒，為的是可以頻頻為客人換上熱茶，以表示主人的熱誠；若是倒了滿杯，就是下逐客令了！

烤羊肉串 (shashlyk)—不同於新疆調料較多的做法，中亞烤羊肉串的重點就在新鮮羊肉，烤時僅抹上粗鹽，撒上花椒粒、孜然(小茴香)，享用時配上鮮甜的浸醋小洋蔥絲。

囊 (nan; non)—就是中亞的麵包，吃起來非常有嚼勁。都是圓盤狀，直徑十公分左右，厚度約二公分，更大的也有。若自己上市場購買，一定要親手掂掂重量，愈重的愈好。

拉麵(laghman)—中亞也有拉麵，而且名稱發音與漢語一樣！這是由東甘人(中國西北回民)及維吾爾人帶去的，有時當作一道湯菜。最常見的湯底是羊肉，加上胡椒、蕃茄、洋蔥、洋芋，還有一大堆辣椒粉！也許是受了移居中亞的東甘人及朝鮮人影響，吉爾吉斯族喜吃辣椒。在吉爾吉斯，餐廳及茶屋桌上都有免費的油浸辣椒粉；可別太低估吉爾吉斯族的吃辣功力，那可是會辣得你嘴裡冒火、眼淚直流的！

碎羊肉燴寬麵條（beshbarmak）—哈薩克族與吉爾吉斯族在慶典中吃的，有時用馬肉。

羊肉骨湯（shorpa）—湯裡還有蔬菜、鷹嘴豆及香料。非常香濃。

餃子—別以為餃子是中國北方人的專利，其實從蒙古往西到俄羅斯這片北方土地上，餃子的花樣還真不少！中亞餃子種類繁多，大小不一，名稱各不相同。作法則有煮(像中國水餃)、蒸(蒸餃)、煎(鍋貼)、烤。餡兒有羊肉及少量蔬菜。佐以醋、酸奶油、奶油等。也有湯餃。

都爾瑪(dulma)—嫩葡萄葉裹著米飯、蔬菜等做成的餡兒，蒸熟了吃，有一股清香。烏茲別克族食品。

抓飯(palov)—炒飯。配料以小羊肉或牛肉為主，加上洋蔥絲、胡蘿蔔絲，中亞人喜歡加上葡萄乾及乾果，甚至新鮮水果，而且少加羊油；因此好的抓飯決不油膩，吃來鬆爽。

奶製品—以牛奶、羊奶、馬奶、駱駝奶甚至犛牛奶製成。奶製品的第一步是酸奶(katyk)，這是最常見的，在餐廳及茶屋都有。若加上水及鹽，則是ayran，在夏日活動後喝ayran 非常有益健康。接著酸奶可製成半固態的乳酪(suzma)，最後剩下的渣滓(還是很營養)可製成非常硬而酸的小球狀kurut，長途旅行或野外活動時嘴裡含一塊，生津止渴。馬湩(kumys)則是含酒精的發酵馬奶，是北方游牧民族喜愛的飲料，尤其適合在夏季飲用，不過腸胃不佳的遊客最好不要輕易嘗試。

水果—中國的葡萄就是由中亞傳入的。 在烏茲別克的費爾干那盆地，家家門前有結實纍纍的葡萄架，向主人打聲招呼，就可以採下幾串晶瑩的粉紫色葡萄享用了！深紅的石榴也是原產中亞，還有嬌黃的杏、甜脆的桃、清香的無花果。 各種果乾、杏仁、桃仁是茶客喜愛的點心。

◆ **推薦書籍**

導遊書：《Central Asia Travel Survival Kit》，Lonely planet，ISBN 0-86442-358-6。最新版是2000年四月。另有一本《Central Asia Phrasebook》，ISBN 0-86442-419-1 。《Silk Road by Rail》，Dominic Streatfeild-James，Traibliazer Publications，ISBN1873756143。中亞絲路鐵路旅行專門書，包括新疆。《Trekking in Russia & Central Asia》，Frith Maier，The Mountaineers，ISBN 0-89886-355-4。中亞山區活

動必讀。

歷史：《草原帝國、蒙古帝國史》，請參閱蒙古的推薦書籍。

《西域的故事》，(日)井上靖著，李永熾譯，國語日報出版社。很薄的一本書，是作者在一九六五及一九六八年到中亞與阿富汗的遊記，兼具文學與參考價值。中亞行前的第一本必讀書。我就是小時候看了這本書才想去中亞的！

《絲綢古道上的文化》，(德)克林凱特著，趙崇民譯，新疆美術攝影出版社，ISBN 7-80547-240-8。絲路歷史十分複雜，這本書的深淺恰到好處，譯筆流暢。新疆美術攝影出版社有許多關於絲路與草原民族的書籍，值得注意。

《唐代長安與西域文明》，向達，明文書局。這是一本論文集，其中的同名論文值得一讀，關於唐代文明的胡化與寓居長安的西域胡人（新疆及中亞河中地區）的華化。

遊記：《大唐西域記》，玄奘，辯機。臺灣三民書局有很好的譯註本，並附地圖。

《The Lost Heart of Asia》，Colin Thubrcr ，Harper Perennial ，ISBN 0-06-092656-2（美國版：英國版是Penguin）。《In Siberia》的同一作者，蘇聯解體前夕的中亞遊記，寫得非常好，但是讀了心情很低落！LP導遊書的作者說是「比你真到了那裡還難過」。

◆ **推薦光碟**

《The Silk Road》 (La Route de la Soie)，法國公司出版，我是在羅浮宮買的：可在它的網站上購買，注意有法文及英文兩種版本。http://www。studiboutque。com，但網站資料全是法文。點選螢幕左方Culture 下的Voyages，即出現此系列產品資料，包括這張La Route de la Soie。這是一個互動式的多媒體光碟，內容囊括中國及中亞絲路，介紹種族、語言、歷史、宗教、藝術等等，非常有趣。若通過五項考試，取得五個密碼之後，就可以進入敦煌石窟欣賞偉大的佛教藝術。

◆ **推薦網站與網頁**

新聞：http://www。herald。asdc。kz，在阿拉木圖發行的英文報，報導中亞新聞。

近代史及現況：http://asian-history。com/choose。html，網上書籍「An Abridged History of Central Asia」，除了中亞五國，尚包括俄羅斯與中國。

旅遊：http://www。lonelyplanet。com。

http://www。dd。volga。ru/itmc/ 及http://www。geocities。com/Pipeline/Slope/6009，專業登山公司International Travel & Mountaineering Centre "Tien-Shan"(簡稱ITMC) 的網頁，有登山健行與絲路旅遊資料。

綜合：http://turkistan。webjump。com/centra.asia。htm，各種相關連結。

http://personal。rockbridge。net/bichel/welcom。htp，Interactive Central Asia Resource Project，各種相關連結，從學術到旅遊，很多人參考。

http://www。soros。org/central_eurasia。html，索羅斯基金會的中亞網頁，有相關連結。

鹹海生態：http://nailaokda.8m.com，了解鹹海最新情況。

網上廣播：http://www.rferl.org/，Radio Free Europe，包括哈薩克語、吉爾吉斯語、烏茲別克語及塔吉克語。

新疆簡介

◆ **地理環境**

天山橫亙中央，南疆是塔里木盆地，盆地中是塔克拉瑪干，世界第二大沙漠，沙漠周圍是綠洲城市。北疆是天山山間草原及準葛爾盆地，盆地中是古爾班通古特沙漠。東以阿爾泰山(金山)與外蒙為界，西北方以天山山系與俄羅斯、哈薩克斯坦、吉爾吉斯共和國為界，西方是帕米爾高原與喀喇崑崙山，與塔吉克斯坦、阿富汗及巴基斯坦為鄰，南方是崑崙山系。

◆ **人口、民族及語言**

共有十三個族，維吾爾族人口最多，主要分布在南疆，以及北疆的大城；族源主要是來自蒙古高原的突厥部族回鶻，在元代稱為畏兀兒。其次是漢族，多是五〇年代開始移入。其他包括哈薩克族、回族、柯爾克孜族(即中亞的吉爾吉斯族)、蒙古族、錫伯族（在清代由中國東北西遷而來）、塔吉克族、烏茲別克族、俄羅斯族、塔塔爾族（即俄羅斯的韃靼族），達斡爾族（清代由中國東北遷入）、滿族（同上）。

◆ **旅遊**

夏天是旺季，沙漠區也許初夏與秋季較好，但是此時在山區氣候較冷。

旅遊活動包括參觀絲路古蹟、山區騎馬或健行、沙漠探險。這幾年開始流行春節到烏魯木齊天山滑雪。建議可以嘗試往山區或沙漠走走，當地探險旅遊的主要市場是西方遊客，因此服務水準很高，路線及活動選擇也多。

電力為220伏特，扁平二腳插頭。

◆ **如何前往**

從北京、塔什干、阿拉木圖、莫斯科有班機飛烏魯木齊。中國國內航線很多。旺季進出新疆的國內公共交通很難買到票，最好是找可靠的旅行社先訂位。

陸路可走中巴公路、或吉爾吉斯與新疆之間的吐爾尕特山口（這條路沒有什麼名稱）到喀什。阿拉木圖有長途汽車及火車到烏魯木齊。中國國內鐵路已通至喀什。

◆ **推薦書籍**

導遊：《絲綢之路神秘遊》，凌雲志，山外山出版，ISBN 957-99284-5-2。這是唯一符合自助旅行者需求的中文導遊書，實用性資料及歷史資料都十分詳盡。不過我們不贊成書中推薦的喀什John's Cafe，LP的Central Asia的喀什部份也推薦它，但是許多旅行者反應它並不可靠。建議找合格旅行社。

LP的《Central Asia》(2000年四月版) 有新疆一章。同樣的，不要嘗試它推薦的喀什「private agents」。

《Karakoram Highway》，Lonely Planet。中巴公路全程導遊書。

《Trekking in the Karakoram & the Hindu Kush》，Lonely Planet。喀喇崑崙山及興都庫什山健行導遊書。

入門：《新疆各族歷史文化辭典》，北京中華書局，ISBN 7-101-01176-4/K(492，等於一本小百科，無論是參考或當做一般讀物都很合適。

新疆人民出版社有一套小書，介紹新疆各族歷史文化風俗等等，值得入門者一讀。

歷史地理及探險：《我的探險生涯》，原名《My Life as a Explorer》，斯文赫定Sven Hedin著。內容大部份是這位探險家於十九世紀末到二十世紀初在塔里木盆地及西藏的經歷，引人入勝。大陸的出版社翻譯了他的其他著作，其中亞洲腹地探險八年是三〇年代與中國官方合作的新疆考古經歷。

《絲路奪寶》，原名《Foreign Devils on the Silk Road》，Peter Hopkirk著。他是著名中亞近代史學者，這本書描寫世紀之交西方探險及考古學家到新疆「盜寶」的經過。他還有兩本有名（且有趣）的著作：《The Great Game》，以及《Setting the East Ablaze》，前者是帝俄與英國在中亞角逐的歷史，後者是蘇聯初期在中亞、印度及新疆的活動。

《橫越死亡沙漠》，查理斯布拉克摩爾著，張連康譯，絲路出版社，ISBN 957-787-090-2。一九九三年塔克拉瑪干中英聯合探險隊的記錄，前所未有的探險，難得的記錄，生動有趣。缺點是譯者把中國隊員人名全寫錯了，還有作者的經歷也譯錯了：布拉克摩爾是曾經重走「阿拉伯的勞倫斯」在中東沙漠的路徑，卻不是在二戰期間！那時候他還沒出生呢！還有，El Aurens 就是「阿拉伯的勞倫斯」（第16-17頁）：此外引用的中國古籍也未還原為原文。優點是全書的譯筆流暢生動。

其他：《江格爾》（上、下），新疆人民出版社。這是西蒙古（額魯特蒙古）的口傳英雄史詩，故事內容及敘事方式有趣，人物個性鮮明，讀來很有意思。

唐詩中的邊塞詩作。

其他請參考蒙古及中亞推薦書籍，在歷史及旅遊資料方面，新疆與這些地區都是相關的。

◆ 推薦網站

綜合：http://makan.xj.cninfo.net，中文網頁，介紹新疆及維吾爾文化，資料豐富，並可聽音樂。

http://www.silk-road.com，絲路基金會網站(英文)，有各種資料與連結。

中英地名對照表

中＝中國
蒙＝蒙古
烏＝烏茲別克斯坦
巴＝巴基斯坦
俄＝俄羅斯聯邦
哈＝哈薩克斯坦
吉＝吉爾吉斯共和國，簡稱吉爾吉斯
伯爾根省—Bulgan aimag (蒙)
貝加爾湖—Lake Bailkal (俄)
蒙古—Mongolia
費爾干那盆地—Ferghana Valley (烏)
芬蘭灣—Gulf of Finland (俄)
韃靼斯坦—Tatarstan (俄)
塔吉克斯坦—Tajikstan
北脈—Northern Tian Shan (中，哈，吉)
土拉河—Tuul Gol (蒙)
吐爾卡特山口—Torugart Pass (中，吉)
戈壁—Gobi (蒙)
庫倫—Khureen (蒙)
庫蘇古省—Khovsgol aimag (蒙)
哈爾和林—Kharkhorin (蒙)
吉爾吉斯斯坦—Kyrgzystan
西伯利亞—Siberia (俄)
蒙古線—The Trans- Mogolian Line(俄，蒙，中)
滿州線—The Trans-Manchurian Line(俄，中)
貝加爾—阿穆爾線—Baikal-Amur Mainline (俄)
錫爾河—Syr Darya (哈)
新疆—Xinjiang (中)
中巴公路—Karakoram Highway (中，巴)
赤塔(城)—Chita (俄)
聖山—Bogd Uul (蒙，烏蘭巴托)
北阿克蘇山口—North Aksu Pass (吉)
帕米爾高原—Pamirs
莫斯科—Moscow (俄)
符拉底沃斯托克(海參崴)—Vladivostok (俄)
伏爾加河(窩瓦河)—Volga River (俄)
塔克拉瑪干沙漠—Taklamakan Desert (中)
天山山脈—The Tian Shan (中，哈，吉，烏)
中脈—Central Tian Shan (中，吉)
土庫曼斯坦—Turkmenstan
南杭愛省—Ovorkhangai aimag (蒙)
喀喇崑崙山脈—Karakoram Range (中，巴)
庫蘇古泊—Khovsgol Nuur (蒙)
哈薩克斯坦—Kazakstan
杭愛山—Khangai Nuruu (蒙)
金環—The Golden Ring (俄)
西伯利亞鐵路主線—Trans-Siberian Railway (俄)

鹹海—Aral Sea (哈、烏)
新西伯利亞(城)—Novosibirsk (俄)
中亞—Central Asia
聖彼得堡(列寧格勒)—St. Petersburg (Leningrad)(俄)
撒馬爾罕—Samarkand (烏)

薩拉朵夫(城)— Saratov (俄)
色楞格河—Selenge Gol (蒙)
阿拉木圖—Almaty(Alma-Ata) (哈)
鄂畢河—Ob River (俄)
俄羅斯—Russia
伊塞克湖—Issyk-kul Lake (吉)
葉尼塞河—Yenisey River (俄)
烏蘭巴托—Ulaanbataar, 簡稱UB (蒙)
烏茲別克斯坦—Uzbekistan
扎門烏德—Dzamin Uud (蒙)
額爾德尼召(光顯寺)—Erdene Zuu (蒙)
沐倫—Moron (蒙)
瑙士其—Naushki (俄)
黎斯特維央卡—Listvyanka (俄)
葉卡捷琳堡—Yekaterinburg (俄)
佩爾姆(城)—Perm (俄)
克里姆林宮(莫斯科)—The Kremlin (俄)
哈巴羅夫斯克(城)—Khabarovsk (俄)
庫勒圖克—Kultuk (俄)
涅瓦大道—Nevsky prospect (俄)
弗拉基米爾(城)—Vladimir (俄)
卡緬卡河—Kamenka River (俄)
阿斯特拉罕(城)—Asterlakan (俄)
薩瑪拉(城)—Samara (俄)
大克敏河(天山北脈)—Chon-Kemin River (吉)
塔加爾峰—Mt. Talgar (哈)
昆吉山脈— Kungei Alatoo (吉)
傑西爾湖(天山北脈)—Jasyl Kol (哈)
塔里木盆地—Tarim Basin (中)
塔什干—Tashkent (烏)
基發—Khiva (烏)

薩彥嶺—Sayan Mountains (俄)
阿姆河—Amu Darya (烏)
阿爾泰山(金山)—Altai Nuruu (蒙)
鄂爾渾河—Orkhon Gol (蒙)
歐俄—European Russia
伊爾庫次克—Irkutsk (俄)
烏拉山—Ural Mountains (俄)
烏蘭烏德—Ulan Ude (俄)
二連—Erlian (中)
賽音商德—Saynshand (蒙)
庫吉—Khujirt (蒙)
蘇和巴托(城)—Sukhbaatar (蒙)
安加拉河—Angara River (俄)
薩滿石—Shaman Rock (俄)
歐木斯克(城)—Omsk (俄)
紅場—Red Square (俄)
聖瓦西里教堂—St Basil's Cathedral (俄)
塔依謝特—Tayshet (俄)
海軍部(聖彼得堡)—Admiralty (俄)
涅瓦河—Neva River (俄)
蘇茲達爾—Suzdal (俄)
喀山—Kazan (俄)
日古里—Zhiguli (俄)
頓河— Don River (俄)
札伊犁斯基山脈—Zailisky Alatoo (哈、吉)
阿拉木圖山口—Almaty Pass (哈、吉)
大阿克蘇河(天山北脈)— Chon-Aksu River (吉)
英格契克冰河—Engilchek Glacier (吉)
阿克蘇冰河—Aksu Glacier (吉)
烏爾根奇—Urgench (烏)
花剌子模(地區)—Khorezm (烏、塔)

歐塔剌—Otyrar (哈)
波斯—Persia
布哈拉—Bukhara (烏)
吐魯番—Turpan (Turfan) (中)
洪雜(地區)—Hunza (巴)
渴石—Kesh (烏)
馬拉坎達(撒馬爾罕)—Marakanda (烏)
歐什—Osh (吉)
片治肯特—Penjikent (塔)
卡姆契克山口—Kamchik Pass (烏)
馬吉蘭—Marghilan (烏)
騰格里峰—Peak Khan Tengri (吉)
楚河—Chuy River (吉)
托克馬克—Tokmak (吉)
公格爾山—Kongur (中)
河中地區—Transoxiana (烏)
卡拉庫力湖—Karakul (中)
葉城—Yecheng (Kargilik) (中)
莎車—Shache (Yarkant) (中)
于闐—Yutian (Keriya) (中)
輪臺—Luntai (Bugur) (中)
伊寧—Yining (Gulja) (中)
鞏乃斯—Kunes (中)
霍爾果斯—Khorgos (中)
賽里木湖—Sayram (中)

興都庫什山脈—Hindu Kush Range
阿富汗—Afghanistan (烏)
詹布爾—Zhambyl (哈)
杜尚別—Dushanbe (塔)
沙赫里撒別茲—Shakhrisabz (烏)
澤拉夫尚河—Zeravshan River (烏)
帕米爾阿萊山脈—Pamir Alay Range
烏茲根—Uzgen (吉)
安集延(城)—Andijan (烏)
浩罕(城)—Kokand (烏)
奇姆肯特—Shymkent (哈)
勝利峰—Peak Pobeda (吉)
塔拉斯河—Talas River (吉)
喀什(喀什葛爾)—Kashi(Kashgar) (中)
紅其拉普山口—Khunjerab Pass (中、巴)
慕士塔格峰—Muztag Ata (中)
塔什庫爾干—Tashkurgan (中)
崑崙山脈—Kunlun Range (中)
和闐—Hotan (中)
民豐—Minfeng (Niya) (中)
庫車—Kuqa (中)
巴音布魯克—Bayan Bulag (中)
烏魯木齊—Urumqi (中)
婆羅科努山—Borohoro (中)

其他名詞中英譯名對照表

◆ 現代與古代民族及部族

喀爾喀蒙古(語、人)—Khalk Mongolian
欽察人— Qiptachaq
粟特人—Sogdien
烏茲別克族—Uzbeks
吉爾吉斯族—Kyrgyz
卡爾梅克—Kalmyk
察坦人—Tsaatаan
韃靼(人)—Tatars
維吾爾族 —Uyghur
卡拉卡帕克人—Karakalpaks
塔吉克族—Tajiks
土爾扈特 —Torgout

東斯拉夫人—The Eastern Slavs
伏爾加日耳曼人 —Volga Germans
哈薩克族—Kazaks
東干人—Dungans
準葛爾 —Zungar
◆ 歷史人物及名詞

絲路—Silk Road
成吉思汗—Chinggs Khaan (Jenghiz Khan)
拖雷—Tolui
忽必烈—Kublai
摩訶末 —Mohammed
速不臺—Subotai
玉素波夫親王 - Prince Yusupov
斯捷潘・拉辛 —Stepan (Stenka) Razin
帖木耳—Timur
阿古柏—Yakub Beg
斯坦因—Aurel - Stein
弗拉基米爾大道—Vladimir Road
欽察汗國(金帳汗國)—Golden Horde
準葛爾帝國 —Zungar Empire
哲布尊丹巴—Jebtzun Damba
窩闊臺—Ogedei
拔都—Batu
阿巴岱汗—Abtai Khaan
哲別—Djebe
拉斯普丁・格里戈里 -Rasputin, Grigory
普希金・亞歷山大・謝爾蓋耶維奇— Pushkin, A. S.
羅曼諾夫家族—The Romanov Family
薩曼王朝—Samanid Dynasty
巴布爾—Babur
斯文・赫定—Sven Herdin
察合臺汗國—Jagatai(Chagatai) khanate
蒙兀兒帝國—Monghul Empire
◆ 文化及藝術

那達慕—Naadam
長調—urtyn duu
四胡—Khuur
摔角(蒙)—bokh
冬布拉—dombra
獨它爾—dutar
考姆茲—Komuz
喉咪—khoomi
馬頭琴—Morin Khuur
羊髀骨遊戲(蒙) —durven berkh
瑪納斯—Manas
熱瓦甫 —rubab
彈撥爾—tanbur
庫布孜—Kobyz

考姆茲—Komuz
木卡姆—muqam
叼羊—buzkhashi
庫布孜—Kobyz
阿肯—aqin

◆**食衣住行**

開水爐(俄式茶炊)—samova
蒙古奶茶—suutei tsai
奶餅—aaruul
馬湩—airag
火燒(蒙)—khuushuur
饢—non(烏、塔); nan
哈薩克與吉爾吉斯氈房—yurta
蒙古氈房(蒙古包)—ger
察干伊德—tsagaan idee
酸奶—tarag
乾酪—byaslag
炒麵(蒙)—tsuvan
茶座—choykhana (烏、塔); chaykana(吉); shaykhana(哈)
巴扎—bazaar

◆**宗教名詞**

敖包—Ooboo
經學院—medressa
道堂—khanaka
蘇非派—Sufi
伊斯瑪儀派—Ismaii
弗拉基米爾的聖母—Virgin of Vladimir
麻扎—Mazaar
宣禮塔—minaret
遜尼派—Sunni
瓦哈比派—Wahhabi
和卓—hoja

◆**自然與物產**

針葉林帶—taiga
貝加爾湖海豹—nerpa
奧木爾魚—omul

◆**古蹟與建築**

崗登寺—Gandantegchinlen Khiid
西寺—Shankh Khiid
冬宮—Winter Palac
卡蘭宣禮塔—Kalan Minaret
列基斯坦—The Registan
阿帕克和卓麻扎—Abakh Hoja Maz?r
額爾德尼召(光顯寺)—Erdene Zuu
聖瓦西里教堂—St. Basil's Cathedral
帕赫拉萬‧馬穆德陵—Pahlavon Mahmud Mausoleum
古爾阿米爾陵—Guri Amir Mausoleum
艾提乃小清真寺—Id Kar Mosque

參考書目

蒙古

《蒙古秘史新譯並註釋》，札奇斯欽著，聯經出版公司。
《蒙古帝國史》，(法)雷納格魯塞著，魏英邦譯，青海人民出版社。
《蒙古史論叢》，札奇斯欽著，學海出版公司。
《蒙古文化與社會》，札奇斯欽著，(臺北)商務印書館。

俄羅斯

《俄羅斯文化之路》，姚海著，淑馨出版社。
《普希金與涅瓦河之濱》，(俄)安．阿赫馬托娃著，寒青譯，世界散文隨筆精品文庫。
《俄羅斯卷》，(北京)中國社會科學出版社。
The Empire of the Steppes: a History of Central Asia, Rene Grousset, Naomi Walford英譯, Rutgers University Press.
Siberia, Siberia, (俄)Valentin Rasputin, Margaret Winchell 及 Gerald Mikkelson英譯, Northwestern University Press
Suzdal, The State Vladimir-Suzdal Museum.
Vladimir, The State Vladimir-Suzdal Museum.

中亞與新疆

《大唐西域記》，三民書局譯註本。
《隋唐五代史》，王仲，漢京文化事業有限公司。
《唐代交通圖考》(二)，嚴耕望著，中央研究院歷史語言研究所。
《絲路文化－草原卷》，劉迎勝著，浙江人民出版社。
《草原絲之路與中亞文明》，張志堯編，新疆美術攝影出版社。
《中亞穆斯林與文化》，安維華等著，(北京)中央民族大學出版社。
《伊斯蘭教教派》，王懷德著，(北京)中國社會科學出版社。
《新疆各族歷史文化辭典》，北京中華書局。

《特別移民流刑犯》，聞一著，讀書雜誌西元二〇〇〇年一月號，(北京)三聯書店。
《歷代西域散文選注》，新疆人民出版社。
The Empire of the Steppes : a History of Central Asia, (見上).
Trekking in Russia & Central Asia, Frith Maier, The Mountaineers..

國家圖書館出版品預行編目資料

地圖上的藍眼睛／杜蘊慈著：黃惠玲攝
影.--初版.-- 臺北市：大塊文化，
2000[民 89]
面； 公分. -- (catch；27)
ISBN 957-0316-21-7 (平裝)

1. 中亞——描述與遊記

734.09 89011052

台北市105南京東路四段25號11樓

廣 告 回 信
台灣北區郵政管理局登記證
北台字第10227號

大塊文化出版股份有限公司　收

地址：______市／縣______鄉／鎮／市／區________路／街______段_____巷

弄______號______樓

姓名：

請沿虛線撕下後對折裝訂寄回，謝謝！

編號：CA027　　書名：地圖上的藍眼睛

大塊 LOCUS 文化

讀者回函卡

謝謝您購買這本書，爲了加強對您的服務，請您詳細填寫本卡各欄，寄回大塊出版 (免附回郵) 即可不定期收到本公司最新的出版資訊，並享受我們提供的各種優待。

姓名：________________________ **身分證字號**：______________________________

住址：____

聯絡電話：(O)________________________ (H)______________________________

出生日期：________年______月______日

學歷：1.□高中及高中以下 2.□專科與大學 3.□研究所以上

職業：1.□學生 2.□資訊業 3.□工 4.□商 5.□服務業 6.□軍警公教 7.□自由業及專業 8.□其他________

從何處得知本書：1.□逛書店 2.□報紙廣告 3.□雜誌廣告 4.□新聞報導 5.□親友介紹 6.□公車廣告 7.□廣播節目8.□書訊 9.□廣告信函 10.□其他____________

您購買過我們那些系列的書：

1.□Touch系列 2.□Mark系列 3.□Smile系列 4.□catch系列 5.□天才班系列

閱讀嗜好：

1.□財經 2.□企管 3.□心理 4.□勵志 5.□社會人文 6.□自然科學 7.□傳記 8.□音樂藝術 9.□文學 10.□保健 11.□漫畫 12.□其他_________

對我們的建議：____

____

____

LOCUS

LOCUS